日中平和友好条約締結45周年記念

［第19回］受賞作品集

囲碁の知恵を日中交流に生かそう

中国の若者たちが日本語で描いた未来ビジョン

日中交流研究所 所長
段躍中 編

日本僑報社

ご挨拶

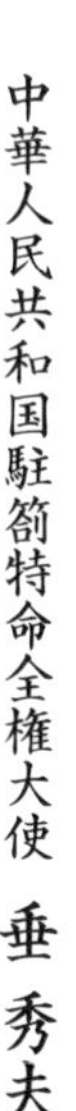

本年は、日中平和友好条約締結四十五周年という重要な節目の年にあたります。この記念すべき年に、第十九回「中国人の日本語作文コンクール」が無事開催されましたことを、心よりお慶び申し上げます。

日本大使賞に選ばれました吉林大学の趙志琳さんをはじめ、入賞者の皆様、本当におめでとうございます。

また、本コンクールに向けて学生たちを熱心に指導し、日本語教育の普及に努めてこられた指導教師の皆様のご尽力に対し、心からの敬意を表します。

そして、日中関係がいかなる状況であっても、本コンクールを毎年欠かさず開催されてこられた、友人の段躍中夫妻をはじめとする関係者の皆様に対し、この場をお借りして心からの敬意を表したいと思います。

日中関係は、長い歴史の中で、無数の助け合いの人間ドラマが織りなしてできあがった関係です。コンクールに参加された皆様におかれましては、引き続き日本語をはじめとする各分野で研鑽を積み、将来どのような立場につかれても、日中両国間の架け橋となっていただけるよう期待しています。

二〇二三年十一月吉日

推薦の言葉

作家、元新日中友好二十一世紀委員会委員、日本湖南省友の会共同代表　石川好

今年は日中平和友好条約締結四十五周年の節目ですが、日中関係が順調と言い難い状況の中で、日本僑報社・日中交流研究所主催の第十九回「中国人の日本語作文コンクール」の開催と受賞作品集の出版を実現できたことは、ひとえに主催者である日本僑報社、及び関係者の皆さまのたゆまぬ努力によるものです。この場を借りて心よりお祝い申し上げるとともに、主催者および関係者の皆様に心より敬意を表します。

シリーズ最新刊の本書は、〝日中平和友好条約の今日的な意味〟、〝先人たちに学ぼう〟、〝ポストコロナ時代の日中交流〟といった各種テーマについての中国の若者たち自身の体験談と提言、日本語学習を通して実現したい夢や日本語を教えてくれた先生への深い感謝などが、率直で熱意に満ちた文章で綴られ、日中関係の困難な局面を打開するヒントがたくさん秘められていると強く感じました。また今年は、日中地方都市の友好交流に関する特別テーマ「日中の友好都市交流について考える～滋賀県と湖南省をモデルに～」を設定し、たくさんの作品が寄せられました。

中国の学生たちは様々な理由で日本語を学んでいますが、どのようなきっかけであれ、苦労を重ねて日本語を学び、大きな成果を挙げ、両国の未来に貢献する人材になった若者たちの努力と成長は、大変素晴らしく、称賛に値するものです。そして、そんな中国人学生たちと教師たちの活動を中国全土に広げる役割を果たしてきたのが「中国人の日本語作文コンクール」であることは言うまでもありません。

二十年近い年月の中で、初期の受賞者である学生たちも、今では成長して社会に出て中国で活躍したり、教師となって中国の若者たちを指導する立場になったりしています。日本に留学した方や、日本の企業や大学で就職した方もいました。また、初期の受賞者がコンクール上位受賞者の指導教師をご担当されたという話を伺い、強

い感銘を受けました。

私は毎年この時期になると、「作文コンクールの時期が来た」とわくわくしてきます。マスメディアではあまり伝えられることのない、中国の若者たちの「生の声」、彼らのリアルな考えに「直」で触れることのできる日本語作文は、日中両国の明るい未来の礎となるようなポジティブなエネルギーに満ちており、読めば読むほど引き込まれ、若返るような気持ちになります。そして、臨場感たっぷりの受賞作を通して日中交流を疑似体験することで、血肉となり、励みとなります。また、新型コロナウイルス感染の影響で四年間近く中国に行けなかった私にとっては、皆さまの作品を通して、最近の中国の変化や、中国で生きる今の若者や先生方の考え方を知る貴重な機会でもあります。

大事なのは、日中関係が変化していく中で、両国の人々の心を温め、心を動かす地道な活動、つまり日中交流と相互理解促進のための活動を堅持していくことだと思います。段躍中編集長が個人で始めたコンクールは、どんなときも変わらず草の根の力を積み重ね、十九年間欠かさず開催されてきました。その勇気と努力は尊敬すべきものです。


私たちにできることは、実際に受賞作品集を手に取り、作品を通して中国の若者たちの「生の声」に触れること、そして私たちの周囲の人々にもこの本を薦め、一冊でも多く周りの人に読んでいただくことです。それが、私たちが身近でできる日中交流と両国の相互理解の促進への努力であり、両国の未来へとつながることでしょう。

来年、コンクールは二十回目という大きな節目を迎えます。皆さまに本活動の重要性を理解していただき、次の二十年に向けて、コンクールを通じた日中交流活動を続けていくため、一人でも多くの人に読んでいただけるよう、本書を推薦させていただきます。

二〇二三年十月吉日、東京にて

目次

三等賞

第19回

中国人の日本語作文コンクール

上位入賞作品

最優秀賞（日本大使賞） 1名

趙志琳 吉林大学

一等賞 5名

李　婧 北京大学

肖晶晶 大連外国語大学

郭夢宇 天津外国語大学

李雨宸 大連外国語大学

王珊珊 四川外国語大学

二等賞 15名

三等賞 40名

☆最優秀賞（日本大使賞）

囲碁の知恵とポストコロナ時代の中日交流

吉林大学　趙志琳

「九の十二、三コウ。」

「三の十、食う。」

「あら、天王山（神の一手）になったね。負けたわ。」

「ありがとう。」

「いつか一回、顔を合わせて囲碁ができたらいいなあ。」

「そうだね、いつか会って勝負したいねぇ。」

祐里ちゃんと初めて出会ったのは二〇二〇年の深まりゆく秋のことでした。その年に『ヒカルの碁』が中国でドラマ化され、大ヒットしました。私もそれに惹かれ、原作のアニメまで見ました。SNSで知り合った彼女もそのアニメの大ファンで、とても馬が合うので、大の仲良しになりました。彼女はアニメが好きなだけでなく、わざわざ囲碁を習いに行き、私にも教えてくれました。今では私のほうが彼女よりも上手に打てるようになっていますが。

「中国人だけあって、囲碁が得意だね。」

そう言われるたびに恥ずかしくなります。自国の伝統文化なのに日本の友人に出会ってはじめてその大切さに気付かされたからです。と同時に、本場の中国の囲碁の文化を彼女に見せたいと思いました。それが叶うのは中年になってからかもしれないと思っていたのですが、去年の真冬に奇跡が起きました。ポストコロナ時代に入り、人々の自由な移動が再び可能になり、国境を越えることも手の届かない夢ではなくなりました。そこで彼女と上海で会って、差し向かいで碁を打ったり、お茶を飲んだり、手をつないで囲碁展覧会を見に行ったりしました。その日も思いがけない囲碁をして、私が負けましたが、嬉し涙を流しました。そして「手筋」「大局観」のような多くの囲碁用語の起源の話に花を咲かせました。彼女は落ち着いた秀哉名人を好みますが、私は呉清源の変化に富んだ碁風が好きです。私達はやっとお互いの国の本当の文化に触れることができ、魂が相通じることを感じ取りました。国境を越えて対面した甲斐がありました。顔を突き合わせ、心に触れること、それは中日両国の交流にも適用します。

オンラインでも仕事ができて時間が節約できるように見えますが、実質的な交流が少ないのです。AIとの囲碁より、公園や街角の対局のほうがよほど楽しいのもそのためです。私たちは心のどこかでネット上の単純な囲碁よりも顔を合わせて熱く対局することを望んでいるのです。そのアイコンタクト、対戦相手の呼吸、刻々と変わる戦局、緊迫した雰囲気などは、いずれもスクリーン越しには感じられないものです。インターネットが急速に発展し、人類はビッグデータの時代に入りました。このような時代だからこそ、素朴な対面交流がありがたくて大切なのです。思えば、人類が本格的に世界を認識するようになったのは大航海時代からです。真理に近づくには探求と交流が必要であり、本やパソコンだけではいつまでたっても地球は平面であり、地球村を開拓することはできないのです。

本当の交流とは、顔を突き合わせ、心に触れるものです。「中日平和友好条約」は海を隔てた文書交換ではなく、交流を強化しようという趣旨で結ばれたのだと思います。故人はすでに亡くなっていますが、中日友好交流の貴重な経験を時間の経過とともに風化させるのではなく、古人の知恵の証である囲碁のように扱い、その醍醐味を味わい、ロックダウンせずにすむポストコロナ時代の対面交流にいかすべきです。

中日両国は、対立する敵の関係ではなく、平和的発展のために戦う友軍、つまり「一盤碁」の戦略を維持する友達です。そのため、我々は対面形式で戦略型交流を絶えず増やし、経済文化協力の輪を広げるべきです。物理的にはいつまでもくっつくことはないかもしれませんが、精神的には真摯に信頼し合える仲、世世代代の中日両国民が追求してきた交流の「神の一手」はこれに尽きると思います。

（指導教師　孫勝広）

★一等賞

箸のように、橋になる

北京大学　李　婧

冬休みが明け、故郷から北京に戻ってきた私は、久しぶりに日本からの留学生の莉奈ちゃんに会いました。そして、「はい、お土産」と、満面の笑みを浮かべた莉奈ちゃんから謎めいた紙袋を渡されました。何だろうとわくわくしながら紙袋を開けると、なんと、中にはきれいに包装されたお箸が入っていました。どうやら莉奈ちゃんのお母さんが日本から送ってくれたものらしい。その箸を手に取りよく見てみると、日本ならではの花柄が描かれていました。

それだけでなく、中国の箸に比べ、やや短くて、先が尖っていることに気づきました。「日本人は人の皿に料理を乗せる習慣がないので、箸の長さはそれほど長くなくてもいいんだ。そして、日本は島国だから、よく魚を食べるの。小骨を取るにはこういう尖った箸が便利なんだよ。」と莉奈ちゃんは丁寧に説明してくれました。

私はその箸を壊したり無くしたりしないように大切に保存し、しばらく取り出して使おうとは思いませんでした。しかし、ある日、食堂で買ったお弁当を寮に持ち帰って食べようと思いましたが、いつも使っている自分の箸がなぜか片方行方不明でした！ひとりぼっちの一本の箸を手に、おいしそうなお弁当を眺めながら、どうしようと嘆いた私は、はっと、「あ、そうだ。クローゼットに莉奈ちゃんからもらった箸があるんだ。よし、それを使ってみよう。」とひらめきました。

莉奈ちゃんがくれた日本の箸は中国の箸と長さも先の形も違っていて、少々使い慣れませんでしたが、中国の箸で食べるのと同じようにおいしくお弁当をいただくことができました。

ナイフやフォークと違い、二本合わせてはじめて役に立つお箸は、片方が欠けるとまったく使い物にならないのだと、ご飯を食べながら、ふと気づかされました。そういえば、中国と日本も、まるでそれぞれ片方の箸のようです。グローバル化が進む中、両国は一膳の箸のように離れがたく、経済、科学技術、文化、あらゆる面において、互いに力を貸し合っています。

中国では約三千年も前から箸が使われていたと伝えられています。奈良時代に、日本の一般家庭に広まり、日本の食生活に普及しました。中国と日本は隣国でありながら、歴史や認識の違いから、かつては次第に離れていきました。しかし、中日関係は箸のようなもので、表面的には多くの相違点がありますが、実は多くの共通利益があるのではないでしょうか。四十五年前、中日の友好関係を期待し、先人たちは幾多の困難を乗り越えて日中平和条約を締結し、両国の友情の橋を再構築しました。気候変動やエネルギー危機の瀬戸際に立たされた今日、中国と日本は手をつないでともに危機を乗り越えなければいけません。これは双方の戦略的利益につながるだけでなく、アジアの発展、ないし世界の平和にも寄与するでしょう。これからも、小異を残して大同を求め、双方に利益のあるの未来を目指すべきだと思います。

後日、初めて日本の箸を使った感想を莉奈ちゃんに伝え、二人で話し合いました。莉奈ちゃんは「そうね。箸って、人と食をつなぐもの。そして、箸の歴史や箸に込められた意味は、中国と日本をつなぐものだと思う。そういう意味で、「箸」は「橋」でもあるの。」と真剣な顔で語ってくれました。この小さな箸が、時を経て、国境を越えて、私と莉奈をつないでいます。

古来より中日間の交流には様々な美談があります。二十一世紀に入り、交通や通信がかつてないほど発達した今、海を越えた交流はさらに緊密になってしかるべきでしょう。その中で私たちは自ら力を投げ入れ、自分の気持ちを実際の行動に移すことが一番大事なことだと思います。日本語を勉強している私は箸のように、将来中国と日本の友好の架け橋になりたいと思っています。

（指導教師　周彤、岩本節子）

★一等賞

一歩、また一歩

大連外国語大学　肖晶晶

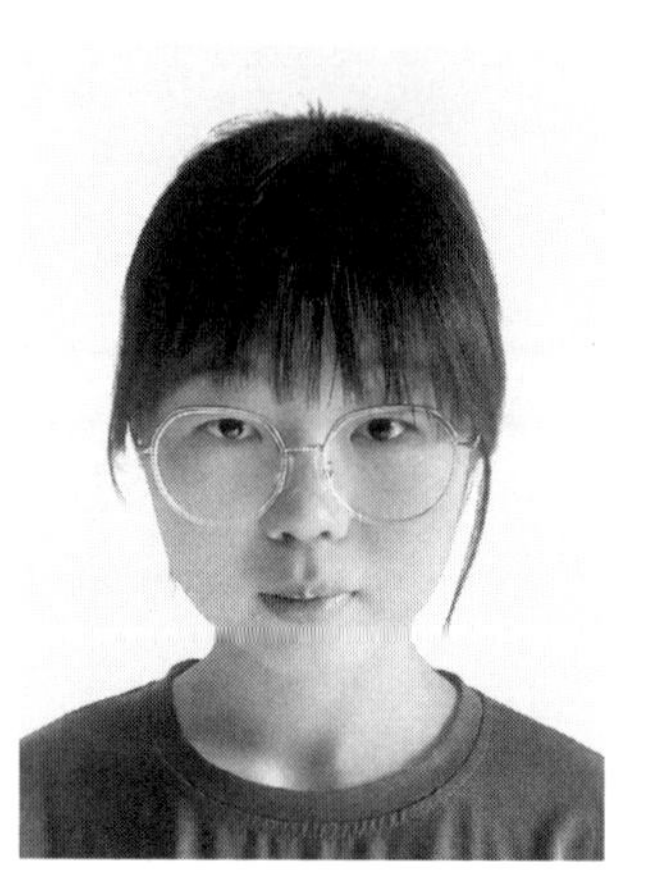

三月十二日、快晴。

私は両親に高く手を振り、日本へ旅立った。新しい出会い、人生の新しいページを開く喜びが心の底から湧き出し、私はひたすら新生活を楽しみにしていた。

新学期が始まって間もなく懇親会が開かれ、皆と歓談し、趣味とか、日常生活とか、恋愛事情にまで話が及んだ。最後は連絡先を交換し、最高のエンディングで懇親会は終了した。やはり日本の皆は優しいなという余韻に浸り、何日も浮かれていた。しかし、その後私はすぐ懇親会の日を境に誰も話かけてくれないという寂しい現状に気づいた。私はまたどこか間違っていたのだろうか。

「なんで日本に来ようと思ったの?」

「自己紹介の時、アニメが好きって言ってたよね。どんなアニメが好き? 好きなキャラクターは?」

「絵を描くのが好きって言ってたけど、どんな絵を描くの?」

もう一度あの夜を思い返してみると、なぜか皆が親切に質問してくれた記憶しか残っていない。逆に私からみんなへ関心を持ってした質問は、たぶん一つもなかった。強いて言えば、青森出身の隣の子に「青森のリンゴって本当においしい?」と聞いたぐらいだった。今思えば、おかしいぐらいに恥ずかしがっていた。あの夜の私はAIのごとく回答していただけで、せっかく向こうが興味を示してくれたのに、自分からは何にも聞けず一歩も踏み出せなかった。あれから声をかけてくれないのもごく自然のことだ。


しかし、これで諦めるのか、皆の好意を、せっかく先生が設けてくれた懇親会を全て台無しにするのか、それは嫌だ! 諦めきれない私は、もう一度皆のことを知るならどうすればいいかと考えつつ、交換してもらったSNSのアカウントをめぐり始めた。この人はこういうインフルエンサーをフォローしているな、このプロジェクトに所属しているのかと呟きながら、突然、あやみという女の子からのメッセージを見てはっとした。

「ジンジンは美術館好きなん?」

それは連絡先を交換した夜のメッセージだった。改めて見ると彼女も私の関心のあるものを見てくれていたと気づいた。しかし、その時の私はただ「好きだよ! 日本の美術館、ずっと行きたかった」と返しただけで、「あやみも美術館とかに興味あるの?」とすら聞かなかった。自分の不甲斐なさを痛感し、またあやみの好意に報いたくて、すでに嫌われたかな、これだと唐突かなと不安に思いながら、最新の美術館の情報を送り、「あやみはこういうの興味ある？　ゴールデンウィークに、もし時間があったら、一緒に美術館に行かない？」と誘い出した。

「めっちゃ行きたい！　ゴールデンウィークだったら二十九日は空いてるよ！」

ただこれだけの返事に、わたしは「よっしゃー！」と声をあげた。幸いなことに、あやみは親切で優しい人で、その日はゆっくりと話せた。話を聞くと、あやみは元々外国人に興味があり、何度もクラスにいる外国人留学生に話しかけてみたが、残念なことに反応は冷たいものだったという。何度も自分から一歩踏み出したあやみは本当に偉いと思った。そして勇気を振り絞り、彼女を誘い出したことを本当によかったと思った。何よりも嬉しかったのは、あやみのことをもっと知れたことだ。たとえ全く違う環境で育ってきたとしても、嬉しいことは分かち合え、苦しいことは労わりあえる。コロナという未曽有の世界的な災いの記憶すら共有できた。

小さい頃から私は常に新学期を楽しみにしていた。新しい人と出会うことで、必ず成長できるし、人生がさらに豊かになると思っていたからだ。今まで私も人に恵まれ、信頼できる仲間も何人もいるが、いつの間にか友情の始まりはお互いに一歩踏み出すことだと忘れていた。

日本へ向かう飛行機に踏み出す一歩、好意を寄せてくれる女の子に報いるための一歩、これからの一歩先に何があるだろう。

（指導教師　小野寺潤）

★一等賞

偶然か？ 運命だ！ ——崔先生への感謝状

天津外国語大学　郭夢宇

日本語を学び始めた頃、いつも家族や友人に「なぜ日本語を学びたいのか」と聞かれていた。一見簡単そうな質問でも、私はどう答えればいいか分からなかった。それは、クラスメートの多くはアニメなどに夢中で日本語に興味を持ったが、私は日本語や日本について何も知らなかったからだ。なぜ日本語を専攻したかというと、単に語学に興味があって外国語大学を受験し、結果としてたまたま日本語学部に振り分けられただけだったからにすぎない。そのため、その質問には「偶然だ」としか答えられなかった。

大学の授業が始まった最初の週、私は早くも日本語に対しあきらめの気持ちを抱いた。甲骨文字のような仮名や、音を発することのできない促音など、どれも大きな石のように心にのしかかり、私を息苦しくさせた。身の周りのクラスメートを見ると、中学生の時から日本語を勉強して日本人と流暢に会話できる人も、アニメをよく見て発音がとてもきれいな人もいる。しかし、私の場合、先生に「日本語で自己紹介をしてください」と言われても、情けないことに「先生、もう一度私の日本語の名前を教えていただけますか」と答えるしかなかった。

「あなたの名前はカクムウです」と私の質問にもう一度穏やかに答えてくださったのが、恩師である崔先生だ。母語の名前は両親によって付けられるが、自分にほかの言語の名前を付けてくれた人は、別の次元における自分の親だといえるだろう。当時、私は中国語の環境ではすでに一人前の大人だったが、日本語の環境ではまだ赤ちゃんで、崔先生はそういう次元における私の母だ。それ以来、私は新たな人生の一歩を踏み出し、日本語の人生においても立派な大人になれるように頑張ると決めた。

生活面では生みの親が生きる知恵をいろいろ与えてくれるものだが、日本語学習の母である崔先生も決して私たちに甘くなく、熱心に、ときに厳しく私たちの面倒を見てくれた。崔先生は教えてくださった単語や文法などの習得状況を毎日のように真剣にチェックし、また、私たちの生活への気配りも欠かさなかった。中国では、年越しの時に両親や親戚など親しい人からお年玉をもらう習慣があるが、先生のような他人とも言える人からお年玉をもらうことはほとんどない。しかし、崔先生は大晦日にクラスのオンラインのグループで私たちにお年玉を配り、新年を祝ってくれた。私が一方的に崔先生を母親だと思っているだけではなく、崔先生も私たちを自分の子供のように思ってくれていると分かり、非常に感動した。

崔先生の「子供たち」への思いは今のみならず、未来にまで溢れている。ある時、崔先生との食事の席で、先生は「私は日本の大学で博士を中途退学したことが一生の心残りなんです。あなたのように賢く、しかも日本語の勉強に励んでいる子は珍しいです。もしあなたが頑張ったら、きっと日本の大学で博士の学位を取ることができるでしょう」とおっしゃった。私は崔先生の無念と期待に目頭が熱くなった。その帰り道で、私は崔先生に告白した。「崔先生、ありがとうございます。アイウエオから日本語を教えてくれたことを、一生忘れません。今後も懸命に頑張りたいと思います」。あの夜、星空の下で、日本語教師であり母親でもある崔先生は、私の心を照らし、日本語人生を生きる私の背中を優しく押してくれたのだ。

崔先生の期待と愛に応えられるように、私は心の中で「日本語の勉強を頑張って、絶対に日本語能力試験N1に合格する」と誓った。その結果、なんとN1どころか、留学の資格まで取得できた。このように、崔先生は私の運命を変えた人と言っても過言ではない。日本語はまるで一本の橋のように私と崔先生をつなげている。私たちは不思議な縁でこの橋の上で会えるようになった。今、もし改めて「なぜ日本語を勉強したいのか」と聞かれたら、「偶然」ではなく「運命」だと答えたいと思う。

（指導教師　倉持りえ）

★一等賞

もう一回、あのお菓子を食べてみたい

大連外国語大学　李雨宸

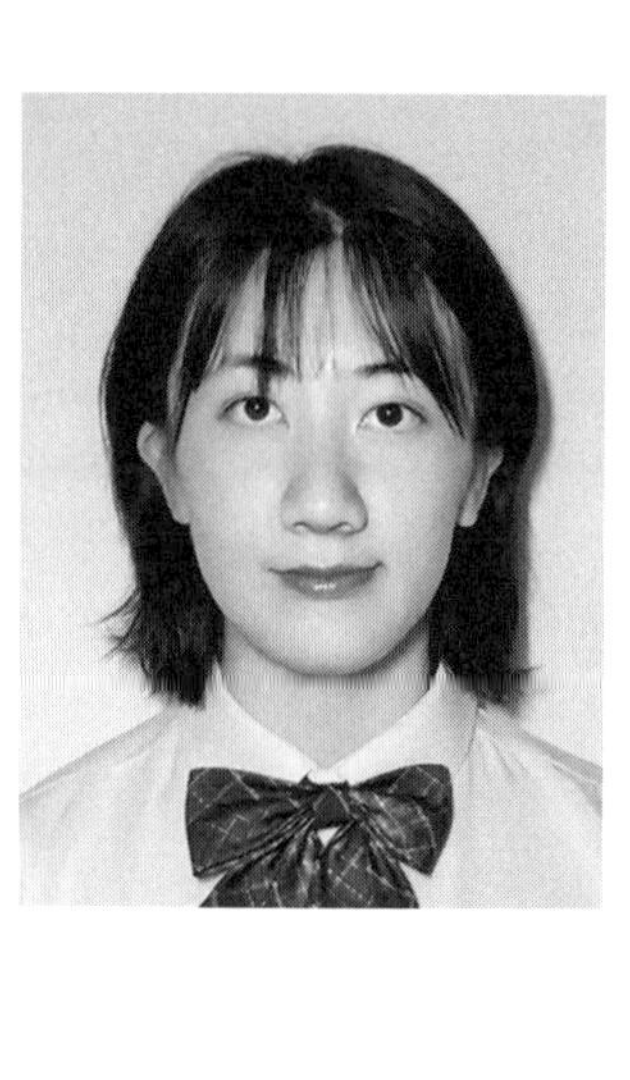

小学校四年生の時、母と湖南省へ旅行に行った。母が予約したツアーはちょうど期末試験にぶつかったのに、学校を休んで、旅行に行った。小学生であった私は不思議に思いながら、湖南省への旅行が楽しみだった。

その旅行で、私の人生を変える事件があったのだ。それは「洞庭湖」を観光した時だった。

「ほら、日本人のツアーだよ。よく来れたもんだね。きっと悪いやつらだよ」と、同じツアーにいるおばさんが嫌な顔をして大声で言った。おばさんの目線の先では、日本人のツアーの人達が洞庭湖の美しさを楽しんでいた。十歳の私は「でも、なんだか優しそうに見えるなあ。話してみないと本当はどんな人かわからないんじゃないかなあ」と考えた。そして、何だか自分の考えを証明してみたいという気持ちになったのだ。今考えてみるとその時、どこからそんな勇気が湧いてきたのか解らない。しかし、私は日本語が全く解らないのに、隣の日本人の旅行団に行って、「h·i」と声をかけた。すると、一人のお爺さんが「h·i」と答えてくれて笑顔で何か話してくれた。同行していたガイドが「美しいですよね」と通訳してくれた。私は頷きながら、何を話すべきか迷いながらも、人生で初めて出会った日本人の優しいお爺さんとジェスチャーで交流した。お爺さんと話しているうちに、二つの旅行団はいつの間にか近づき、空気も和らいだ。最後に、みんな笑顔で別れを告げた。お爺さんは私にお菓子を一つくれた。それはとても美味しかった。十年経った今ももう一回それを食べてみたいと思う。その味自体の美味しさはもちろんだが、自分が両国の人を近づけるきっかけになれたかもしれないという満足感をもう一度感じたいのだ。その場の空気までもお菓子のような甘さがあったと思う。その時、私は初めて自分の力を感じ、どんなに小さくても、機会を作れば、色々な展開がありうるということが分かった。

大学の専攻を選ぶ時に、あの時のお菓子をもう一回食べてみたい。日本語で日本人と交流する機会を作りたい。そう考えながら日本語を選んだ。

今回の作文コンクールで湖南省と滋賀県は友好都市だということを知った。貿易会社の責任者であった細谷卓爾さんという人が湖南省に行った時、「洞庭湖」が故郷の「琵琶湖」と似ているので、湖南省との友好関係を思いついたそうだ。そして、関係者の努力で一九八一年から湖南省と滋賀県の交流が始まった。経済や政治上の交流だけではなく、一般市民の間での交流も広く行われた。滋賀県の若者達が長沙の中学生と一緒に木を植えたり様々な分野の交流で、両地域の関係はより一層深くなった。滋賀県は二〇一〇年に上海で行われた「中国国際友好都市大会」で「対華友好都市交流協力賞」を受賞した。

　そこから考えてみると、十年前に出会った旅行団も滋賀県から来たのかもしれない。このような旅行や対面の活動を通して、私達　人一人が交流すると親しい関係を築き、互いに理解を深めることができると思う。

　中日平和友好条約締結四十五周年を迎えた今、私は若者の力を発揮することを提言したい。これまでの友好都市交流では政府や自治体が主導し、若者は参加者だった。オンラあイン交流のプラットフォームが急速に発展し、誰とでも便利に交流できるようになった。最近、私はGravityというアプリで出会った日本の若者の考え方の斬新さに感心している。若者がインターネットの技術を自分達なりに活用し、ネットで交流フォーラムを開き、自主的な中日交流を行うこともできると思う。

　私はラッキーだ。子供の頃に素晴らしい経験ができて、大学で日本語を学んで、日本に対しての理解を深めることができた。しかし、私のようにラッキーではない多くの人は日本人と交流する機会がない。これから、友好都市の中日の若者が協力してネットを活用し、より多くの交流の機会が作られるとよいと思う。

（指導教師　川内浩一）

★一等賞

ポストコロナ時代の日中交流

―私の体験と提言

四川外国語大学　王珊珊

「日本文化に興味がある人は、ぜひ私たちのサークルへ」

チラシを配っている後輩たちの姿を見ていて、私はふと三年前を思い出した。

大学に入り、日本語を勉強し始め、日本文化に興味を持っているから、「新芽」というサークルを作った。日本のアニメをきっかけに、日本文化に興味を持った学生たちが集まり、サークルには和気藹々な雰囲気が漂っていた。毎週の金曜日の夜八時から、それは私たちの「お祭り騒ぎ」の時間だ。アニメ会や茶道会、読書会など、様々なテーマで活動を行い、皆は夜遅くまで語り合い、なかなか帰る気配を見せなかった。コロナが原因で日本に行けないにも関わらず、皆ができる限りの空想の中の日本について一所懸命分かち合う姿を見て、私はこのサークルを立ち上げて本当に良かったと、しみじみ思った。

ある日、サークルの一人がこんな話をした。

「このサークルに日本人が居てくれたら良いのに」

確かにそうだ。一人でも二人でも良いから日本人が居たら面白いだろう。そこで、「日本人の友達募集」という動画を、ツイッターやユーチューブにアップロードした。しかし、二週間経っても、応募した日本人も現れず、皆が落ち込んでいたところ、待望の日本人からのメッセージを貰った。

「中国に興味があります。『新芽』に入れてもらえませんか」

こうして、「新芽」には新しい血液が注がれたのである。大阪在住の木村さんのおかげで、毎週の金曜日はさらに盛り上がり、関西弁についても色々教えてもらい、木村さんにも中国のことを紹介した。そして木村さんは「機会があれば、ぜひ中国に行ってみたい」と言った。海を隔てているとはいえ、両国の青年たちが、ビデオ電話一本でこのように自由に語り合えることは、科学技術の発展に負うところが多いと言えるだろう。

二〇二二の年末、新型コロナウィルス対策が緩和され、ポストコロナ時代の幕が徐々に開いてきて、日本に行って木村さんと会う事も現実味を帯びてきた。実際に日本に行き、会ってみたいという気持ちにも掻き立てられ、「新芽・日本ツアー」という企画を考えに入れた。

その後、サークルの皆でスケジュールや、費用など細かいところまで相談し合い、皆の顔は隠しきれないほどの興奮で赤くなり、目鼻さえ踊っているように見えた。

「新芽・日本ツアー」のポスターをＳＮＳに載せ、他に参加者や協力者を募ったところ、「新芽」は思いも及ばなかったサイバー暴力に襲われた。

「そこまで日本が好きなら、中国から出ていけ。二度と帰ってくるな」

「これは新型詐欺に決まっている」

「海外に行かず、中国を旅行しろ」

こういった目も当てられぬコメントを見ていると、怒りというより、悲しい気分になった。

中日両国は学び合い手を握って歴史の道を歩んできたのだ。しかしある日、大喧嘩して仲間割れしてしまった。時間が経つにつれ、再び交流し合うようになったが、わだかまりが祟って、昔の仲の良かった時のような関係に戻れない。そのため、これからすべきことは、先ずはわだかまりを捨てることだろう。酷いコメント欄を見て、若者としての私たち「新芽」は、その現象を変えたいと思っている。「わだかまりを捨てる」という考えを中国の人にも、日本の人にも伝えたいと思っている。

この考えをSNSに載せた。いまだ批判の声はあるが、一方で、支持してくれる声も徐々に増えてきた。

「中国には、このような国際的な交流意識を持つ青年がいてほしい」

「日本のいい文化を持ち帰ると同時に、中国の良さもきちんと伝えてね」

このようなコメントを見て、心の底から潤いが生まれてきた。まるで国のために戦う兵士のような勇ましい心地になった。

「新芽」はこれからどうなるのか、乞うご期待である。


（指導教師　村瀬隆之）

★二等賞

年月と交流から生まれた私の理解

大連外国語大学
ソフトウェア学院　李昕孺

日中両国の関係は、コロナ禍において、また一つ大きなものとして人々の目に映ったことだろう。この三年、医療活動の中核として、中国人民の命と健康を守るために機能し続けた中国友好病院は、日本政府の無償援助で建てられた大型総合病院だ。免疫感染に国境はなく、人には真実がある。

私の幼い頃の思い出にある日本は、あまり良くないものだった。それが祖父の影響だと分かったのは、中学校で世界史を学んだ後のことだ。

日本と中国は、古来より解くことのできない縁がある。聖徳太子は中国に遣隋使を派遣し、唐が中国を統一した後も交流は続いた。大陸からもたらされた新しい文化を、

日本は大規模に吸収したことで、大化の改新以降、中国の特徴的な制度は、日本の風土と合わさって日本の礎に深く関わった。こんな親友のような両国の関係を知り、長いあいだ不思議だった、従姉の〝日本好き〟が少し理解できた。簡単にいえば、私は、今まで日本を何も知らなかったのだ。文字通り、近くて隔たりのある一衣帯水の隣国だった。

両国の似ているところを探すことは、まるでジグソーパズルのようで面白い。和服は唐装から工夫を重ねたもの、平城京と平安京も、風土と地の利を生かしながら、中国長安の建築スタイルを取り入れたものだ。写真に見るその風景は、どことなく両国の仲の良さが映っているかのようで、微笑ましい。だが、そんな風に思えるようになるまでには、私自身、紆余曲折があった。

幼い頃、大好きだった祖父は、一九七二年の「日本国政府と中華人民共和国政府の共同声明」で、「日中両国

は、一衣帯水の間にある隣国であり、長い伝統的友好の歴史を有する」という文言を聞いたとき、日本に対して自分の取るべき態度に戸惑ったと話してくれた。祖父の潤んだ目を見た私は、当時、やり場のない思いと理解できない状況の中にいた。日本を好きになれなかった。

何事も、物事が理解され、日常に溶け込むまでには年月がかかる。今の私は、身をもってそれを体験したと思っている。大学の授業やネットを通して、日本人と直接交流したことで、日本人が中国や中国人にどのようなイメージを抱いているかを知った。幼い頃に祖父から聞いた日本のイメージから、どこか脱却できなかった私は、「日本人は中国人が好きではないだろう」とずっと思っていたが、そうではなかった。彼らの、優しく好意的な態度が強く印象に残った。日本が中国を「真似た」と思っていた文化も、私の一つの捉え方だった。日本人観光客が大勢押し寄せる都市ではない場所で育った私にとって、一つ一つのそんな経験は、大きかった。

中国人に人気の『名探偵コナン』は、ストーリーに違和感がなく、心に自然に入ってくる。日本の漢字から来ている「経済」や「顔値」などの言葉も、今や普通で、日本の文化は、知らないうちに私たちの生活に深く入り込んでいる。漢字の伝来後、日本では平仮名と片仮名が生まれ、そして今、それらから生み出された数多くの作品が、中国に溢れている。ここにも、年月とともにある両国の関係を知ることができる。

こんな今日の両国の関係を、今の私は、「近くて深い縁をもつ、一衣帯水の隣国」だと感じている。片側から見たものではない、年月と交流から生まれた私の理解。

目下、私の興味は日本への旅行と留学にある。日本の風土や習慣に触れたい、心と体で日本を感じたい。それは、先人たちが残してくれた、両国の交流と友好史を知ることでもある。そう思うと、ワクワクが止まらない。そして何より、私の経験を祖父にも話したい。

「日中平和友好条約」が結ばれた時代、両国の中には一時的に戸惑う人もいただろう。だが、今日まで、こんなに深く、長く、交流が続くことを古代の人々が予想できなかったように、両国の関係も後世まで人々に愛され、馴染み、ますます育っていくことだろう。あの時の潤んだ祖父の目は、未来を見つめた希望の証だと、今の私には分かる。

（指導教師　吉崎奈々）

★二等賞

天津外国語大学　袁　傑

「逢うべき糸に出逢えることを 人は仕合わせと呼びます。」

この作文を書き始めようとする時、中島みゆきの「糸」という歌を聴きながら、学部生時代の指導先生——張淑靖先生の思い出が次から次へといっぱい浮かんできた。

「初めまして、先生、袁Xと申します。」「初めまして、袁君、私は袁君の指導先生ですよ。日本語が好きですか、日本の漫画あるいはアニメが好きですか。」私は顔に苦笑いを浮かべながら、首を横に振った。「特に好きではありません。私は歴史に興味があります。しかし、あれこれの事情により日本語専攻がとなりました。」「歴史が好きですか。偉いですね。でも、日本語も面白いですよ、絶対に歴史の知識に負けないよ。日本語専攻の世界へ、ようこそ。」

それは、新入生の私と先生の初めての会話だった。その前の長い間、日本語専攻に入ったために、私はずっとくよくよしていた。だが、優しい先生の暖かい言葉を聞いたら、なんと日本語への抵抗感を乗り越えることができた。張先生との出会いがきっかけで真面目に日本語を勉強するようになった。

「先生、この物語の真相は一体なんですか。」それは、二年生の授業中だった。授業中、私たちは一緒に芥川龍之介の『藪の中』という物語を読み、『藪の中』を原作として、同作者の『羅生門』を加えて映画化された『羅生門』という映画を見た。授業の最後、私は手をあげ、前文にあるような質問を出した。

「真相は君達の考え方次第ですよ。」私は首をかしげた。「どういう意味ですか。」先生は微笑んで、このようなことを述べた。「真相は重要ではない。一番重要なのは、問題を考える立場です。事実は一つだけど真相は無数にありますよ。今の時代、皆さんの目に触れるニュースの何もかも他の人が見せたがるものだ。皆さんは独立して考えるようにしてください。」

日の前の霧が晴れていくように、眼には新たな世界がありありと見えてきた。初めて日本語あるいは日本文学に魅力を感じた。

四年生の時に、新型コロナウイルスの影響で計画留学ができなくなり、中国の大学院の入試に参加した。残念ながら、面接試験で緊張し、失敗した。その時に、落ち込んで、人生が終わった感じがした。復習の資料を全て捨て、自分の部屋に引きこもっていた。なかなか自分の失敗を許せなく、自分自身のことを疑い始めた。

その時、先生から電話がきた。「大丈夫ですか」「先生、大丈夫ですよ。ごめんなさい、私は失敗しました。」「謝る必要はありませんよ。袁君はもう最善を尽くしました。カルテットというドラマを見たことがありますか」「いいえ、見たことはありません。面白いドラマですか。」「ええ、面白いよ、とりあえず、休みとして見てみよう。見た後、自分の気持ちを整理し、また頑張りましょう。袁君はやればできる子ですから。私はずっとそのことを信じていますよ」このドラマを見た後の翌日、私は浪人生向けの自習室に入り、また受験の準備を始めた。

今、日本文学専攻の院生として勉強している私は学校の図書館で、またそのドラマの主人公のセリフを思い出した。――「人生には、三つの坂があるんですって。上り坂、下り坂、まさか。」そうだね。先生がおっしゃった通り、誰にしても、失敗は、それを認める勇気さえあれば、いつでも許されるものだ。重要なのは、もう一度やり直す勇気だ。

確かに、人と人との出会いは、中島みゆきの歌詞のように、仕合わせと呼ぶのだ。人々は互いに出会う理由やタイミングは知らないが、それでも出会いは起こる。そして、その出会いが織りなす布は、いつか誰かを暖めたり、傷をかばったりするかもしれない。人と人との出会いは偶然ではあるが、大切なものだ。

ありがとう、先生。日本語に会えて、よかった。日本文学に会えて、よかった。先生にも会えて、よかった。

（指導教師　田泉）

★二等賞

先人たちに学ぼう

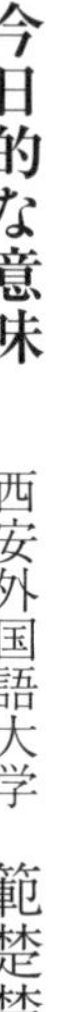
——日中平和友好条約の今日的な意味

西安外国語大学　範楚楚

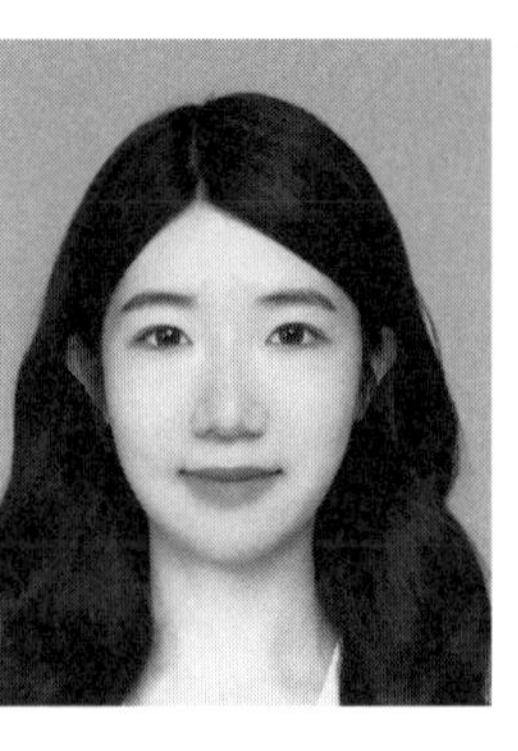

読むともなくネット記事を読んでいたら、こんな記事が目に留まった。東日本大震災からここ数年にわたり、日本の地殻プレートはアメリカに向かって東に移動しているという。ふと私は思った。「中日関係は、まるでこの地理的な距離と同じように、日米はどんどん近づき、中日はどんどん離れていっている」と。

四十五年前のその日を振り返れば、一九七八年八月十二日、中日両国政府は北京で「日中平和友好条約」に調印した。それに先立ち、国交回復を果たした一九七二年、周恩来総理は「言必信、行必果」という題辞を来訪中の日本の大平正芳外相に贈り、これを受けた田中角栄首相は「信為万事之本」と返したという。両国間において、誠実と信義に基づいて先人たちが交わした代々にわたる丁重な友好の約束であるものの、四十五年経った今となっては苦笑いするしかないようだと私は言いたい。

先月の通訳の授業で、先生が田中角栄の娘である田中真紀子のスピーチを逐次通訳の材料として聞かせてくれた。「一九七二年中国訪問の時には、お父さんは一命を賭して、日中国交回復に向けて出発する。『もし、真紀子と二人で行って、中国の恨みのたくさん持ってる、目に見えない人たちから殺されるかもしれない。』父はあの時、死を覚悟して本当に行く決意をしたのです。」この言葉を聞いたとたんに、感動がこみ上げてきて、胸にじんと来た。田中角栄首相は、「将来に日本の一般の人達と中国の一般の人達が笑顔で交流できる時代を作る」ことを天命にして、日本国内で「国賊」と呼ばれても、死を覚悟して中国を訪問したのだという。四十五年経った今の日本語学習者も、中日両国が当時の「蜜月時代」

に戻れたらと必死な信念で願っているに相違ない。

大学で日本語を専攻していた私は、卒業後、大学院で日本語通訳の道を選んだ。通訳というのは、言葉が相通じない人たちの間にコミュニケーションの橋を架ける存在だと私は思っている。中国の人たちに日本人の思いやり、侘び・さびの文化を伝えたいと思っている。また、中国の古き良き伝統や素晴らしい文化を日本の人々に向けて発信したいと考えている。そんな初心から、覚悟を決めて通訳の道に進んだ。ちょうどその頃、ある翻訳プロジェクトがきっかけで、中国語専攻の日本の大学院生のすみれちゃんに出会った。しかし、コロナ禍にあって、交換留学プログラムはほとんど中止を余儀なくされていた。相手国に留学を果たせなかった者同士として、私たち二人はすぐに仲良くなった。ところが、直接会うことができなかったため、インターネットや手紙でしかコミュニケーションをとることができなかった。ある日、通訳の道を選んだ初心と信念を綴り、同封する色紙に漢字で「言必信、行必果」と書いて、彼女宛てに送った。一ヶ月後、彼女から返事を受け取った瞬間、私は目を見張り、胸がいっぱいになった。返ってきた色紙には、なんと漢字で「信為万事之本」と書いてあったのである。ああ、彼女は私の気持ちをちゃんと受け取ってくれたんだ。私たちの心はこんなにも繋がっていたんだと強く胸を打たれた。

すみれちゃんと私は皆、ただのちっぽけな人間で、ごく普通の大学院生に過ぎない。しかし、それだけに草の根の交流は大切になる。人間は自分の物差しで互いを測るのは駄目であり、異文化コミュニケーションもまた然り。人は互いに文化背景などが違うからこそ素晴らしいので、その違いを認めることが必要となる。たとえ政府間の交流は途絶えたとしても、民衆の交流は日本海を流れる「黒潮」のようなものである。私たち一人ひとりが「黒潮」の中のサンマ、マグロ、カツオのように思えてくる。黒潮の流れによって育ちながら、黒潮に新たな活力を与えていく。

日中平和友好条約締結から四十五年、鄧小平や周恩来をはじめとする先人たちの知恵と勇気に学び、草の根の交流を大切にし、笑顔で交流できる時代を一緒に作ろうではないか。

（指導教師　韓思遠）

★二等賞

共に春蚕を育て、新しい糸を吐かせよう

武漢大学　劉　陽

もし中日関係をカイコの赤ちゃんと見なすならば、中日両国はすべてカイコを飼う人だと思う。

コロナが発生している間、中日両国ひいては全世界の人々は、風を通さない繭の中を歩いたように、共に喪失と迷いを経験した。新型コロナウイルスの影響で、公共の場所への出入りが制限され、オフラインでの面会も困難になり、オンライン生活への依存度が高まり、そのような生活の変化は知らず知らずのうちに発生した。今では、コロナの影響は最初の頃より弱まっているが、消えたわけではなく、長い間私たちと共生していくと見られる。そのため、ポストコロナ時代において、中日交流はそれらの変化に注目し、変化の中で新たな局面を切り開く必要があると思う。

疫病管理措置の緩和によって、これまで中国語で日本語を考えてきた私は、やっと日本をもっと知る機会を得た。それは学校図書館に入ることができるようになったから。久しぶりに日本語の本の書庫に入った私は、そこにずらりと並べられた書籍に魅了された。日本語学習者として、書籍に書かれた様々なすばらしい日本語の書名を見るだけで、とても満足している。音楽から美術、文学から歴史まで、数多くの日本語の書籍の前に立ち、思わず口角が上がった。私の目には、どの本も私と海の対岸にある島国を結ぶ橋のように見える。芭蕉の俳句を味わう時、私は中国の有名な詩人である李白を思い出し、異った時空の中で彼らが書いた豊かな感情が含まれた詩句を口にする。捧腹絶倒の落語を見ると、中国で千年の歴史を持つ漫才芸を思い出す。内容は違うが、その趣は同じだと思う。日本語の本が並べられた本棚の前に座り、

ランダムに取った日本の児童文学の本を静かに読んでいる間、「一衣帯水」の意味を感じたのではないかと思い、その瞬間、波がなくなり、日本もそんなに遠く離れた存在ではなくなり、私はすでに日本の書店に座り、童話を読みながら思わず笑ってしまったような気がした。苦難と傷を経験したポストコロナ時代において、そのような純粋な癒しは人々にとってはとても大事なひと時だと思う。

また、共通の災害を前にし、人々の共感力がある程度向上されたことが多い。コロナ禍の影響で、これまでの二年間中国に来ることができず、オンラインでしか勉強できなかった日本人留学生の友人も、やっと教室で私たちと対面することができるようになった。コロナ禍の話をすると、彼の気持ちが重くなったような気がした。日本人の先生も日本人の留学生も私たちと対面し、コミュニケーションを取りたがっている。そのような二年ぶりの再会によって、私たちは久しぶりに互いの息を感じ、向き合って展開するコミュニケーションの大切さを実感した。ポストコロナ時代、共感を求めるために心の窓を開き、他人の心の世界を感じたいという意欲も増えたと思う。どのように人々の心の柔軟な土壌に中日友好の花を咲かせるか、両国のメディア関係者は協力し会って解決しなければならない課題だと思う。

ポストコロナ時代、中日両国は共通の挑戦に直面しており、「隣り合わせの葦」のように協力していくことがとても大切だと思う。同じ儒家文化の影響を受けた中日両国は、いずれも人の価値、社会的責任感、精神世界を重視しており、そのような文化的共通性が多くの問題に対する両国人民の共感を促していると思う。そのため、ポストコロナ時代に入ってから、人々のオンラインの交流を増やし、オフラインの交流も徐々に回復させ、両国人民が共に関心を持っている議題を重視し、春蚕に新しい糸を吐かせるため、桑の葉をもっと多く提供する必要がある。

共同の養蚕者として、中日両国は心を合わせ、社会環境を安定させ、より多くの新鮮な桑の葉を探し、両国が共に飼育している春蚕を健康に成長させ、中日交流の錦の衣を織るため、新しい糸を長く吐き出させるべきだと思う。

（指導教師　王欣）

★二等賞

私の日中交流

貴州大学　孫乾明

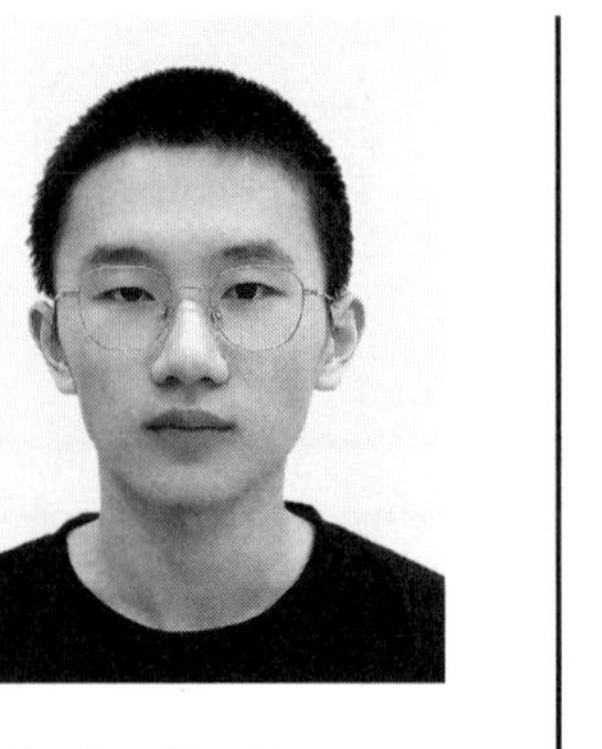

新型コロナウイルスのため、各国間の交流が難しくなりました。貿易や旅行より、国民健康のほうが重要です。輸出入とも底を打ち、世界経済に大きい影響を与えました。去年、日本は新型コロナウイルスの感染予防ルールを緩和しました。今年、我々はロックダウンを解除しました。三年がたち、世界はだんだん新型コロナウイルスの痛手から立ち上がりました。この三年間に私たちの生活はそんなに自由ではありませんでしたが、明るい自由時代がやっときました。

私にとって初めて日本人と交流したのは一年前のことです。話し言葉を鍛えるためにあるソフトをダウンロードしました。その時は外国人に対して好奇心がとても強く、彼らと趣味や習慣などについていろいろ話しました。とても面白かったです。勉強のこともよく教えてもらいました。でも、残念なのは時間の原因で、そのソフトはだんだん使いませんでした。最近、日本の大学生との文化交流活動が行われています。日本の大学生と交流できるし、他に日本のお菓子も食べられます。その代わりに私たちも中国の有名なお菓子を薦めます。今はまだ冬休みなので、学生はオンラインで活動に参加します。新型コロナウイルスはすべて悪いことではなく、オンライン授業やオンライン勤務の便利さを示したと思います。

それで、未来の各国の交流はもっとオンライン化になるかもしれないと考えています。オンライン勤務は通勤に時間と費用がかかる手間が省けます。未来はインターネットの時代です。距離はもう人々のコミュニケーションの障壁ではなくなりました。どんなに遠くでも傍にいるようです。そして、DXのおかげで人々はたくさんのものをオンライン化させました。例えば、DX博物館、携帯電話で展示品を見られます。VRがあれば現地で見るほどです。科学の進歩するにつれて仮想世界を作ることもできます。この世界で文化、経済などの交流はずいぶん簡単で、便利になります。各国の風情が味わえば家でも楽しめます。私は冒険が好きな人で、そんなものは本当にあれば最高です。

中国と日本はアジア文化圏の一部、文化的に多くの共通点があります。例えば、どちらもお茶が好き、芸術としてお茶を飲みます。そして、礼儀を重視します。これらを通じて交流会を行って、心得を交換します。暇の時に私も学校で行う華道や茶道の講座に参加します。とても面白いと同時に、よく勉強になりました。日本語科の大学生として、日本語だけを勉強すべきではありません。日本の文化や習慣などもよく勉強すべきです。その後は中国の文化をちゃんと伝えて、文化交流の目的を達成します。

日本のアニメは若者たちの中でとても人気があります。でも、中国のアニメはちょっとがっかりさせます。特に声優の部分、良いアニメは少ないとは言えませんが、わずかであるほうが適切です。冬休みに「凸変英雄」という中国アニメを見ました。それはありがたい中国アニメだと思います。でも、残念なのはこのアニメはあまり人気がありません。「凸変英雄」は日本語の吹き替えがあって、日本語科の大学生の私はもちろん見るべきです。異文化の原因で一部の意味を変えましたが、声優の感情や雰囲気などは素晴らしいです。声優は中国アニメの弱点で、改善すべき点がまだたくさん残っています。

とにかく新型コロナウイルスの時代はすでに過ぎ去り、未来は一体どうなるのでしょうか。私は作家劉慈欣が描く未来世界にかなり驚きました。彼の作品をもとにした映画「流浪地球」とテレビドラマ「三体」はいま放送していて、とても人気があります。中国文化は伝統文化だけではなく、新しい生活から生まれた結晶も目立ちます。伝統文化を伝えると同時に、新時代の文化もわすれてはいけません。世界の文化を勉強して、自分の文化を伝えて、これは私たちがするべきことです。

（指導教師　須崎孝子）

★二等賞

ポストコロナ時期の中日交流

中国人民大学　梁奕琪

去る二〇二二年の末、中国はついに三年間にわたる厳しいコロナ政策を終了することを決定し、徐々に正常な生活リズムが戻ってきた。このような変化にみんなが喜んでいる一方で、中国の短期的な感染者数もしばらくの間に急速に上昇した。このような状況は多くの外国の注目を集めている。

こうした中、日本では中国人訪日観光客を差別するというニュースが相次いでいた。国内の感染防止のため、日本は、「赤いストラップをつけて中国人訪日者をマークする」という措置を実施していた。このような措置は、もちろん中国国内で多くの不満を引き起こした。間もなく、駐日中国大使館は日本人の中国へのビザ発給を一時停止することを決定した。中国のコロナ対策の調整に伴い好転しているはずの中日交流は、新たな困難に直面していた。

当時日本にいた中国人としては、その間、中国の感染状況について聞かれることもよくあった。日本のメディアも日本の人々も、中国のコロナ対策に注目していることが感じられた。私もアルバイト先の店長に、現在の中国の政策調整をどう見ているのか尋ねられたことがあった。彼は、中国の突然の開放はやはり焦りすぎだと感じていると言った。そして中国の感染者数が上昇している中、日本がこのような入国政策を選んだのは正しいことだと考えていた。「いずれにしても、私は三度目の感染は嫌だ」と彼は言った。

ここで、私は中国の政策が正しかったかどうかの議論をするつもりはない。今回の事件を通して考えたいのは、ポストコロナの今となって、中日の交流を進めるため何に注意すべきなのかということだ。私たちは誰もが、「交流」とは双方によって成立すると理解している。そのため、スムーズな交流には双方の努力が必要だと信じている。

まず、日本の立場から見ると、当時中国のコロナ状況は不安定だった。だから、このような状況について国内でのコロナ再流行を防ぐための措置を取るのは理解できる。しかし、安易に「赤いストラップをつけて中国人訪日者をマークする」という措置は合理的なのだろうか。もっと良い解決策はないのだろうか。これらの問題が身につまされている者にとって、このような差別化措置は取り返しのつかない遺恨を残すことは避けられないだろう。中日の歴史的紛争と現在の両国の政治的立場を鑑みると、このような「差別的措置」は中国国内で多くの議論と不満を引き起こすに違いない。国内のソーシャルメディアでもこのようなコメントを多く見ることができる。

日本のこうした措置や国内の不満の議論に対して中国は、「中国へのビザ発給を一時停止する」という措置を取った。このような経緯によって、中国のコロナ対策に伴い徐々に正常化していくはずだった日中交流が回復困難になっている。

中日交流の過程を振り返ってみると、このような状況は珍しくないことが分かった。確かに、歴史と政治的な原因で中日交流自体が他の国よりも困難になることは避けられないが、このようなたいして意味のない決定は治りかけた傷口に塩を塗るようなものだ。

現在、中日両国のビザ政策はいずれも正常に戻りつつあるが、今回の事件が中日両国に与えた悪影響は短期的に解消することは不可能だ。今の「ポストコロナ期」において、中日両国が双方の交流がますます盛んになることを望んでいるのであれば、このような事象にもっと注意しなければならない。同じような事件が起きないように、中日双方は意思決定の過程でより慎重に、相手の立場に立って問題に対処すべきである。このような「小さな事件」が積み重なっていくことは、最終的には中日交流に取り返しのつかない結果をもたらすのではないかと、私は危惧するのである。

（指導教師　馬木浩二）

★二等賞

小さな螺子釘になろう

海南師範大学　林詩琴

　一九七八年八月十二日に日中平和友好条約が署名され，両国は歴史の新たな一頁を開くことになった。歴史の車輪は前進し、あっという間に四五年の月日が流れた。今、日中平和のバトンが我々若者に渡された。先輩たちの地に足のついた足跡と尊い姿は、灯台の明かりのように未来の道を照らしてくれる。

　去年、中国と日本の国交正常化から五十年となった。澎湃新聞は「五十年五十人」といった番組を作り、日中平和の事業のために、一心に捧げる五十人の先輩たちを取材した。その中の、段躍中さんの物語に、私は感動した。段躍中さんの言った「実際に、皆はすべて日中平和の架け橋の螺子釘である」という言葉が私に響いた。小さなことでも、少しずつでも、最後合わせてみると大きなことになる。小さな火花でも広野を焼き尽くすように。

　日中交流の歴史を振り返ると、日中平和の道は順風満帆だったわけではない。日本の小説家井上靖が、生涯敦煌の話を書いてきたのに、敦煌に行ったことがないなどあってはならないと、ただ敦煌に行きたいがために、政府の人間にひざまずいた話や、日本への留学経験があり、中国で滞在する日本人のために、何かしたいという気持ちを抱いた任正平さんが、北京で日本語図書室を作り、すでに二十年続いている話を読んだとき、彼らの執着と堅守が中国人と日本人の絆になると感じた。先輩方がそれぞれ自分の方法で日中平和の物語を語って、日本と中国の相互理解を増進し、相互認識を深めることに努力してこられたということを知った。

　私の学校の、日本人の先生は優しくて可愛い人だ。日本文化の部活動の中で、先生は日本の茶道や着物の体験をさせくださった。本当にいい勉強になった。また、先生は時々ウィチャットで中国の生活の中で発見した面白い経験を投稿する。例えば、海南島のトカゲを目撃したという話だ。先生の投稿を見て、中国人にとって見慣れたものでも、日本人にとっては物珍しく、面白い発見なのだということを知った。一方、日本人にとって見慣れたものでも、中国人にとって新しい発見だ。私はこれこそ文化交流の魅力ではないかと思った。

中国では、先人が木を植え、後代の者がその陰で涼むという諺がある。中国と日本は手を携えて容易ではない道を歩いたことを忘れてはならない。何世代もの人の地道でぶれない努力を経て、日中両国人民の関係とお互いの認識が深くなって、たくさんの誤解が解かれた。当時、がんを告知されて七十六歳だった周総理が池田先生と会見したときの「よくいらっしゃいました」という言葉は池田先生一人に言ったのではなく、すべての日本人に、日中友好交流の誠意を込めた言葉だったと思う。段躍中さんは日本に来て、日本のメディアは中国、特に日本に滞在する中国人に対して偏見を抱いているということを認識され、筆を手にして、文字の力でこの状況を変えることに努力されている。

では、普通の人としての私は何ができるのだろうか。私はどこにでもいる普通の大学三年生で、家族や友人の中で、日本に行った人は一人としてない。私にとって、日本は遠くて近い・近くて遠い存在だった。しかし、日本語の授業の授業を通して、だんだん日本語だけでなく、日本文化についても詳しくなってきた。ボアオ・アジアフォーラムにボランティアで参加した時、私は日本から来た代表を案内した。その時、授業以外で初めて日本語を話した。そして、私の話す日本語が通じた時、私は日本語を勉強してきて本当によかったと感じた。

将来、私は日本語教師か、通訳になりたいと思っている。日本語教師になれば、学生たちに日本語を教えると同時に、彼らの心に日中友好の種を蒔くことができる。通訳者になれば、日中友好の架け橋となれる。どちらにせよ、段躍中さんがおっしゃったように、私も日中交流の架け橋の小さな螺子釘になって、日中民間交流の心温まる物語を語れるようになりたいと思っている。

（指導教師　大谷美登里、湯伊心）

★二等賞

先人たちに学ぼう

——日中平和友好条約の今日的な意味

南京郵電大学　王　旭

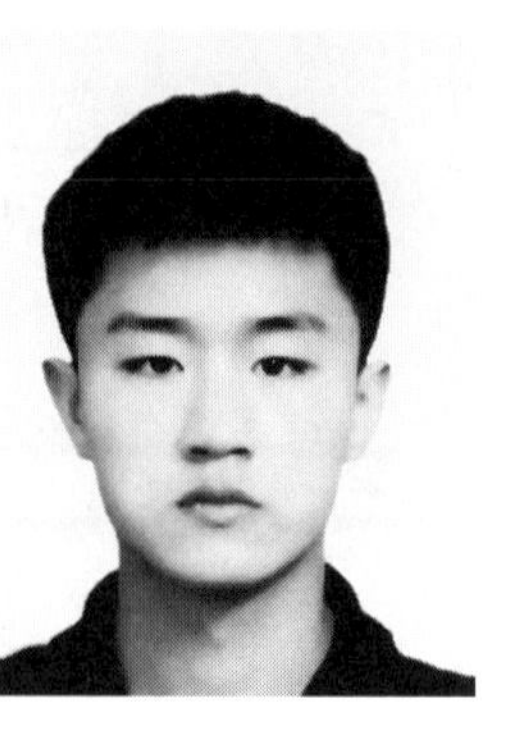

日中平和友好条約は一九七八年に調印されました。この条約は日中双方にとってだけでなく、世界にとっても重要な意味を持っています。今日は先生に日中友好条約について教えていただきました。この条約は政治経済文化の多方面において意義があります。

政治面では、中国は社会主義ですが、日本は資本主義です。どちらの政治制度にも良い点があります。日中友好交流は、両国が相手国の制度の利点を学び、より柔軟に国内事務を処理する上でプラスになります。中日双方の平和と友好の発展を促進しただけでなく、アジア地域の平和と安定を維持しました。平和と発展をテーマにした世界の流れにもマッチしています。経済と文化の交流のために良い基礎を築きました。グローバル化が進むにつれて、世界ではグローバル化に反対する見方が出てきています。テロリストによる攻撃や、いくつかの戦争や衝突など、世界の発展を不安定にする要素が増えています。中国と日本は世界の経済大国であり、政治大国であり、国連でも発言力のある国です。両国の平和友好条約が締結されたことにより、両国は国際問題の処理において、一貫性を持つことができ、処理の結果もより妥当なものになりました。両国の友好発展は、両国の共同対応、新型コロナウイルス、地球温暖化などの国際問題にプラスになっています。

経済面では、古代から中日両国は頻繁な経済交流がありました。しかし、近代の戦争や国家政策の影響で、交流は長い間停滞していました。この条約が結ばれたことで、長い間停滞していた経済交流が回復しました。二十世紀後半には、日本は世界第二位の経済大国になりました。経済をどう発展させ、向上させるかという点で、日本は独特の見識を持っていたので、中国の経済レベルの発展のために大きな助けを提供することができました。中日双方の経済往来が多くなり、双方の先進的な技術と人材が相互交流を実現し、双方の経済繁栄を効果的に促進しました。日本の自動車会社、工作機械、製薬業などの企業の先進技術が中国に入って、中国関連企業の発展を助けました。日本企業は工場を中国に移して、安い労働力を手に入れることができました。同時に、中国の豊富な農業副産物、鉱山資源も日本を助けることができました。そして、いくつかの難題を解決しました。また、国が経済的困難に直面した場合には、直接的な経済援助を行うことができました。

文化面では、歴史上のシルクロードや鑑真の渡航などは、双方の文化交流の証です。日本の考古学には、古代中国の文字、衣服、青銅器、経書などの研究がよく見られます。しかし、鎖国、近代戦争などの要因で、両国の文化交流は停滞しました。しかし、この条約によって文化交流が再開されました。中国シルクロード経済ベルトと海上シルクロードなどの経済政策の推進のもと、双方の文化交流も経済交流に伴って拡大してきました。双方の文化交流が増え、中国の先進的な文化が日本に入ってきました。日本の茶道文化、歌舞伎文化なども中国に伝わり、日本の優れた映像作品も中国に入りました。そして、両国民の海外旅行も多くなりました。両国とも相手国の言語を教育システムに取り入れています。日本の漫画なども中国に入ってきました。双方の文化が繁栄し、両国人民の文化生活も豊かになりました。私たち学生にとって、この条約は海外留学を可能にしました。両国の学生は相手国に行く機会があり、その国の文化をよく学び、その文化の雰囲気を感じることができます。

今回の条約で平和的な発展の重要性を学びました。先生の教えを経て、私はこの条約の締結の、政治経済文化などの各方面での意義を更に深く体得しました。双方のリーダーの英断を感じました。我々も現在の平和的な環境をより大切にし、双方が引き続き平和的な発展を促進するよう努力しなければならないと思います。

（指導教師　小椋学）

★二等賞

友誼の木を植え、中日の情をつなげ

東華理工大学長江学院　洪健洋

この作文コンクールから、私は日本の滋賀県の琵琶湖と私の故郷の湖南省の洞庭湖が「湖」を縁にして友好姉妹の関係を結んでいることを知った。四十年前、湖南省と滋賀県は湖をきずなにして、手をつないで友達になり、四十年来、お互いに心を許し、深い友情を結んできた。湖で結ばれた友情は、今も両地の人々に幸福をもたらし続けている。

湖を橋にして、友情の種は一面に咲いている。三月、またロマンチックな桜の季節が来て、待ち望んでいた、植物園の桜はついに咲いた。ネットから、一九八五年に湖南省と日本の滋賀県が友好省（県）を結んだことで、滋賀県から二千本のソメイヨシノの苗がプレゼントされ、

湖南省植物園が独特の桜の景観を持つようになった情報を得た。江西省で学校に通っている私は母に喜んで紹介して、そして彼女にぜひ湖南省植物園の桜の鑑賞を勧めた。週末を利用して家族が桜を見に行き、美しい写真を見せてくれた。湖の周りの桜の木の列は、白い桜の枝を飾り、まるで妖精が空から地上に降りてきたようだ。桜の湖畔には石碑が立っていて、「中国湖南省—日本国滋賀県、友誼の林、一九八五年五月四日」と刻まれている。これは中日両国人民が桜を植樹した友好の証だ。三十年余りが過ぎて、ソメイヨシノはすでに雄大な林となっている。毎年には木いっぱいに花が咲き乱れ、湖南省の春の最も美しい風景となり、百万人以上の観光客を魅了している。

文献考証によると、桜の起源は中国で、当時万国が来朝し、日本は中華文化の輝きを深く慕って、桜は建築、服飾などとともに日本の使者によって持ち帰られた。そ

して美しいソメイヨシノはまた海を越えて中国に根を下ろし、海を隔てていても、桜は満開だ。両地の人民は共同で植樹を行い、代々親善し、友情を受け継ぐことを約束した。このソメイヨシノの花だけを見ると、特に奇をてらったものではないが、木いっぱいに花が咲き乱れ、山の斜面の花が重なり合って覆われているのを見ると、いささか驚かざるを得ない。一致団結を象徴し、集団主義の精神を体現しているのではないか。実は中日平和友好条約締結の四十五年の間に、このような小さな種が、今の中日友好交流を大きな木に成長した。今後もこのような小さな種がもっと必要で、中日友好交流を豊かな森林に成長させてほしい。

江西省の大学で日本語を専攻する学生として、私もこの機会に江西省を紹介し、中日友好都市の交流を促進したいと思っている。中日両国はすでに悠久な焼き物文化の歴史を持って、その特色には優劣がない。江西省景徳鎮市は中国の陶磁器文化の発祥地であり、世界的に有名で、「千年の陶磁器の都」と言われている。文明は交流によって多彩になり、お互いを参考にすることによって豊かになるため、焼き物を媒介として、江西省と日本の友好交流の新たな一ページが開かれることを願っている。中日平和友好条約締結四十五周年という大きな背景のもと、私はインターネットのプラットフォームを借りて景徳鎮の陶磁器を伝えたいと思っている。私も日本の友人たちに滕王閣、鄱陽湖など有名な景観を紹介したり、私のいる江西省のキャンパス生活を分かち合ったりして、彼らがいつかその場に臨場して江西省の特色と魅力を感じてもらえることを願っている。

二〇一四年に「岐阜県と江西省をつなぐ友好的な未来植林プロジェクト」で派遣された植樹訪問団が瑶湖森林公園に植えた桜やクスノキは、今では大きく成長し、多くの学生や市民が散歩して休息する格好の場所となっている。中日友好交流の歴史は長く、双方の各分野の交流協力が絶えず深化していることは、両国と両国人民に重要な福祉をもたらすだろう。将来私は両国の友好交流を深める使者となり、ますます多くの中日友好都市交流活動に参加し、推進したいと思っている。友情の木の種が中日両国の至る所に花を咲かせ、実を結ぶことを信じている。

（指導教師　高良和麻、呉麗麗）

★二等賞

日中平和友好条約

――その木の成長と未来

天津外国語大学　張　芬

ネット上では「中日交流なんていらないよ」というような独り善がりな意見をたまに目にする。このような過激な発言を目にするたびに「こいつら、ほんまに何も分かってないわ」と言いたい気持ちになった。そのような発言は、先人たちの努力を裏切るものだと感じるからだ。現代の中日両国の友好交流は一九七八年「日中平和友好条約」の批准書交換から始まったといわれる。「日中平和友好条約」の締結は、当時、鄧小平氏、周恩来氏を中心とした中日関係の改善に努めた先人たちが力を尽くし、六年にわたる努力の末、山のような困難を乗り越えて得た成果である。

「日中平和友好条約」は中日友好関係の種であり、両国交流の初心ともいえるものだ。一九七八年、両国が力を合わせてこの種を蒔いた。そして、その後も両国それぞれがその成長に必要な水と肥料をやり続け、その木は両国人民と政府の思いを受けつつ成長してきた。四十五年経った今、その木はすでに大木になっている。そのおかげで、ビジネスの連携や多分野の技術のシェアのような国レベルの交流だけでなく、両国の国民もまるでこの木に登り、国境を越えるように、お互いの文化を楽しみ、その国の風景を観賞できるようになってきた。日中平和友好条約締結四十五周年となる今年二〇二三年、我々はどのように先人たちの志を継ぎ、「日中平和友好条約」に基づき中日関係を一層発展させるかが課題となっている。

私は、日本語を専攻する前、日本については日本のアニメについて少し知っている程度で、たまにドラマを見ると中国の生活との違いを感じ、不思議な感じがしていた。しかし、日本語の勉強をしていくうちに、日本人の礼儀正しさ、他人への配慮から、バラエティーのボケとツッコミのような面白いところまで、様々な日本の文化を知るようになった。日本語を勉強すればするほど、以前受け入れられないと感じていた日本人の行為も、「なるほど」と思うようになった。そうしているうちに、中日両国の国民がお互いへの認識が足りないことによって生じた乗り越え難い壁の存在に気づいた。このような個人の偏見という壁が高くなれば、国と国との交流にも壁ができてしまう。では、この壁をどうすれば乗り越えられるのだろうか。私が憧れているドキュメンタリー監督の竹内亮さんは『竹内亮ドキュメンタリーウィーク』を赤字でもやりたい理由について、日本では視聴率のため中国についてのマイナスの内容の報道が多すぎるため、中国の面白い一面も日本人に伝えたいからだと述べた。これはいい手本ではないか。私たちはそれほど大きなことはできないかもしれないが、小さなことならできる。相手国の文化を専攻している私のような大学生は両国のかけ橋の役割を担うことができる、いわば両国が育てたその木の葉だと思う。風が吹くと異国を含め、各地に舞い降りる。この木の葉は枯れ葉ではなく、生気に富む木の葉だ。舞い降りた地域の人々に様々なことを伝えることができる。この作文コンクールもその点で大きな役割を担っている。それに積極的に参加している我々学生たちもこの木に肥料をやっていることになるのではないだろうか。今回のテーマのような作品を今後さらに書き、様々な場所に投稿したい。また、文章だけでなく、同じ専攻の友達とグループを組み、ポッドキャストのような音声配信もできたらいいなと思っている。そして今度「中日交流なんて意味ない！」と話している人に会ったら、裏でこっそりツッコミするのではなく、丁寧に話しかけて誤解を解きたい。

記念すべき四十五周年を迎えた二〇二三年、世界の状況は四十五年前とは大きく変わっている。樹木は環境が変わると、木そのものに水と肥料をやらなければならない。「日中平和友好条約」という大木をこれからどのように育てていくのか、両国はその栽培方法を検討し続けなければならない。私もこの成長の役に立てたらとても嬉しい。

（指導教師　山口進久、田泉）

★二等賞

日中友好のために一緒に歌いましょう

西安交通大学　郭沁坤

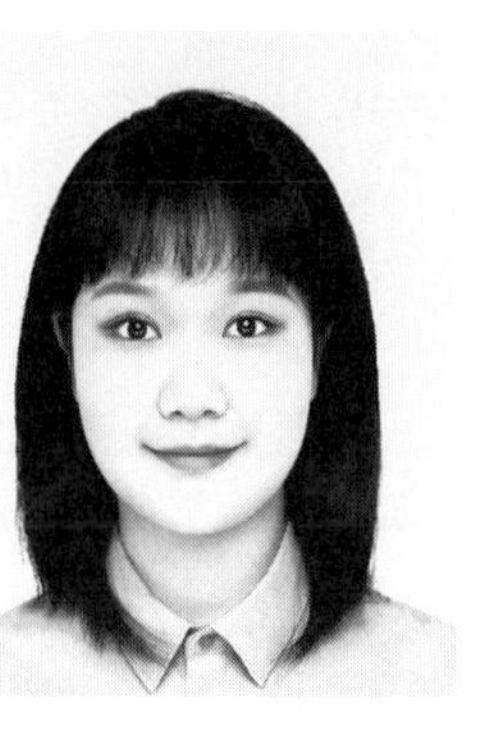

「白樺 青空 南風こぶし咲くあの丘 北国のああ北国の春 季節が都会では わからないだろうと届いたおふくろの 小さな包みあの故郷へ 帰ろかな 帰ろかな」

まだ暖かかったり寒かったりする春の日でした。キャンパスの桜の木の下に座り、風を受け、花びらが落ちる中、私はギターを弾きながら『北国の春』を歌いました。この様子をビデオにして、祖母に送りました。祖母はすぐに電話をかけてきて、「やっとこの歌をまた聴けたわ、ありがとう！」と感動した気持ちを伝えてくれました。

歌が好きな私には、祖母という最も熱心なリスナーがいました。『北国の春』という歌は、祖母の鼻歌で初めて聞きました。祖母は、その日本演歌のテープを持っていたことがありました。しかし、それはとても古いもので、何度か引っ越しをすると、もう見つからなくなりました。大学に入り、日本語を専攻することになった私は、祖母と『北国の春』を日本語で歌うことを約束しました。

二年間日本語を勉強して、この曲の歌詞が、故郷を恋しく思いながらも帰れない人の哀愁や切なさを表現していることが理解できるようになったんです。当時、祖母には歌詞がわからないけれど、この曲の曲調に同じ感情を抱かせました。

私がこの歌を歌ったことで、祖母はこの歌を好んで聴いていた時の気持ちを思い出したのでしょう！　若く孤独で誰にも頼れなかった時期に、日本の歌は祖母の心を癒し、前向きに立ち向かう力を与えてくれたのだと思います。

コロナの時代、歌は形のない力として、人々の思いやりを表していました。西安交通大学の金中教授は、二〇二〇年の感染が深刻な際、『必ず乗り越えられる』という曲を作られました。この歌は十数種類の言語に翻訳され、ネットを通して広がり、世界の人々へ自信を与えることを願っていました。野田洋次郎氏は中国のファンから「コロナ禍の中で不安な生活を送っている人たちを励ます歌を作ってほしい」と頼まれました。そこで彼は『light the light』を創作し、中国で無料配信し、ウイルス感染で苦しむ人々を元気づけようとしました。

音楽ができることは、とても小さいことです。でもまた、その小さなことに人はとても救われるのではないしょうか。音楽はいつでも美しく、純粋な人への配慮や願いを運ぶことができます。

音楽はとても包容的で暖かいコミュニケーションの架け橋です。それはスタイルや年齢に制限されず、人々が忙しい生活の中の調剤やリラックスのための方法とみなす必要があります。このようにして、音楽を鑑賞しましょう。音楽はやはり耳に心地よく、誠実な創作と演出であれば、さらに広く歓迎されるでしょう。

ポストコロナ時代、中国と日本の学生の交流や留学が少しずつ軌道に乗ってきています。私もこの秋、幸運にも京都に交換留学に行くことができます。日本語を学ぶ中国人として、周りの学生と一緒に、それぞれの協定校の間で、端午、七夕、中秋などの日中共同で祝う節句の日中歌会を開催することができるかもしれません。

歌会の歌は、自分の言葉で相手の国の代表的な歌をカバーするだけでなく、若者の創造力や想像力を発揮して、両国の学生はバンドや合唱を組んで歌ったりすることもできるかもしれません。心の中で多くの美しい音符がより調和した豊かな日中協奏曲を構成し、日中友好交流への思いを表現したりすることに繋がります。歌会では、多数の人によるバンドや合唱も組織し、できるだけ多くの人を「日中友好のために一緒に歌う」というプロジェクトに誘いませんか?

日中関係の未来を担う私たち若者は、日中間の友好交流のためにもっと努力すべきだと思います。コロナ禍で、音楽は心からの願いを持って、人々の心を温めて応援し、励ましました。今もこの力が時空を超え、ポストコロナ時代に日中両国の青年の美しい歌声でコロナ禍後の疲れた心を癒してくれることを願っています。

日中友好のために一緒に歌いましょう!

（指導教師　西川侑里）

★二等賞

美紀先生との出会い

同済大学　黄嘉瑋

先生の意味とは何だろう。

この疑問を聞けば更なる疑問を持つのではないだろうか。私は今までの経験すべてがなければ、この疑問も持つわけがない。小学生から、今大学生になり、将来もこの旅をまだ続けているかもしれないが、先生から知識を獲得していたというものの、理解力が高まれば高まるほど、先生に教わるという行為そのものの意味が分からなくなってきた。

私が日本語を勉強し始めたのは高校二年生のころであった。日本語の授業がない高校で、大学入学試験に日本語を外国語科目にしたのはあまりにもハイリスクな選択だった。カタカナさえ知らない状態から、日本語の小説を読み始めるまで、独学で僅か二年間。その後も小説、論文、詩などを読んだり、翻訳の練習をしたりしていた。これはまったく自発的なことで、誰かに教わったことはないと言っても過言ではない。じじつ、日本語学部入学後も状況が変わりはしなかった。三年生の先輩と授業に出たとしても、常に「この内容、独学でも全然大丈夫なのに、わざわざ授業でやる意味は何？」と考えずにはいられなかった。先生の「名」を呼んでも、先生の「実」は見られないのではないか。そう考えていた。

そんなとき、美紀先生に出会った。先生の授業を初めて受けたのは「初級会話」の授業。日本人教師の授業ではあったが、所詮「初級」のもので、当時はあんまり関心を持たずにいた。

ところが、ある教養課程の授業で、先生に再び巡り合った。会うとは思ってもみなかったので、驚かずにいられなかった。自分の経歴とからめて、『コンビニ人間』

という小説を解釈された美紀先生。内容は難しくないながらもずっと謹聴して、なんとなく感動した私。その後、私はすぐ日本語版の『コンビニ人間』を取り寄せ、読み通し、その授業の期末論文ではこの小説について書きあげた。ある意味で『コンビニ人間』は私の読んだ初めての日本語の文学作品で、先生の授業によって初めて文学論、文学上の思考を啓蒙されたと言っても過言ではないだろう。

話はこれに留まらない。ある日、たまたま先生の書かれた文章を見つけた。森敦氏の『月山・鳥海山』に関する論文である。当時の私には、理論を用いた文章は実に分かりにくかったが、我を忘れてむさぼり読んだ。新たな世界に足を踏み入れるような抑えがたい喜びを覚えたことを記憶している。

日本語版の『月山』も購入し、すこしずつ読み進めた。実際のところ、『月山』には古語が残る山形弁（具体的には七五三掛弁のようだ）による対話が長々と続くので、ひどく読みづらい。それでも、古語も学び、一生懸命理解に努め、限りなく愉しい時を過ごした。

ところで、最初に覚えた文学的な概念は「もののあはれ」である。前に聞いたことがあるような気がしてならなかったが、果たして美紀先生の授業で『徒然草』を教えていただいたことを思い出した。そのアーカイブを見て、『徒然草』を読み直すと、先生のお声が漂ってきたような気がした。

中国では「師父領進門，修行在個人」という俗諺がある。「先生が新たな知恵の世界に導くが、その修行は自分次第だ」という意味だ。先生に頼るだけでなく、自分の力で努力せねばならぬということだが、その前に知恵の世界に導くという先生の役目を役立てられなかったら後の話も成立しない。先生の授業を受けるたびに、先生のお話から今まで知らなかったこと、気づかなかったことに気づかされて、新たな世界に入る度に、「先生と出会えて本当によかった」と心底感じられずにいられなかった。ここまで書き上げると心に思いが込みあがってきた。先生への感謝の念は尽きないが、この歌で伝えさせていただきたい。

山里は　雪降りつみて　道もなし
今日来む人を　あはれとは見む

（指導教師　土屋和之）

★二等賞

動く桜は私の心を捕らえる

寧波工程学院　金思佳

木々の枝々に、桜が一斉に芽吹き始め、日ごとにその色彩を広げます。いつの間にか、もう春になっています。桜といえば、日本を思い浮かべます。

今年は『日中平和友好条約』締結から四十五周年にあたります。『日中平和友好条約』は、日中両国の関係に重要な影響があります。しかし、日中関係の発展は順調ではありません。友達は時々「両国の関係についてどう思うか。」と私に尋ねました。

『日中平和友好条約』は、両側の先人たちの決定の下で締結されました。双方の共同の努力があるからこそ、日中関係は現在改善しています。だから、私たちは、先人に学ぶ必要があります。特に日本語学科の学生として、将来を展望して『日中平和友好条約』の原則と精神に学び、日中関係の発展を共に推進すべきであります。

公益団体「hotplus」の藤田孝慶会長は、「歴史的経験は、中国と日本が協力しなければならないことを示している」と指摘しました。協力ーウインウインの日中関係を結ぶことこそ、日中両国の関係を維持する唯一の正しい方法です。若者は日中関係の未来を表しているので、両国は青少年交流を実施すべきです。

私は両国の青少年交流を実現する最も簡単な方法は、交換留学生を送ることだと思います。ここ数年に、新型コロナのため、人類は運命を結びつける共同体であることを深く感じました。また、中国と日本の人々の間の長く続く友情が再び強調されました。中国人と日本人との友情は、常に日中関係の発展にとって重要な礎石です。

コロナ禍、誰でもが家から出ることができませんでした。もちろん、留学したくてもできませんでした。当時のインターネットでは、コロナ禍が終息した後、どこへ旅行したいかという話題でもちきりでした。私も、いずれ日本へ旅行に行けるかもしれないと思いました。

そう思ったのは、あるスピーチを聞いたからです。発表者の張さんは最初、「テレビや写真で桜を見たことはありました。ですが、この花がどうしてそんなにも日本人の心を捕らえるのかが、私には分かりませんでした」と言いました。この言葉に興味をそそられました。

張さんがそれまで見ていた桜は動かない桜でした。美しく咲いてすぐに散ってしまうことを、張さんは知りませんでした。そして、張さんは自分の目で桜を見て、雪のように散るさま、動くさまが彼の心を深く打ったそうです。私はいつの間にか、真剣に張さんの話に耳を傾けていました。

日本に行って初めて、張さんは桜の美しさが分かりました。私は日本の桜を見たことはありませんが、寧波市の桜公園で桜を見たことがあります。一九九七年、寧波市と日本の長岡京市が姉妹都市となり、その記念に桜公園が建設され、五百本以上の桜が植えられました。

今年の春、もう一度友達と桜公園へ行きました。春の桜公園には大勢の観光客がいるので、桜をじっくり見る機会がありませんでした。張さんのスピーチを聞いて、私は動く桜をじっくり見たくなったからです。その「動く桜の美しさを知らない人」が、世界中にはまだたくさんいるのだろうなと思いました。

「日本学科の学生なのだから、将来日本に行こうと思いますか。」友達が私に尋ねました。「留学は良い選択だけど、旅行もいいよね。」私はそう考えています。「いいね、それも日中交流をするいい方法だよね。」「そうでしょう、私は、やはり日本に行って日本人とコミュニケーションを取りたいなあ。他の日本語学科の学生もそう思っているかもしれないね。私たちはその能力を身に着ける義務があるよね。私にとって、日本人は動く桜のようです。実際に見てみないと、桜や日本人の本当の姿はわかりませんよ。」

いつか日本の動く桜も見られるかもしれません。桜は見えない糸のように中国と日本の関係を引き上げていると私は思います。

（指導教師　田中信子）

★二等賞

日中友好こそ世界平和の礎

――洞庭湖と琵琶湖の深遠な絆

華東師範大学　羅鑫婷

二〇二三年は湖南省と滋賀県の友好姉妹関係締結四十周年の記念すべき節目の年であります。生え抜きの湖南省っ子である私は、両省県の「友好都市交流」に強い関心を払っています。

湖南省は長沙市を省都とする中国中南部の省で、昔から「魚米の郷」という美称があります。東・西・南部の三方を山地に囲まれ、北部は洞庭湖がある山紫水明の地です。洞庭湖は昔から農業や漁業の盛んな地として知られています。一方、滋賀県は四方を山に囲まれ、湖南省と同じく内陸に位置し、県内には日本最大の湖の琵琶湖があります。また、古くから農業や漁業を主とする地域です。洞庭湖の瀟湘八景と滋賀県の近江八景が象徴するように、湖南省と滋賀県は深い縁があります。

一九八三年、中華人民共和国湖南省と日本国滋賀県は、両省県の友好姉妹関係を締結し、発展させるべく努力することを共に確認しました。それから早くも四十年が経ち、この間、湖南省と滋賀県はさまざまな記念イベントを開催し、友好交流を深めてきました。友好提携を記念した「中国湖南省出土文物展」、「日本国滋賀県生活文化展」、「湖南省紹介展」などの展覧が盛大に開催されました。現在、両省県の地域間交流は友好儀礼的な相互訪問から、経済、環境保全、医療連係など、実質的な事業交流へと変化しつつあります。その中で、私が一番関心を寄せているのは農業・農村振興と環境保全の両立型の農業発展です。

先述の通り、両省県はともに農業が盛んな地域として知られています。洞庭湖は湖南省の農産にとって、琵琶湖は滋賀県の農産にとって、重要な存在です。洞庭湖はかつて、中国で最大の淡水湖である「八百里の洞庭」と呼ばれていましたが、高度成長期の化学肥料の過剰使用や埋め立てなどにより、面積が減少し、水質汚染が深刻化しました。調査資料によると、洞庭湖は最盛期の約六千平方キロメートルから約二千八百二十平方キロメートルに減少し、中国で二番目に大きな淡水湖となりました。地理の授業でそのことを学んだ時、とても驚き、胸が詰まりました。洞庭湖の水環境問題は一刻も早く解決しなければならないと感じました。一方で、琵琶湖も過去には深刻な水質悪化を経験しました。その際、県民が提唱した「石けん運動」によって、合成洗剤の代わりに粉石けんを使用することで環境問題が大幅に改善されました。

そして、二〇一三年に湖南省は中国科学技術部の強力な支援のもと、滋賀県琵琶湖環境部下水道課・公益財団法人淡海環境保全財団と協力し、琵琶湖水質環境保全の経験と成果を自分たちの環境対策に導入しました。日本国際協力機構中華人民共和国事務所は琵琶湖の水環境改善の経験に基づいて、草の根技術協力プロジェクト「中国湖南省における都市汚水処理場の運営能力の向上及び住民の環境意識の改善」及び「湖南省洞庭湖流域農村水環境改善プロジェクト」を実施しました。プロジェクトは六年間にわたり、都市の汚水処理場を運営する技術者の育成、農村の既存の汚水処理場設備の改善、環境教育の普及、住民の水環境意識の向上などに取り組んできました。琵琶湖の改善経験を活かしたことで、次第に洞庭湖の水質や生態系は良くなり、流域内の野生動物の数は増え続けています。これは非常に喜ばしい成果です。

また、二〇一八年に滋賀県の三日月大造知事が長沙で記念事業の成果について発表しました。そこで洞庭湖と琵琶湖のそれぞれの水質や生態系が抱える課題について説明し、互いの現状や課題は共通していると述べました。知事は湖南省の発展モデルを学び、滋賀県がもっと協同できることがないかと考えているとのことでした。私も今後、両省県が水環境の改善についてより多くの経験から学び合い、洞庭湖と琵琶湖が地元の人々に幸福をもたらすことを期待しています。

湖南省と滋賀県の友好提携四十周年を迎える今年、日中関係が洞庭湖と琵琶湖の深遠な絆のように、世代から世代へと受け継がれていくものと信じています。

（指導教師　石岡洋子）

★二等賞

ポストコロナ時代の中日関係への考え

武漢理工大学　張加其

　ここ数年、新型コロナウイルスは誰もが注目せざるを得ないものとなった。中国でも日本でも、自分が感染することを恐れて新型コロナの動向に注目してきた。しかし、誰もが危機に直面しているこの状況の中で、依然として多くの人を奮い立たせるニュースが伝わってきた。中日間で互いに物資を寄付し合ったというニュースだ。中日のネットユーザーがインターネット上で励まし合う様子が目に浮かぶ。

　しかし今では、新型コロナは歴史となり、誰もがマスクを外して、この素晴らしい世界を改めて感じることができるようになった。コロナによる混乱を整理した後、私たちはコロナに見舞われた中日関係をもう一度見直さなければならない。

　コロナ禍以前から、中日は隣国としての交流が非常に密接だった。政治的には摩擦があるが、経済的には両者は切っても切り離せない関係にある。これは、コロナ禍の時期に衝撃を受けたさまざまな産業が現在、稼働を再開している今、双方の経済面での交流に極めて有利な条件を整えてくれている。二〇二〇年に北京で開催されたシンポジウムでも、中日双方のデジタル経済、科学技術革新、第三者市場などの面での協力が重点的に強調された。そして、環太平洋貿易協定、「中日第三者市場協力に関する覚書」及び関連協定の発効に伴い、ポストコロナ時代の中日間の経済交流は必ず安定し、迅速に発展していくはずだ。

　ただし歴史などの原因で、中日両国間の政治交流は近年摩擦が絶えない。これまで、日本の尖閣諸島問題や靖国神社参拝などの行為は多くの中国人の不満を引き起こしてきた。中国側にも、民族感情をあおるために日本側の報道に公正でないメディアがある。コロナの発生はちょうど両国間のエスカレートしていた摩擦に冷却期間を提供してくれたような気がする。中国側も日本側も両国関係の将来性をよく考えるべきだ。

ウイルスがなくなった今、中国も日本も解放されつつある以上、両国の外交レベルでの相互訪問もその日程を調整していくべきだ。今回のコロナを通じて、私たちは誰もが同じ問題に直面している時、率直に相対して、互いに助け合うことの方が間違いなく互いをだまして、互いに泥を塗り合うより効果的だと知ったのだ。いがみ合うよりも、積極的に協力を図り、共に素晴らしい未来を創造するほうが断然いい。

中国文化と日本文化は本来切っても切れない関係にあり、両国の人々の思想観念にも類似点が多い。しかし、中国人と日本人の関係は決して友好的ではないことを認めざるを得ない。特にインターネットが発達している現在、誰もが自らの声を何倍にも拡大して発信している。その中には偏見やステレオタイプのイメージが込められた言葉も自然と含まれる。

私はかつて日本が中国の電気自動車を報道した動画を見たことがある。その中には「このニュースは中国を皮肉っているような気がする」というコメントがあった。そのニュースはただ中国の電気自動車の実態を語っただけだ。こうしたわけのわからない「愛国思想」を込めた滑稽なコメントをする人もいる。

多くの日本人もそうだが、歴史上日本が犯した過ちを暴く人がいると、まるでスイッチが入ったかのように、すぐに怒りっぽくなり攻撃的になる。ツイッターなどのソーシャルメディアでは意図的に贔屓にして、事実を捏造することで中国に反対することもいとわないほど自分を美化することに全力を尽くしている。

私が伝えたいのは、終わったばかりのコロナ禍が中日双方の貿易往来の新たなきっかけを与え、両者の政治関係に十分な反省期を与えたという点だ。最も重要なのは、コロナの最中に現れた社会の温もりを大切にし、中日双方の民衆に互いをより理解させていくことができれば、更に深いレベルの交流へと向かうことができるはずだ。

（指導教師　神田英敬）

★三等賞

日本の高校生に授業をしてみませんか？

北京科技大学　劉星雨

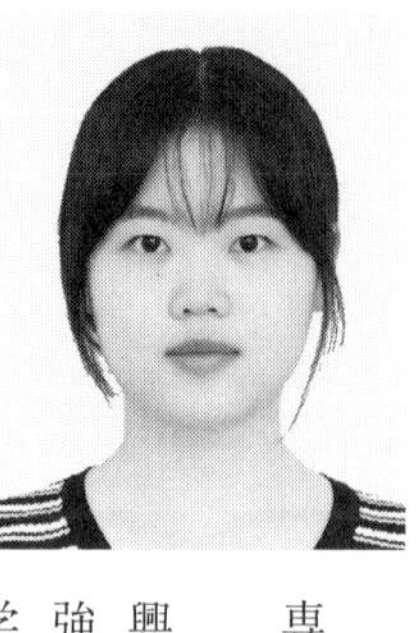

私はもともと大学で土木を専攻する理系の学生でした。

でも、もともと日本文化に興味があり、土木を二年間勉強した後、思い切って日本語学科に転部しました。私は日本語学科に入り、日本人と交流するのをとても楽しみにしていました。でも、コロナのせいでそんな機会は全然ありませんでした。

去年の十二月、コロナ感染者が増えて大学で授業ができなくなり、私たちは故郷に帰ってネット授業を受けていました。その時、日本語学科の周先輩からメッセージが届きました。

「日本の高校生に授業をしてみませんか？」

私は驚きました。詳しく聞くと、私たち中国人学生が日本の高校の授業にリモートで参加するというものでした。私はまだ日本語が下手だし、授業の役に立てるか不安でした。でも、せっかくのチャンスなので、先輩に「参加したい」と伝えました。

授業の数日前、周先輩が日本で高校教師をしている彰子さんを紹介してくれました。

「今回の授業は何について教えますか？」

私が聞くと、彰子さんはこう答えました。

「王維の『九月九日憶山東兄弟』という漢詩です」

「えっ、日本人は王維の漢詩を勉強しているんですか？」

「そうですよ。日本人の生徒たちは中国の漢詩をいろいろ勉強しているんです。李白とか杜甫とか」

彰子さんに話を聞くと、日本では漢詩だけでなく、中学や高校で「蛇足」や「四面楚歌」といった中国の故事成語を習ったり、ゲームや漫画で「三国志」や「春秋戦国時代」に興味を持つ人も多いことが分かりました。私は日本人が中国の歴史や文化を知っていることを知り嬉しくなりました。

でも、どのように授業をすれば日本人の高校生は漢詩の意味を理解してくれるのでしょう。私は責任を感じて一生懸命資料を調べて準備しました。

いよいよ授業の日になりました。日本の高校生は私にいろいろ質問してきました。

「中国では九月九日は何をする日ですか?」

「九月九日は重陽の節句と言って、以前は家族と一緒に高い山に登って菊酒を飲む日でした」

「へえ、面白いですね。中国には他にも何か節句があるんですか?」

「ありますよ。例えば、七月七日に『七夕』という節句があります」

「あ、それなら日本にもありますよ」

「でも、日本では願い事を書いて笹に付けるんですよね。中国の七夕は恋人の日なんですよ」

私の日本語は通じるのか、私の考え方や漢詩の情感を理解してもらえるのか、最初は不安でしたがちゃんと準備をしたので大丈夫でした。

いつの間にか、終わりの時間が来ました。日本の高校生は笑顔でお礼を言ってくれ、私もすごく楽しい時間が過ごせました。私たちは次の交流を約束しました。

今振り返れば、今回の交流は大きな意味があったと思います。

以前の交流会は参加者が現場に行かなければ交流できませんでした。でも、今は会議ソフトを利用すれば、中国と日本にいてもオンラインで交流できます。これは今の時代に求められる新しい日中交流の形でしょう。

それに、中国人が日本人に漢詩を教えるというのはとても面白い試みだと思います。教科書やネット情報だけではその国のリアルな文化に触れることはできません。今回の授業のように中国と日本が自国の文化を教え合えば、相手国の文化を深く理解でき、興味も湧いてきます。交流機会が増え、相互理解が深まれば日中友好も進んでいきます。

授業の後、周先輩は今回の授業の経緯を私に教えてくれました。六年前、彰子さんは北京に留学し、うちの大学の日中交流会に参加して周先輩と友人になりました。二人の交流は彰子さんが帰国して高校教師になったあとも続き、今回は二人で相談して交流授業を行うことになったのです。これってとても素敵なことだと思います。

中国には「海内存知己　天涯若比隣」という有名な漢詩があります。「心の知れた友がいれば、世界のどこにいても近く感じる」という意味です。私は日中両国の人々がそのような関係になれることを心から願っています。

（指導教師　井田正道）

★三等賞

私の中の日中平和友好条約の今日的な意味

南京農業大学　黄紫琴

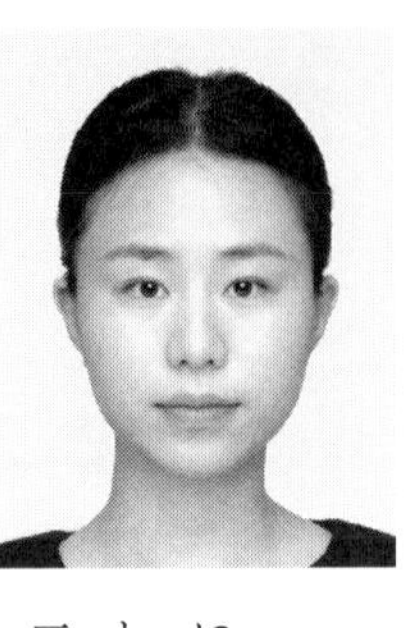

二十年も昔の話です。

ある夫婦が日本に新婚旅行に行きました。旅先は京都でした。日本語が全く話せない二人でしたが、京都の古くて美しい街並みや建築物に惹きつけられ、旅行を決意したそうです。出発前には、日本への偏見を持っているため「いじめられるかもしれないよ。」と心配する人もいましたが、とにかく、二人は憧れの京都に旅立ちました。

出発前の心配とは裏腹に、実際にその地に立つと、風景も然ることながら、人々も優しくて、いつも笑顔で接してくれたそうです。

そして、あっという間に、帰国の前の日になりました。その日、妻は独りで買い物に出かけました。雨が降っていて道路が滑りやすくなったので、妻は、うっかり転んでしまいました。地面にひどく腰を打ち付けたようで、お腹が痛くて、立ち上がれなくなったそうです。当時は、中国の携帯電話を外国で使うのは難しく、持ち歩いていなかったので、夫と連絡も取れませんでした。「見知らぬ外国人を助けてくれる人なんていないだろう。」と妻が絶望に包まれていた時、なんと、通りがかりの人々が集まってきて、声をかけてくれたそうです。もちろん、妻はみんなが何を言っているか分かりませんし、みんなも妻の言葉が分かりません。それでも、人々は、妻に応急手当をして救急車を呼んでくれました。病院で治療してもらったとき、驚くべきことが分かりました。妻は、危うく流産するところだったのです。その時、妻自身、自分の妊娠に気づいていなかったそうです。幸いなことに、速やかな救助と治療のおかげで、母子共に無事でしたが、もし雨の中、何時間も道路に倒れていたらと考えるとぞっとします。

次の日、夫婦は、帰国しなければならなかったので、助けてくれた人々にちゃんとお礼を言う機会もありませんでした。しかし、二十年経った今でも、その夫婦はずっとその時の人々に感謝していて、日中の友好を願ってやまないそうです。

これは、子供の頃、母がしてくれた話です。

実は、この物語の主人公の夫婦は私の両親です。それから、その時、母のお腹に宿っていた子は私です。母は、いつも微笑みながら、「機会があれば、もう一度行きたいなぁ！」とその旅行を振り返ります。そのことで、周りの親戚や友人の日本への偏見も消えていったそうです。また、大学入試の後、私が日本語科を選んだ時も家族たちは大いに賛成してくれました。そして、「あなたは、二十年前に日本の人々に命を助けてもらったんだから、しっかり日本語を勉強して、ちゃんと恩返ししなくちゃダメだよ。」と両親は私に言い聞かせました。

二十年前、私は「国籍を越えて、みんなが助け合う」という愛情に包まれて生まれてきました。そういう愛情こそが日中平和友好条約の今日的な意味なのではないでしょうか。国と国との関係は、個人の付き合いの積み重ねだと考えています。母を助けてくれた日本の方々のように、日中両国の一人一人が暖かい愛情に駆られて先入観や偏見を切り捨てて、自発的に日中の平和友好に貢献する行動は、両国の輝かしい未来を築き上げていく重要な一環だと思います。

二十年前、両親が日本の方々にもらった温情をしっかり受け継いで、今度は、私が日中両国の人々に温情を伝えていかなければいけないと思っています。だから、私は大学時代から日本語コーナーやボランティア活動に積極的に参加するようにしています。それをきっかけに日本語や日本文化を学ぶと同時に、中国に興味を持つ方々や中国に来た留学生たちに中国語や中国文化を教えてあげたり、休日には観光案内をしてあげたりしています。コロナのせいでそのような活動は一時停止せざるを得ない状態になりましたが、今はコロナが落ち着き、また活発になりつつあります。これからも、ちっぽけながら両国の交流に全力を捧げたいと思っています。その小さな積み重ねによって日中友好の輪が広がっていくのを願っています。

（指導教師　盧冬麗、八木典夫）

★三等賞

先人の思いを友好ストーリーで引き継いでいこう

北方工業大学　王宇琪

四十五年前、中日両国が日中平和友好条約を締結した。時代の変遷とともに私たちの生活がずいぶん変わったが、先人たちの築いた日中平和友好の基盤は今日に至っても、変わることはない。日中平和友好条約締結四五周年に当たり、私は中国からの留学生としてこの目で見た日本と先人から学んできたことを伝えたいと思う。

二〇二二年十月に、私は日本で中日国交正常化のイベントに参加した。私はそこで聞いた、あるおばあさんの講演が今も頭の中に残っている。私はそのおばあさんの中国での留学の話を聞いた。彼女は留学している間、クラスで日本人は彼女一人しかいなかったため、毎日の授業後に、中国人の先生が、声をかけてくれたり、丁寧に授業の内容についてもう一度説明してくれたりして、いろいろと親切にしてくれたと仰っていた。また、クラスメートも早く中国の生活に慣れるようにと、あちこちへ連れて行ってくれて、いろいろなことも体験できたそうだ。最も印象に残っているのはこの言葉だ。「あの先生から『勿以悪小而為之勿以善小而不為（悪小を以て為すことを勿れ、善小を以て為さざることを勿れ）。』という中国の諺を教わりました。これは私の大好きな言葉です。中国にいる間、私は皆さんの小さな善意のおかげで、早くクラスに溶け込んで、中国の生活にも早く慣れるようになりました。これから、私は恩返しとして、日中両国が永遠に友好を続けるために、この諺の通りにやっていきたいと思います。」

彼女の仰った小さな善意を私もいただいたことがある。それは初めて日本に着いた日のことである。東京で乗り継ぎの飛行機を乗るつもりだった私は、荷物が重量オーバーのため、追加料金を払わねばならなくなったのである。しかし手元には日本円の現金もクレジットカードも持ちあわせておらず、途方に暮れていた。すると三〇歳くらいの日本人の女性が私に「どうしたの？」と声をかけてきたのである。私は事情を説明したら、彼女は「なるほど」と頷くと、なんと自分のクレジットカードで清算をすましてくれた。私はどうお礼を申し上げたらよいのか分からず、ただ「本当にありがとうございました！」と言うことしかできなかった。彼女は微笑んで、「大丈夫だよ。一緒の飛行機だから、何か困ったことあったらまた言ってね。」と言いながら、私と一緒に飛行機に乗った。途中で、彼女は「私は中国のことがとても好きで、もっと多くの中国人が日本へ来て今の日本を自分の目で見てほしい」と私に言った。隣近所のお姉さんのような笑顔と優しい言葉をもらい、日本人のやさしさに感動した。

私は二人の話から友好な善意を感じていた。例え小さな善意でも、私たち一人一人絶えずに努力することできっと大きな中日友好の実になると信じている。逆に、ちょっとした悪事が大したものじゃないだろうと思ってしまうと、悪い影響が何倍にも拡大される恐れがある。特に外国で発生してしまうと、母国の名誉にも影響がもたらされ、結局大きな事件に発展してしまうかもしれない。

日中平和友好を促進するためにどうすればいいかというと、私はその鍵はここで語った物語に登場したおばあさんやお姉さんのように、私たち中国人や日本人国民の暖かい心にかかっていると思う。両国民が中日両国の世代に末永く続ける友好のために、身の回りの友好のストーリーを正しく真っ直ぐ語らなければならない。もし中日両国が誠意を持って話し合い、互いに助け合えば、グローバル化に向けた各領域における協力や連携もスムーズに進められるであろう。そうすれば、中国と日本との友情は必ず末永く続いていくと思う。これこそ日中平和友好条約の今日的な意味ではないであろうか。

（指導教師　孫海英、藤原朋子）

★三等賞

再発見！ 涙ぐんだ目や明るい笑い声からの平和

湖南師範大学　何紫怡

「愛する妻亡くなってからもう七十五年も経ち」

それは、私がまだ桂林で勉強していた四年前、「老兵訪問」というボランティア活動に参加した時、ふと目にした王甦というおじいさんの日記の冒頭である。光陰矢の如く、あっという間に四年が過ごされたが、なぜか最近、あの時おじいさんが話してくれたあの言葉、あの目を思い出さずにはいられなかった。

あの日、軍服をまとったおじいさんの胸元には、いくつか勲章が輝いていた。おじいさんは木製ソファに座って杖を片手に私たちに向かって微笑みながら、親切に軍隊の入隊から、黄埔軍官学校での勉強、そして胸元についた勲章の由来までの逸話を話してくれた。おじいさんはいつも言いきれないことがあるようで、初めて会った日に私たちは何時間も話して、出発する前に自分の日記さえ取り出して見せてくれた。

「歳をとって物覚えも悪くなってきたので、普段のことや考えを忘れないように日記や詩を書くのが好きだ。」おじいさんはにこにこ話しながら日記をめくっていた。だが、ほどなくしておじいさんの手の動きがぴたりと止まった。私の目はすぐに日記の内容に惹かれた。日記に「愛する妻亡くなってからもう七十五年も経ち」と書かれたのだ。ざっと目を通しただけで、内容もよく覚えていなかったが、日記の行間に戦争への嫌悪感、亡くなった肉親への思いが溢れていることを今でもはっきり覚えている。しかし、おじいさんはただ「家族も新妻も戦争で亡くなった。思えばずいぶん前のことだったね。今は平和になってよかったね」と日記を閉じながら言った。

それまでの積極的な相槌とは打って変わって、それを聞いた私は言葉が出なくなった。おじいさんを覗き込むと、にごった目が少し光っていて、まだ少し潤んでいるのに気がついた。この発見には驚いた。何事もなかったかのように話しているおじいさんの目が、なぜ潤んでいるのか、その時の私はピンとこなかった。しかし、おじいさんの言葉、涙ぐんだ目は、私にとって忘れられないものとなった。

だが最近、私は日本の都留文科大学の学生と一緒にオンラインで日中国際授業を受けていた。小さいことだが、この授業を通して四年前のことを新たに感じることができたようだ。授業は日中ホットな話題の紹介、グループごとで短編小説への討論の形式で展開されていた。このような授業に初めてなので、最初少し不安だった。けれど最初のグループディスカッションでは組長の大高さんが不安を解消してくれた。「素晴らしい発想だね」「斬新なアイデアだね」といった、大高さんの真剣な聞き入りと絶え間ない賞賛で、みんなも笑い声が絶えなかった。スクリーン越しに、みんなの明るい笑い声を聞いて、その時、妙に「今は平和になってよかったね」というおじいさんの言葉も涙ぐんだ目も胸に浮かべた。その関連付けなさそうな二つのことだが、私の頭の中をぐるぐると回って、回って回って目の前のスクリーンから平和が溢れ出たようだ。

戦争の時代から数十年が過ぎ、今年は日中平和友好条約が結ばれて四十五周年になった。今日の平和や素晴らしい生活がこの条約から生まれたとはあえて言えないが、この条約の締結には、先人の平和への憧れや、おじいさんのような人々の戦争への嫌悪感が込められているのではないだろうか。この条約のような平和のシンボルがあったからこそ、おじいさんはそう微笑んで言いながら目に涙を浮かべたのだろう。平和への願いがあったからこそ、この条約が生まれ、そして四十五年も存在してきた理由だろう。

おじいさんの涙ぐんだ目と、日中国際授業の時のみんなの明るい笑い声とのことから、私は平和の深い意味をしみじみと感じた。そのため、中国の若者としての私は、微力であっても、これからも日中平和友好条約が末永く有効であるように、奮闘していきたいと思っている!

（指導教師　李応賦、肖婧）

★三等賞

私の指導教師

――植村先生へのありがとう

大連外国語大学　姜　錦

拝啓：

もうすぐ日本に帰られると聞きましたが、引っ越しの準備は大丈夫でしょか？

光陰矢の如し、先生が私のスピーチの指導を担当しくださってもう二年近くになります。最初の私は先生が何を言っているかさえよく分からず、「よろしくお願いします、ありがとうございました」くらいしか言えませんでした。今は、少しは上達して、いろいろお話ができるようになりました。この間、すっと先生に我慢してご指導して頂いてきたと思うと、熱い感謝の気持ちがわいてきます。

いつも根気よく教えていただいたことの中心は、中日の文化に違いだったと思います。

最初の私は「道に迷ったカタツムリ」のようで、なかなかちゃんとした作文ができません。「日本語という殻のついたヤドカリ」をただたくさん作っていました。そこで「何々するとか、そうしなければならないって言葉を減らしてください」「論理的な主張が多すぎるので、自分の気持ちや体験などをもっと加えた方がいい」と繰り返し、おっしゃいました。後から考えると、日本語に潜んでいるロジックや細やかな気持ちを何度も丁寧に教えてもらったのだと思います。たんに中国語を翻訳しただけでは日本語の作文にはならないこと、日本語の持つ文化を基礎に文章を作る必要があることを長い時間をかけて教えていただきました。

それよりも私にとって重要だったのは、先生に頂いた知恵です。

スピーチをし始めたとき、手本にうまく真似をすることさえできませんでした。そういう無能な自分にとても腹を立て、イライラしていました。しかし、先生はそれを察して、いつも「すぐに直ることはないから、地道に練習しようよ」とおっいました。すると、失敗と不安にだんだん固執しなくなった私は日本語のリズム感や微妙さを心から身に付けたいと思うようになり、毎日練習を繰り返すことでも楽しくなりました。また最近、「姜さんは日本語が上手！」と周りの人に褒められることもありますが、そのたびに「植村先生のおかげだ」と率直に実感しています。

私は先生の知恵のお陰で随分成長できました。「日本語学習って大変なことで、長い努力が必要なので一喜一憂しないでほしい」と先生は繰り返し教えてくださいました。恥ずかしいのですが、この二年間でさえ、私は「一喜一憂」を繰り返してきました。困難だと想像しただけで、萎縮して諦めたこともあったし、スピーチコンテストに優勝すると「もう努力しなくていいんだ」と慢心したりすることがあまりにも多かったのです。でも、先生のいつもながらの揺るぎない真面目さを見て、私もだんだんとわかってきました。一喜一憂しないこととは、夢に追いかけるために克己心をもち、やるべきことに専念し努力を続けることです。それが、私の日本語が上達した時には先生は笑顔を浮かべて、「姜さん、上手になったね」と褒めてくださいますが、試合に勝ったり負けたりしたことには、むしろ黙って何も言わないでいる理由だろうと思います。

先生に出会ってから、私は中学校で習った魯迅の「藤野先生」をよく思い出します。藤野先生の「熱心な希望と倦まぬ教訓」がいったいどういうことなのかがやっとわかってきたと思います。

恥ずかしいですが、以前の私は、中日交流は外交官に任せればいいと思っていました。しかし、日本語をうまく使うためには日本文化を深く理解する必要があり、文化理解には日本人と交流してみるのが一番の早道でした。そして先生の指導はまた、とても貴重な異文化コミュニケーションの機会でもあったのです。

このように先生からはいろいろな「贈り物」をいただきました。今すぐ、そのお返しをするのは無理です。しかし、先生に教えて頂いた「一喜一憂しない精神」で日本語を学び続けて、いずれは中日交流の中でお返しをしたいと思っています。

厳しい暑さがそろそろきますので、くれぐれもご自愛ください。

敬具

（指導教師　植村高久）

★三等賞

コロナ禍の中で見つけた、新たな交流の可能性

香港聖瑪加利男女英文中小學　余紀誼

新型コロナウィルスは二〇二〇年一月頃から流行し始め、二〇二三年の今でも世の中で恐るべき問題の一つだと思います。コロナの感染力が強いため、生活に色々な問題を起こしました。学校に行けなくなり、家でオンライン授業をするようになった時期や家族以外の人に会えなくなった時期もありました。他人と交流ができず、家で過ごしてきた時期が長く続きました。残念ながら、日本への修学旅行にも行けなくなりました。最初は、誰もがこのウイルスは数ヶ月で終息すると思ったでしょう。しかし、段々と感染が広がっていき、普段の生活に大きな影響を与えただけではなく、他人と普通の交流をすることすら奪われてしまいました。でも、コロナの生活を経験したからこそ、私は改めて交流をする意味や大切さを深く考えさせられました。

小学校五年生の時にコロナが始まりましたがＩＣＴの発展で、新しく繋がれる方法が見つかりました。ズームを使ってとりあえず家でオンライン授業を受けたり、また、メールや手紙など様々な方法で私とクラスメイトは日本にある姉妹校と日本語で交流ができました。

長い間家にいたので、オンラインの交流と直接交流できることの違いが良く分かりました。オンラインで交流する一番良いところはいつでも交流ができるから便利なところです。でも私は技術的な問題があったせいで相手に誤解をさせてしまったことがあります。ネットの状況が悪かったので相手の質問がよく聞き取れなくて、結局返事ができなかったことがありました。それに、ネット上で交流をするということなので絶対健康的な方法ではありません。またコロナのせいで家で授業をしなければなりませんでした。毎日椅子に座ったまま授業を受けて

いました。疲れるし、目にも悪いです。その一方で、直接会って交流すれば、自分が言いたいことが表現しやすいと思います。ネット上では言葉を交わすだけですが、直接会うときは全くそれとは違って、より楽しめます。しかし直接会って交流することの不便なところは時間がかかることと、最悪危険な目に遭う可能性があることです。

ところで「契約を結ぶという意味はなんだろう。」これは頭の中に浮かんできた疑問でした。そもそも「契約を結ぶ」というのは何でしょう。一般的には、契約とはビジネスの契約を言いますが、私にとっての契約は人と人との間に結ばれる重要な橋です。別に紙にサインしてもらうようなことではなく、常に交流していて繋がっていることを指しています。例えば互いに異なる背景を持つ人々が様々なテーマで意見を交わすことも契約の一つです。国と国との交流は、人と人との信頼関係を育てることに欠かせないと思います。交流の成功は意識することで導いてくれるし、気持ちや接し方などきっと契約を結んでいない時とは全然違います。結束が強くなり友達同士で味方だと感じることができるかもしれません。

今までは色々な方法で交流をしてきました。コロナ禍で交流の機会がますます増えて、日本にいる学生との交流が楽しくて理解し合うことができたことが喜びでした。おかげで交流ができることは幸せなことだと分かりました。頻繁に直接会って一緒に盛り上がりたいですが、これは不可能だと分かっています。少し落ち込みましたが、思いついたことがあります。もしVRを活用した「体験型交流」ができたらどうなるか、と思いました。コロナ禍において、旅行や留学などの実際の体験が難しくなっていますが、VR技術を活用することで、もしかしたら日中の文化や風景をお互い体験できるのではないでしょうか。例えば、中国の兵馬俑や日本の金閣寺などの観光名所をVRで体験し、お互いの文化に触れることができます。新しい技術を活用することでコロナによる制限を超えて、より多くの人々と交流の楽しさを味わいたいと思います。

（指導教師　小島衣子）

★三等賞

二つのローソンから見た中日文化交流

中央民族大学　陳牧童

二〇二一年十一月二十六日、日本の新任駐中国大使館の垂秀夫氏は大使館公式サイトを通じて新挨拶を公開し、「中国人ローソン」に言及した。

「日中両国の近現代史を振り返ると、不幸な時期があったが、互いを守り助け合い、感動的な人間ドラマが上演された。今ではあまり知られていないのは、当時ペリーが黒船を率いて日本の近現代化の扉を開けたことだ。ローソンという中国人がその中で重要な役割を果たした。」

ローソンといえば、まず日本で有名なコンビニのローソンを思い出した。ローソンは現在、中国に進出し、数千店を展開している。にぎやかな上海の市街地では、街を歩くとローソンブルーの看板があちこちにある。

二つのローソン、一つは近代の歴史上の人物であり、一つは身の回りのコンビニであり、二つの偶然の一致した重名は、まさに昔から今まで、中日間の絶えない文化交流を体現している。

ローソンは近代初の訪日中国人文人だった。一八五四年にペリー艦隊が日本に出発した際にローソンを漢文通訳に招待した。これにより、ローソンは日本の開国を目撃した最初の中国人となった。ローソンは一八五四年に日本を遊歴し、『日本日記』を書いた。近代中国人が書いた最初の日本紀行文として、中外文化交流史の上で重要な地位を占めている。これで中国人は日本に対して比較的全面的な理解ができたと言える。

ローソンは広く日本各界の人々と交際し、役人のほかに文人、学者、僧とも交際していた。多くの人が彼と漢詩を歌い、書画を贈り合い、字を書いたりしてもらった。日本を離れる前に、ローソンは日本の友人たちと別れを惜しんだ。平山謙二郎は唐人の詩句を記念として、「勸君更盡一杯酒，西出陽關無故人」と書いた。ローソンも詩を詠んで答え、扇面に書いた。詩には「雙輪撥浪如奔馬，一舵分流若耿虹。漫道騎鯨沖巨浪，休誇跨鶴振長風。琉球乍別雲方散，日本初臨雪正融。暫寄一身天地外，知音聊與訴離衷。」と書かれ、広い胸中を表現した。

一九五〇年代初め、中日両国の間の交流が非常に少なかった時、ローソンは日本に来て多くの友好交流活動を行い、近代中国人の最初の日本旅行記も書いた。この先駆者の貢献は、私たちは忘れてはならない。

ローソンコンビニが中国に進出した経緯は、一九九六年に上海市内で最初の店舗を開業したことから始まった。以降、ローソンは積極的に中国市場に取り組み、二〇二三年時点で五千六百店ぐらいを展開するまでに成長した。

この進出においてローソンは文化交流にも力を入れた。例えば、ブランドを超えた提携店舗を立ち上げ、二〇一八年にLawson-Bilibiliのテーマショップをオープンした。日本のアニメ文化ＩＰと連動し、『ワンピース』をテーマにしたイベントなどを展開した。こうした活動により、ローソンは単なる外資の企業としてではなく、中国と日本をつなぐ懸け橋の役割を果たす企業として認知されるようになってきた。今後も、ローソンは中国市場を重視し、文化交流を促進する取り組みを行っていくことで日中関係の発展に貢献していくことだろう。

二つのローソンの事跡を知り、中日平和友好条約に対するより深い思考を啓発した。中日平和友好条約は、一九七八年に締結された条約であり、すでに四五年となった。現在、中日関係は様々な課題を抱えている。例えば、領土問題、歴史認識の相違、経済格差、情報リテラシーなどが挙げられる。今こそ中日平和友好条約の歴史的意義を発揮する時であり、相互理解と協力が必要であり、中日間の文化交流の重要性が再び脚光を浴びている。

二つのローソンの事件を見ると、中日文化交流は近代中国社会の発展、文化の進歩に対して巨大な推進作用を果たし、中国と世界の相互関係の重要な内容にもなるべきである。同じ名前の「ローソン」は、中日交流の過去と現在をそのままリンクしている。未来、中日もより平和友好の道を歩むべきだ。

（指導教師・吉田理華）

★三等賞

個人的な中日の友好都市交流の初印象

湖北文理学院　余　威

わたしは友好都市と言うことはぜんぜん理解できません。中国の都市間の友好関係さえわかりません。まして日本と中国の都市の友好関係は言うまでもありません。こういうことを初めて聞いたのは、高校英語の教科書で、アメリカのある州のある都市と中国のある都市が友好関係にあると書いてあったからでしょう。それから大学の授業の中で、日本語の先生は日本の犬山市と私たちの湖北省襄陽市は友好都市だと言っていました。

インターネットで調べたところ、第二次世界大戦後に始まった概念だとわかりました。友好都市は世界でも姉妹都市や双城（Twin Cities）と呼ばれ、主に第二次世界大戦後のヨーロッパで始まりました。主に第二次世界大戦後のヨーロッパで始まりました。一国の都市（または州、郡、郡）と他国の対応する都市（または州、郡、郡）を指し、世界平和の維持、相互友好の増進、共同発展の促進を目的とします。双方の都市は政治、経済、科学技術、教育、文化、衛生、スポーツ、環境保護、青少年交流など各分野での交流協力を積極的に展開しています。このような正式、総合的、長期的な友好関係あるいは制度を友好都市関係と呼んでいます。中国の国際友好都市の活動は比較的遅れて始まっていましたが、一九七三年に周恩来総理の直接の関心と支持により、天津市と日本の神戸は中国初の国際友好都市を設立しました。これは国際秩序の平和と安定と人類の相互協力都市間の相互発展に重要な役割を果たしたいと思います。一九七八年、中国は改革開放の新時期に入り、対外交流はますます頻繁になり、国際友好都市の活働も正常な発展軌道に入り始めました。インターネットを通じて、友好都市関係の樹立は両国国民の友好と平和の交流を促進し、双方がそれぞれの文化に対する理解を深め、文化を伝播し、技術を交流し、これらの活働は中日の経済と文化の交流にプラスになることを知りました。

襄陽市と犬山市を例に、新型コロナウイルスの感染拡大期間中、両市はそれぞれ都市の新たな発展と魅力を示し、友好交流の歴史を共に振り返り、今後の交流協力に関する事項について協議しました。襄陽市は襄陽の都市の姿、悠久の歴史を展示して、また襄陽と犬山市の四十年近い交流の成果を現しました。犬山市は青年代表がドローンで撮影した動画で犬山の風景を紹介し、三人の青年代表の発言を通じて、犬山及び犬山と襄陽の交流ストーリーと深い友情を紹介しました。犬山市は襄陽市の最初の友好都市です。一九八三年に結ばれてから今まで、双方は友好交流の理念を堅持し、各分野の交流と協力を続け、友好関係を深めてきました。今回の交流活動は、中日友好都市協力の質の高い発展を推進し、両国青少年の理解と友情を増進させる有益な試みの一つだと考えています。

しかし、中国が姉妹都市関係について官報を出したのは、「各都市からグローバルな協力を結び、文化理解をアピールし、経済発展を促進する」ためです。言い換えれば、「友情に乾杯」です。今では地方文化のＰＲになっています。一般の人々にとっては実質的な意味はありませんでしたが、第二次世界大戦後、都市間の友好の傾向はますます顕著になってきました。あるものは相互の理解と平和を促進するためであり、あるものは冷戦時代の政治鼓吹のためでもありました。将来的には姉妹都市同士でも、ある程度は地元の人の恩恵を受けることができると思います。例えば、多くの都市の図書館、バス、公園などは、この市の市民に対して一定の恩恵があります。もし友好都市がお互いに恩恵を与えるならば、実際の意味があります。

総じて言えば、友好都市という関係は企業、学校、教育、文化などの分野の交流協力にある程度有利な面があります。しかし、今のところ、私個人的には名目の友好が実質より大きいと思っています。それこそが、その関係を築きたいという当時の願いにかなったものになるのではないでしょうか。

（指導教師　劉東）

★三等賞

我が家の対日友好化

大連外国語大学　覃淳昱

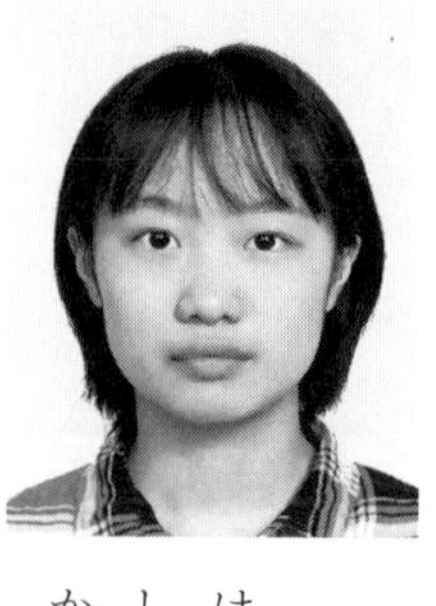

「何を専攻しているの。」

春節の年始回りが嫌いなのは、久しぶりに会う親戚と話した時に、必ずこのように聞かれるからだ。

「外国語です。」しかし、ここまでの答えでは親戚は満足しない。

「そう、外国語って言うと……。」と、更に問い詰められる。

「ええと、日本語なんです。」

先程まで好奇心満々だった親戚は黙り込んで、凍りついたような気まずい雰囲気に陥るのだ。大学に入ってからこのようなシーンが何度も繰り返されてきた。

仕方がないことだ。年に一度しか会えない親戚は言うまでもなく、そもそも我が家でさえ日本に対する偏見がある。歴史的な理由で、戦争を経験した祖母は日本に恨みを抱いており、いつも戦争のドラマを見て画面を指差し怒っていた。母の場合は少しましだが、私が日本語を専攻にしようとした時、「英語の方が就職にも役立つ。」と言って私を説得しようとした。

今年の春節も、やはり親戚から「専攻は何のか」と聞かれた。「日本語だよ。日本語。」と祖母が私の代わりに答えたのだ。親戚が「日本は悪い。日本語は学ぶ価値がない」と言うのを聞いて祖母は大な声で「万が一戦争が起ったら、日本人と交渉する必要があるだろう。」と反論した。私が「おばあちゃんは、日本が嫌いでしょう。」と言いうと、祖母は私の手を握り、「でも私はね、孫娘が大好きなんだよ。」と呟いた。日本が嫌いだけれど、祖母は私を信じてくれているのだ。私が一生懸命に日本語を勉強し、学校から奨学金ももらった時には本当に喜んでくれた。私が力を注いで頑張っているなら、何らかの理由があるはずだ。その理由が解らなくても、私の努力を認め、私を支えて応援してくれるのだ。可愛い孫娘が大好きなことを憎むことはできない。それが祖母の素朴な考え方である。

祖母の態度の変化に驚かされた数日後、今度は母から急に日本に留学したいかと聞かれた。私は驚きで喋れなくなった。日本語を勉強するのにも賛成していなかった母が私の顔を見つめて「おかあさんは、本気だから。」と言った。母は理由を話してくれた。母は広西壮族自治区来賓市の出入国管理所に勤めており、仕事や留学で海外に行く人たちと普段からたくさん接している。以前は深く考えることもなく、毎日繰り返す仕事でしかなかった。しかし、私が日本語を勉強するようになってからは、手続きに来た人に話しかけたりして、段々日本の状況を理解するようになった。そして、最終的に日本への留学は価値があると判断したのだ。

日本のどこが良いのだろうか。日本との友好には価値があるのだろうか。そのような疑問を持っている人が中国には多い。私の周りも例外ではなかった。しかし、私が真剣に日本語を学んでいる姿を見て祖母と母の日本への態度が段々変わったのだ。日本に対する偏見があっても、真剣に日本語を勉強している私を「原点」に、家族の一人一人が日本に友好的になれば、それはやがて他の人にも伝わっていくだろう。

翌日、友人の蘇さんからメッセージがきた。蘇さんは去年から、広西省の南寧市で毎年行われている東南アジア諸国連合の博覧会で働いているが、その時に撮った「くまモン」の写真を送って来てくれたのだ。更に驚いたことに、広西省と日本の熊本県はなんと一九八二年に友好提携を結んでいたのだ。日本は東南アジア諸国連合に加盟しておらず、去年が初めての出展だった。蘇さんに教えてもらうまで知らなかった。日中両国が思ったより友好的になり、より深く広い交流を求めていることを感じた。

それを伝えるのが日本語を学ぶ価値だと、ぴんと来た。両国平和友好交流の事実を客観的に伝え、日本への偏見を解消する「原点」になりたいと思う。私のような「原点」が増えていき、一人が百人、千人、一万人になれば、今後日中両国の友好に役立つに違いないと思う。

「ご家族と一緒に今年の博覧会にくまモンを見に来てください。」と蘇さんは楽しそうに言った。

（指導教師・川内浩一）

★三等賞

文化を知る大切さ

山東大学　徐　凱

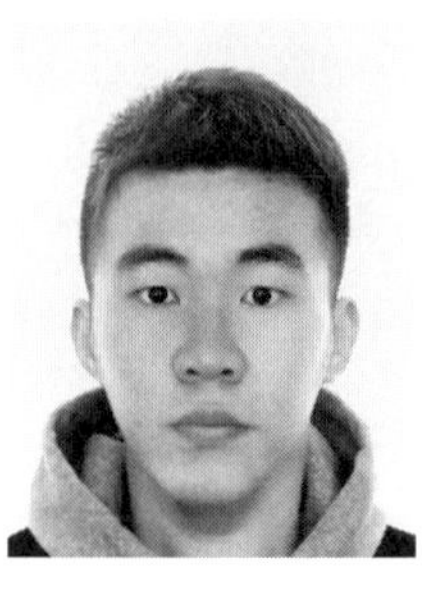

私が大学で日本語を学んでいる時、あるニュースが目に止まった。それは心理学の研究によると、他国の文化に触れる度合いが多ければ多いほど、そこに共感という感情が生まれ、人を助けたいという思いが出てくるというのだ。そして、中国の全人民が他国の文化に接触することが頻繁になればなるほど他国の人々を助ける傾向にあるという。ならば、日本も中国も両国民がお互いの文化に触れる機会を増やせば、両国の人々は助け合い、支え合いながら生きていけるのかもしれないと私は思った。

二〇二〇年私が大学に入ったばかりの年は、コロナが猛威を振るった年であった。そんな中、私は英語と日本語が勉強できる英日専攻を選んだ。大学に入る前の私は、日本文化を知る機会がほとんどなく、自分で日本のアニメを見たり小説を読むぐらいだった。しかし大学に入ってから、日本人の先生のおかげで、日本文化に沢山触れることができ、日本文化に関するイベントにたくさん参加した。一番印象的なのは、日本料理を自分たちで作って食べたことだった。私は「天ぷら、すき焼き、お寿司、たこ焼き」など日本で一番特色のある食べ物を食べれたことが本当に嬉しかった。さらに、文化祭の時は、皆で一緒にコスプレを披露した。それぞれ好きなアニメのキャラクターの衣装を着て、歌ったり踊ったりして楽しい時間を過ごした。日本文化を知れば知るほど面白くて興味がどんどん沸いてきた。それで私は交換留学生として、日本へ行きたいと思うようになった。しかし、コロナの影響で当時日本への渡航は禁止されていた。そんな中、日本の大学生とオンラインで交流する機会があった。オンラインでの交流は私が想像していた以上に、お互いの文化について知ることができた。このような文化交流は、本当に素晴らしいことだと思った。私達は中国の音楽や美食、テレビドラマ、若者の言葉などを紹介した。日本人の学生たちは中国の文化に触れることができて、とても喜んでいた。私は、自分達で中国文化を伝えることができて、何より日中交流に自分が役に立つことができたことが、とても誇らしかった。私は日本語を学ぶ者として、一日も早くコロナが終息することを心から願っている。終息したら、もっと日本文化を近くに感じることができるからである。私は大学で三年間という長い間、日本語を勉強をしてきたことを無駄にしないためにも、日中友好のために、私ができることを始めていくつもりだ。今の私は日本語科の学生として、日中交流を推進する責任をひしひしと感じている。私は最近、日本史に興味を持ち始め、中国の有名ブログに日本の歴史に関する動画を投稿している。私が一番好きな人物は、日本で有名な武将、源義経である。彼の生涯は波瀾万丈な人生で、悲劇的だけれども、勇ましい生き方をしてきたのだ。動画を投稿するたびに、多くの中国のネットユーザーが私にコメントをしてくれる。彼らに返信するときは、まず感謝の気持ちを伝える。続けて彼らと日本文化について色々なことを話す時がとても楽しい時間なのだ。そんな彼らに私は日本文化を知る手助けをしていけたらいいなと思っている。更に、将来は日本語をもっともっと勉強し、優れた日本文学作品を中国語に翻訳して中国の人達に読んでもらうのが私の夢である。ポストコロナ時代に入り、私は今後の日中交流に期待している。日本の音楽、茶道、書道など、より多くの文化交流活動が開催されれば、私は絶対参加するだろう。コロナが終息し、これらの文化交流のイベントが再び開催されることを多いに期待したい。さらに、文化交流を通じて、人々が互いの文化を理解し、尊重し、助け合うことによって、私達は新しい時代を作っていけると信じている。これによって、日中間の相互理解が深まり、友好的な関係を築くことができるだろう。今後の日中関係の発展のためにも、より文化交流を強化し、共に支え合い、世界中から羨むほどの素晴らしい日中関係を共に作っていこう。

（指導教師　舩江淳世）

★三等賞

中日間の更なる友好の橋を作るために、私ができること

中国人民大学　曹湛碩

一輪の桜がゆっくりと私の肩に落ちて、向かいの女の子はそれを拾って、私の髪に留めた。それから私の手をとって、ある歌一節を教えてくれた。

〝桜色舞うころ、私は一人、あなたへの思いをかみしめたまま。〟

彼女の歌声が花びらと一緒に風に舞っている情景は、私にとって「夢よりもきれいな春の一瞬」として記憶に残っている。

公園での花見をきっかけに、日本から中国に旅行に来ていた鈴木さんと偶然知り合った。彼女は私と並んで立ち、風に吹かれて庭いっぱいに雪のように散る桜の花びらを見て、「きれいですね」と言った。日本のアニメから少しは日本語に聞き覚えがあった私は、彼女の声に応えたくて、当時それしか知らなかった「おはようございます」と彼女に挨拶した。彼女は振り向いて、にこにこしながら、中国語で「中国語専攻の学生です。ここに旅行に来て、あなたに会えて楽しかった」と声をかけてくれた。笑う彼女の細めた目は、まるで空の三日月のようで、私の心の中まできらきらとさせた。私たちは芝生の上に座って、朝の霞のように遠くまで続く桜色を見ながら、お互いに慣れない外国語で異国の者同士が交わした言葉は何よりも美しく感じられた。

「中国語を勉強する前は、中国を知りませんでした。でも学んで初めて、中国の文化にある独特の魅力と、日本の文化との深いつながりに気がつきました。この土地と人情にふれて、ますます中国が好きになったんです」と彼女が言ってくれたのを、今でもはっきり覚えている。当時は全部理解できなかったが、大学で日本語を専攻してから、日本語の魅力に酔いしれると同時に、日本理解のためのもう一つの窓が開いたことに気がついた。歴史書に書かれた記述にとらわれるのではなく、日本語を手

段にして日本の歴史や文化を実際に体験することで、より豊かな日本を知ることができるのだ。だから、私は、日中両国民の親近感を高めるために重要なのは、お互いの国家に対して本当の姿を知ろうとする姿勢だと思う。

日本語を専攻する学生として、日中両国民の親近感を高める方法を二つ挙げたい。まず、中国国民が日本をより全面的に理解できるように努力すべきだ。日本語は文化を伝える道具として、中国語に翻訳された日本の新聞や文学作品などにより、中国の民衆が日本を直観的に理解するための手助けになる。だから、私たちが翻訳者として日本の情報や文化を身近な人に伝える際には、公正で客観的な姿勢を保ち、真実の日本を知ってもらう必要があるだろう。それ以外にも、アニメや漫画、スポーツなどの青少年に受け入れやすい形で、中国人の日本に対する好感度を高めることができるだろう。例えば、フィギュアスケートの羽生結弦選手は、中国選手の国旗を直すのを親切に手伝ってくれた。多くの中国人の心を温かくするこの行動は、これまでの日本に対する固定観念を打ち破る力を持っていた。

もう一つは、中国文化を積極的に伝える役割を果たし、より多くの日本人に現代中国の状況を知ってもらうことだ。例えば、中日友好校の間で文化交流活動をどんどん行っていけば、互いの文化に対する理解が深まるだろう。また、茶道などの活動をきっかけに一緒に交流できるのではないだろうか。より多くの日本人の友人が中国へ旅行することを歓迎し、中国人の親切さと発展した社会の利便性を自ら体験し、中国に対する認識を高めることができるはずだ。私たちも留学生として日本を訪問し、直接両国の誤解を解き、友情を深めたいと願っている。

歌のフレーズにある、「枯葉色そめてく、あなたの隣移ろいゆく日々が愛へと変わるの」のように、私たちの不断の努力によって、両国は必ずこれまでの誤解は氷解し、より良い仲間として友情を育み、未来に向けて力を合わせることで、共に東方の日の出の暖かさを浴びる日がきっと訪れるだろう。

（指導教師　馬木浩二）

★三等賞

日中関係は良くなっていく

浙江師範大学　赫晨陽

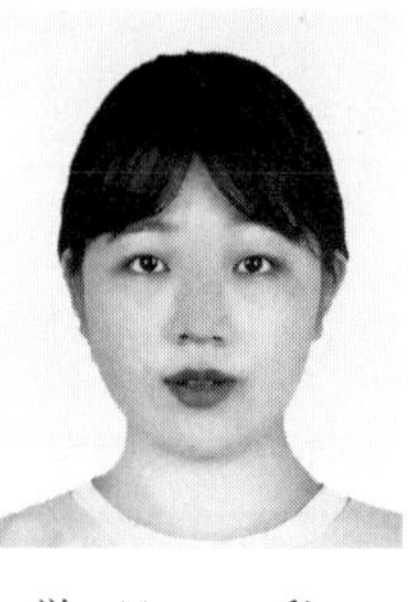

　最近また雨が続いている。私は日の前の雨を見ながら、一年余り前の雨が続いていた日々を思い出す。当時の私は学科分け試験で第一希望に落ちて、日本語科での勉強を始めたところだった。正直最初は悲しかったが、勉強するうちに日本語が好きになっていき、この言語のすばらしさを感じるようになった。半年たつ頃には、最初の悲しい気持ちはいつのまにか消えていた。

　日本語を勉強していくにつれて、私はこの言語を使う人がとても礼儀正しいことに気づいた。印象的だったのは、日本人教師の濱田先生と初めて挨拶をしたときだ。最初の授業の日、教室に入ると私の父くらいの年齢の先生が見えた。少し緊張しながら、あいさつをしてお辞儀をした。するともっときちんとしたお辞儀を返されてびっくりした。礼儀正しいのは濱田先生だけに限らなかった。日本語科の先生は、中国人の先生も日本人の先生もみんな礼儀正しく、品がある。先生たちに影響されて、私は以前にも増して礼儀を重んじるようになった。

　さらに日本語を勉強するうちに、日本人の何事にも真面目な姿勢を感じるようにもなった。大学一年生の時、朗読コンクールへの参加を決めた。濱田先生に指導をお願いしたかったが、お忙しいのも知っていたので、指導依頼の文章を長い時間考えて、緊張しながらメッセージを送った。すると濱田先生からすぐ返事が来た。「はい、もちろん。一緒に頑張りましょう」。これ見て、肩の力がぬけてほっとした。録音を送ると、先生は私の発音のミスを一つひとつ細かくＷｏｒｄにまとめて送ってくれた。こんなに指摘点が多くて、練習不足を怒られるのでは、と思ったら「抑揚がいいですね」とメッセージまできた。先生の褒め言葉は一年生だった私に大きな自信を与えた。その後何度も先生に録音を送って、その度に細かく指導してもらった。先生からは人に対して真面目に、真剣に向き合う姿勢が感じられた。その後、大学二年生になって後輩が朗読コンクールに参加したいと私に協力を求めてきたとき、濱田先生と同じように私も後輩にアドバイスを送った。濱田先生に教えていただいたことが役に立って嬉しかった。

礼儀や姿勢だけではない。日本語科に来てから一年あまりの間に、言葉だけでなく、日本の歴史、政治、伝統文化などに関することも勉強した。また日本に関するニュースやSNSの記事を以前よりずっと気にするようになった。例えば、二〇二二年冬季北京オリンピックの期間中、羽生結弦選手の限界へ挑戦し続ける姿は多くの中国人の心を打った。スノーボード男子の蘇翊鳴選手と彼を指導する佐藤康弘コーチは、深い信頼関係を見せて人々の心を温めた。先日、パンダのシャン・シャンの帰国を日本のファンが成田空港で泣いて見送る動画が、各プラットフォームで次々と拡散された。シャン・シャンは日本で大変愛されていたようだ。シャン・シャンへの愛へ感謝するとともに、日本人の優しさをたたえる中国人ネットユーザーのコメントが多くみられた。

ここ数年、日本語が中国大学入試の外国語科目に組み込まれたため、これまでにまして多くの学生が日本語を勉強するようになった。私は受験生に限らずその他の学生も、社会人も、ぜひ日本に興味があるのなら日本語を勉強してみてほしいと思う。特にポストコロナの今、オンラインの語学授業は急速に発展し、コロナ前よりずっと気軽に日本語を学べるようになった。

私にとって日本語科は第一希望ではなかったが、日本語の勉強をするなかで日本人の礼儀や人に対する姿勢を学ぶことができた。また自然と日中間のニュースに興味を持つようになり、おのずと視野が広がった。日本語を学べば、日本の良いところを知ることになり、それは日中の友好へ繋がっているといえる。お互いのことをより理解すれば、私たちの関係はより良くなる。日中の友好が、今後もますます発展することを祈っている。

（指導教師　山野晴香、何秋林）

★三等賞

桜が咲く時に会いましょう

長安大学　王奕文

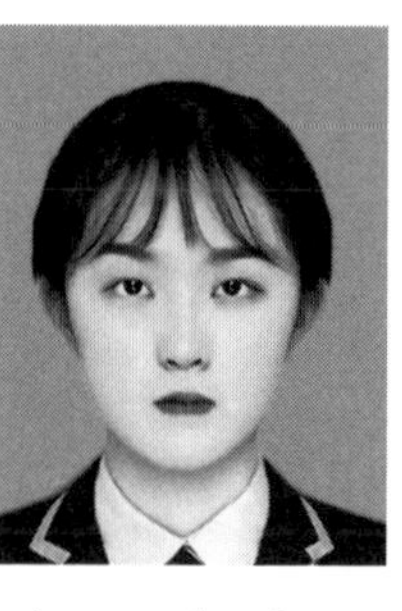

疫病の冬はようやく終わりを迎え、いつもの春が訪れた。今や世界各国がアフターコロナの時代に入り、人々の生活も徐々に元に戻りつつあり、海外旅行客者も二〇一九年の観光客数まで戻ってきた。そして、私は中国のSNSのソーシャルネットワーキングプラットフォームで日本を旅行したり、日本旅行の攻略を探したりする人が増えているのを目にした。

五月の連休は、観光客の多い観光地を避けるため、ルームメイトの趙さんと一緒に曲江遺跡公園に行くことにした。公園といっても名実ともに有名な観光地なので、そこにも観光客がたくさん訪れることがあり、趙さんによると、先月友達とここに来たとき、たくさんの韓国人に会ったそうだ。なので、もしかしたら外国人に会う確率が高いかもしれないと思うと、とても興奮していた。普段は外国人に会うことが少なく、外国人は本当に映画やドラマで演じているような人達なのだろうかと期待に胸を膨らませていた。前に進み続けると、公園の案内板が見えてきた。日本語科の学生なので、これらの観光地の名前がどのように翻訳されているのか知りたいと思い、案内板の前に立ち、それらの日本語翻訳を声に出して読んでみることにした。もう一人のルームメイトが、

「大きい声を出して読んだら、あとから、日本人が道を尋ねてくるかもしれないよ。」

と冗談を言った。すると、驚いたことに、その冗談が現実となり、読み終えたとたん、一人の日本人が現れた。私たちは日本語を習っているとはいえ、実際に学校以外で使ったことはなく、自分の日本語が通用するのかドキドキしていた。その日本人は、私たちが案内板を訳したのが日本語だったことに気付き、道を尋ねてきたのだが、突然の出来事にパニックになってしまい、質問を聞き逃してしまった。そこで、もう一度、ゆっくりと質問して

もらえるようにお願いした。すると、その日本人は、

「あの、すみません。ここから大唐芙蓉園までの行き方を教えていただけませんか。実は、携帯電話の充電が切れてしまったので、地図で調べることができないんです。」

とゆっくりと質問してくれた。それから、私たちは、ゆっくりと相手に伝わるように落ち着いて説明するようにした。

「いいですよ。そこへは、この道に沿って北門まで行って、それから外に出て、道を渡ると大唐芙蓉園に着きますよ。」

「隣にデパートがあって、そこにはモバイルバッテリーがあるはずだから、そこに行けば充電できると思いますよ。」と付け加えて、説明してあげた。

続いて、その日本人は、

「あ、そうですか。本当にありがとうございます。」

「日本語が、本当にお上手ですね。」と褒めてもらった。

私たちは照れながら、大きく手を振り、

「そんなことはないですよ。日本語科で日本語を勉強しているのですが、まだまだです。」と答え、彼の後姿を見送ることにした。

この会話が終わった後、ようやく胸のドキドキが落ち着いてきた。そして、意外にも普通に日本人と接することができたことに驚き、しかも、自分が日本語で日本人を助けたことに誇りを持つことができた。その瞬間、大学で外国語を専攻してよかったなとつくづく実感した。

インターネットの普及により、自由に海外の友人を作ることが可能になった。しかし、ネット上の仮想体験は本物に近い経験ができたとしても、実体験には及ばない。会って話してこそわかることもあれば、相手の目を見て感情を捉えることもできる。真の意味で遠い国を近くに感じるためには、実際に自分の目で見て、耳で聞いて、体験しなければならない。そうすることにより、真の相互理解を得ることができると思う。これは私が今後も追い求めていくものであり、そして、日中交流に対する切実な期待でもある。

（指導教師　郭亜軍、岩下伸）

★三等賞

日本語学習の道

江西財経大学　周　芬

ずっと前から日本のアニメを見るのが好きで、特にワンピース、私は小学校からこのアニメを見始めた。アニメに関する多くの台詞は、漢化グループの更新を待つ必要がある。私は待つのが本当に苦痛だった。だから、入学前から日本語の学習に対して興味と情熱をもっていた。

最初は日本語を学ぶのは面白いと思って、特にアニメや漫画によく出てくるフレーズに出会うことがあり、そのたびに「ＤＮＡが動いた！」と感心した。

そして、頭の中にこの文が無限に再生されるので、勉強のモチベーションがどんどん湧いてきた。さらに、友達とチャットをしていると、思わず日本語が出てきた。これは日本語を勉強したことのない友達を呆然とさせたが、私はちょっとした誇りに思っていた。

しかし、勉強を進めていくうちに、学ぶことはどんどん増えていき、学ぶ意欲も日々失われていくことに気がついた。毎日、単語と文法を覚えるのがだんだん退屈になってきた。そして、悲しいことに、一度覚えた単語や文法をすぐに忘れてしまった。それが私をますます苛立たせた。

ある日、十年ぐらい前に知り合った友達からメールを受け取った。メールの内容は、一枚の写真に書かれていた日本語がどういう意味なのか教えてほしいということだった。それは、私にとって、とても簡単な挨拶の言葉だ。私が翻訳をしたら、意外にも彼女が感心してくれた。このことは、日本語の勉強に自信を失っていたときに、大きな自信を与えてくれた。

その後、友達は時々漫画の日本語を翻訳させてくれた。勉強しているテキストとは少し違いが、大体の意味も分かることができた。これは私に大きな達成感を与えてくれた。日本語学習のモチベーションと自信を取り戻した。

言語の勉強には単語と文法も大切だったが、会話の練習も欠かせない。私の会話力を鍛えるために、「hello talk」というソフトをダウンロードした。オンラインで海外ユーザーと直接コミュニケーションをとることができる。このシステムは私の母国語と言語の学習レベルに応じて、学習ニーズを満たす言語パートナーを推薦してくれる。最初に登録して、プロフィールを書いた。自分が日本語を勉強している大学生であることを説明したが、話し言葉は苦手だ。ところが、すぐに連絡が来たのは、中国語を勉強したいという日本人の友人だ。私たちは挨拶を交わし、今の勉強状況や好きなことなどを話した。私のアバターはパンダなので、彼に中国パンダ界の女性スターである「花花」を紹介した。私たちの話はとても楽しくて、私は時には中国語を使って、時には日本語を使って、文法の間違いも相手は正してくれた。しばらくすると、連麦チャットをしてもいいかと聞かれたが、その行動にびっくりした。一つの原因は私たちが知り合ったばかりで、私は少し恥ずかしかったが、最も重要なのはやはり私の口語は苦手で、口が開かないほど緊張するかもしれません。私もちょうど図書館にいたので、そういう理由でやんわりとお断りした。今思い返しても残念だし、一緒に勉強したいという相手の気持ちを裏切ってしまった。やはり勇気を持って、最初の一歩を踏み出してこそ、その後の語学への道が開けるのだ!

また、ここには学習や生活、文化に関する数千万件のリアルタイムの投稿が集まっているので、世界中の新しいことを発見したり、文化や習慣を深く理解したり、言語を没入的に学習したりすることができた。私は何回日本語の学習の上で解決しにくい問題に出会ったことがあって、すべてこの中で掲示して文に助けを求めた。先日、日本語の敬語に悩まされた私が動態の中で質問したところ、日本語母語の友人たちがすぐにレスを返してくれ、とても親切に私の疑問に答えてくれた。

以上が私のこれまでの日本語学習の道だ。紆余曲折もあれば平坦な道もあり、涙もあれば笑いもあるが、これからも自信と情熱を持ち続けていきたい。

（指導教師　鈴木高啓、厳新平）

★三等賞

この春

広州南方学院　陳暁暁

「冬を精一杯乗り越え、風雪に耐えなければ、春の幸せを感じることはできない」。高校生の時にふと覚えた星野志夫さんの言葉は、新型コロナが終焉を迎える今になってはやっと実感できるようになった。

二〇二二年末に都市閉鎖が解除され、学校に残って試験を終えた私は三年ぶりに核酸検査証明を提示しなくてもいい飛行機での帰路についた。実は、その日は私が新型コロナに感染して五日目だった。機内のとぎれとぎれの咳で、ただでさえ薄暗い空間が少し抑圧的になり、斜め通路の女性が片手にまだ歩けない子供を抱え、もう一方の手に小さなガラガラを持ってあやし続け、子供は泣きながらガラガラを捨てていた。私は目を閉じ、考えを空っぽにし、耳元で小さくなっていく泣き声を聞きながら意識が徐々に遠ざかっていった。

夜中に飛行機を降り、北方の冬の風が全身を冷やした。ボーディングブリッジ越しに外の真っ暗な空が見えた。地面から遠くない物体には真っ白な雪が積もっていて、外は風が吹いていたので、私は泊まる場所を探すのがおっくうになった。駅を出るとロビーで風よけの椅子を勝手に探して、朝までここにいようと思った。そこへ、ロビーが暗くなり、私の隣に男が座ってきたので、バッテリーを見ながらゲームをやって、そして携帯電話の電源を切った。誰が先に口を開いたのか忘れて、あの晩私達は長い間話をした。彼は卒業して三年目、いくつかの仕事を変えて、今回は南方に行って仕事をして少しお金を儲けたいと思っていたが、感染爆発で都市が封鎖され、すぐに封鎖を解除して待ちきれなくて家に帰ったと言った。これから会う機会がないと思ったのか、その夜、彼は自分のここ数年の悲惨に聞こえる生活について、ことのほか多くのことを話した。

彼の話を聞いて、私は恍惚の間に再びこの三年間の無数のニュースと私達が経験したことの断片を見た。出産を控えた妊婦が健康コードを作るのが間に合わないために病院から締め出された。独居の老人が携帯電話を使えなくて飢えていて、血縁者と生き別れた。かつてにぎやかだった街と店が混ざっている。暗い雰囲気に包まれた街、静かな十字の街、人々の仕事と生活の乱れ、生計のために困っている数え切れないため息．．．生活はまるで悪循環に陥ったようで、私達の深い渦の中で、静かに待つことしかできず、黙々と我慢することしかできなかった。それでも、多くの人はあきらめていないで、何度も問題を発見して、絶えず解決して、絶えず手入れしていた。彼らの心の奥底ではすべてを信じているようで、いつか私達は苦難に打ち勝つことができると。苦難は賛美に値しないが、苦難に直面してひるまない強靱で勇敢な後ろ姿、静かでありながら耳をつんざくような信念、より多くの人が春に向かうために冬の中に残った人、永遠に私達は銘記と賛美に値する。

　空港で半日を過ごした翌日、父が迎えに来た。彼は笑って手を振って私の方に近づいてきた。私は彼の白髪になっていく両鬢を見ていて、急に目尻が潤んできた。このコロナが人々に多くを失わせたが、信念と堅持の力、生命と平凡の尊さを人々に理解させた。

　私たちは汗を流し涙をのんだ夏を経験し、葉が落ちて静かな秋を経験し、不安で団らんできない冬を経験した後、ついに再びあの万物がよみがえり、風が穏やかな春を迎えられる。二〇二三年の春は、街はにぎやかになり、人々は忙しさに戻り、次第にドアを開け、街に出て、ようやく生活は再び起動ボタンを押した。私は空を見上げて太陽に揺られて目を細めて、一瞬、すぐ後の万物の蘇りを見たような気がして、緑があふれている。いよいよ春がやってきた。

　幸福は私たちに遠くなくて、それはすでに私たちの日常に隠れているのだ。三年間の暗い日々がピリオドとなり、人々はついに春が来たと感じられるだろう。

（指導教師　王偉）

★三等賞

私の日本人の先生

嶺南師範学院　姚慧萍

滝口先生に初めて会ったのは、もう三年も前のことだった。ちょうど感染拡大の中で、中国への航空便が多く制限されていた。当時、滝口先生はまだ日本にいたので、授業はオンラインで行った。

大学一年生の時、滝口先生は日本語の音声学を教えてくれた。多くの人は日本語の初心者なので、言い間違えるのを恐れて、先生の質問に対して答える勇気がなかった。オンライン授業ではほとんどの場合、先生が日本語の発音のルールを教えてくれたが、私たちはただ黙って聞いていた。時には、私たちが理解できないのではないかと身振りで表現することもあった。だから彼の授業では理解しにくいところが実は少なかった。当時、先生と接する機会が少なかったせいか、心のどこかで先生は厳しい人だと思っていた。期末試験で先生に向かっているときは声が震えていて、緊張して手のひらに汗をかいた。先生は小さな画面の中にいるだけだが、それでも私は大きなプレッシャーを感じた。

二年生の時、感染対策が常態化するにつれて、航空便の制限も徐々に解除された。滝口先生は、ついに中国に来て、対面授業ができるようになった。滝口先生は日本のビジネスマナーを教えていた。オンラインの授業と違って、対面授業では先生とのコミュニケーションが増えた。たとえば、教科書の内容が多くなると、先生はクラス全員に順番に教科書の内容を一言ずつ読み上げさせた。そして、私達の朗読に間違ったところがあれば、先生は私達の発音を訂正してくれた。日本語を専攻する学生にとって、速くて流暢に日本語を話すより、きちんと一つ一つの発音を出すほうがもっと大切だと、先生が教えてくれた。大学に入るまで、このようなスタイルの授業を受けたことはなかった。中国の教育では先生が支配的だと思う。だから、ほとんどの授業は先生は知識を教えていて、学生は黙って授業を受けているのが一般的だ。しかし、滝口先生の授業では、学生は先生と同じくらい大切な存在で、先生の教えていることに必ずしも権威があるわけではなく、みんなが疑問を投げかける権利があると感じる。学生は新しいことを学び、視野を広げ、教師はその過程で教育を見直し、教え方を改善していく。良い授業スタイルは「教えるは学ぶの半ば」というものだ。これが滝口先生の授業で学んだ最も重要なことである。

三年生になって、滝口先生と接することが多くなる。実は先生はとても優しい人で、授業中に先生がかんしゃくを起こしたのを見たことがない。みんなが答えられない質問にぶつかったら、先生は辛抱強く私たちを導いてくれた。そして滝口先生の無分別な教育観にも大いに啓発されたと思う。クラスには内向的な学生がいる。彼はみんなの前で話すのが苦手で、本文を読む番になっても、なかなか言葉が出てこなかった。しかし先生は怒らなかった。逆に彼の考え方を聞いたり、授業の後でも彼のことを気にかけて教えてあげたりしていた。滝口先生の授業は、みんな平等だということを実感させてくれた。クラスの中で外向的な人もいれば、内向的な人もいる。誰もが同じ性格とは限らない。教師としては、その違いを大きくするのではなく、生徒の個性を尊重し、潜在能力を引き出していくことが大切だと思う。

最後まで書いたが、この場を借りて滝口先生にお礼を言いたいと思う。幸いにも、滝口先生に出会えたことで、教員という仕事に関する考え方が変わってきた。以前、私は教師に対して多くの誤解、あるいは偏見を持っていた。しかし滝口先生は鏡のように、教師の崇高さと偉大さを見せてくれた。将来、私も教師になるかもしれない。教師という役をどう演じるか、滝口先生は私達にとても良い手本を示した。三年間、先生から学んだことは大いに役立ったのだ。

（指導教師　黄麗詩）

★三等賞

数学者の自伝と私の学びの旅

南京信息工程大学　張守信

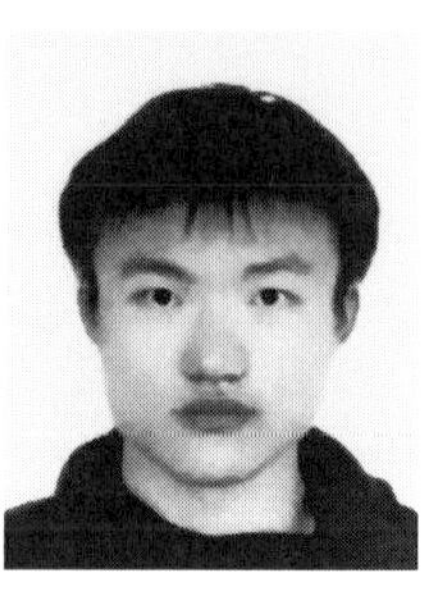

過去三年間、新型コロナの流行爆発のせいで、国と国との間の国境を越える交流が大幅に減少した。しかし、私個人は日本に関する理解が少し増えた。契機は、何冊かの日本の数学者の自伝である。これらの自伝の中で、数学者たちは自分の学術研究と人生経験を語っている。数学は純粋で真実な科学である。平和と自由を愛し、知恵に満ち、思考が得意で、興味のある分野に常に好奇心を保ち続ける。こうした特徴が私の心の中で理想的な数学者の姿を構成している。自伝に見られる数学者たちはいくつかその特徴を備えているように思える。何冊かの本から、私はぼんやりとだが、穏やかで自由な雰囲気を感じ取ることができた。

特に志村五郎氏の『記憶の切繪図』は強烈だった。ある学期、私は他の学生に対してネガティブな印象を持っていた。彼が私と故意に対立していて、私の考えを真に理解しようとしていないと思っていた。ところが、私のこの印象の理由は根拠がない。そして、私は本の中のある部分に目を通した。そこにはこう書かれていた。「正しい答えを受け入れず、いつも細かいことにこだわりたがる人がいる。例えば、『今日はお前を許してあげる』と言った人のように。私は自分に言い聞かせることにした。決して他人を見下さないようにしよう」と。最後の一文が私にとって一番感慨深かった。それ以降、私は常に自分に言い聞かせるようにしている。「志村氏のように、他人に対して必ず積極的で客観的な態度で接する。愚かで傲慢な自己妄想に耽っていてはいけない。」

高校で日本語を勉強していた関係で、大学に入ってからも私の専攻外国語科目は日本語だ。学校は私や他の非日本語専攻の学生たちのために、3学期間の大学日本語コースを用意してくれた。しかし、私たちは週に1回の夜間授業で集中的に学習するだけだった。3学期が経過しても、私の日本語のレベルは全く向上していなかった。学校の用意した授業が終わった後も、私は日本語の勉強を続けたいと思った。日本語の先生は、日本語学科の授業を選択することを私に勧めた。そこで私は日本語の作文の授業を受講することにした。

作文の授業の先生は日本人である。この先生からは、私の作文が個性的な内容に欠け、ロジックも不十分だと指摘されることが多かった。ある時、「好きなアニメキャラクター」をテーマにした作文を書くことになった。私はドラえもんを書いた。このアニメには詳しいが、最終的に幼稚な短編になってしまった。最後の段落では、退屈で空虚な個人的な感想を書いたため、先生ははっきりと「不要」と評価した。

次は、「驚いたこと」あるいは「危なかったこと」をテーマにした作文を書くことになった。授業中に書いた後、自分で修正を加えた。私の文章は下手だったが、先生はそれでも真剣に読んでくれた。私の作文のタイトルは「遅れてきた危険」で、宿題を先延ばしにする悪影響について取り上げた。私は「王者栄耀」というゲームを例に挙げ、勝利するためには最初から全力を尽くす必要があることを説明した。私は「物事を長期的に考えるべき」という結論を示そうと試みた。ところが、当時の私の文章では、事例であるゲームの話とテーマである「危険」との間に論理的な関連性が全くなかった。それで、先生は私の論理を修正するために一時間を費やしてくれた。

志村氏がアメリカでの訪学中に言った言葉を思い出す。「傲慢ではないが、私が研究している分野では、アメリカでは何も学べない。」志村氏は私に二つのことを示してくれたと思う。傲慢にならないことと、自分の勉強している分野に真剣に取り組むことである。私はこの解釈と作文の先生の指摘を一緒にし、今後の学習の戒めとするつもりだ。

（指導教師　山田ゆき枝）

★三等賞

過去に鑑みて中日平和を孕む

嘉興学院　繆永淇

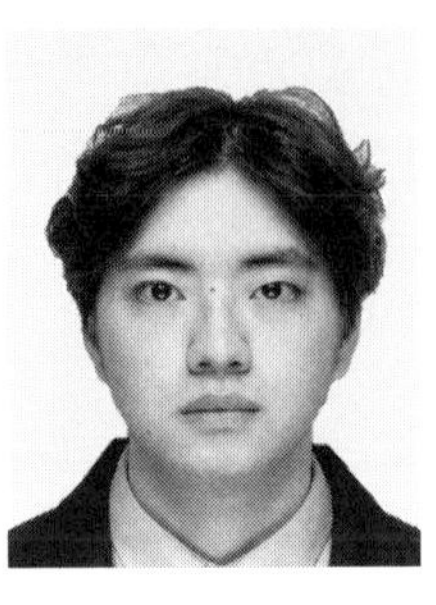

近年の中日友好交流は、政治経済だけでなく文化面を中心に浮まっている。そのため、幼い頃から知らず知らずのうちに日本文化を受け入れている人が多く、私自身も「ドラえもん」好きとして影響を受けている一人である。

一番印象に残っているのは「象とおじさん」という回だ。簡単に内容を言うとこうだ。ドラえもんはタイムマシンで過去に戻って日本の敗戦を知らせ、軍隊が戦争を続けるために象を毒殺するのを阻止する。監督である大杉宜弘氏は、「ドラえもん」で戦争の話をすることは、今の日本ではかなりの勇気とプレッシャーが必要だと語っていた。私は二〇一六年の夏に初めてこれを見て、藤子F不二雄の戦争に対する反省と中日友好交流への渇望を感じた。そしてふと思った。優れたクリエイターと偉大なクリエイターは、いったい何が違うのだろうか。

後者は自分の影響力で社会に訴えたり、弱い立場の人に声をかけたり、本当に優れたもの、良いもののために声をかけたりできるという違いがあると思う。藤子F不二雄はアニメという表現の窓を利用して、自分の政治的理想や歴史観を表現した。子供たちに戦争は間違っていて、悪いことだと言ってはばからない。これらの作品から伝わってくる価値観こそが、彼の真の野望であり、「ドラえもん」の偉大さの根源でもあると思う。

中日平和友好条約は、平和を破壊するすべてのものに立ち向かうという、『ドラえもん』の心からの宣言であり、それが今の中日平和友好条約のすべてである。ドラえもんは文化の分野で中日友好交流に貢献してきたが、一般人の私たちにもできることはないだろうか。

「国の交わりは民の親しみにあり、民の親しみは心の相通ずるにある」という言葉がある。今、学生である私ができる何かを探す必要があると思う青少年間の相互理解と相手国に対する理解を強化したり、双方の認識の上で普遍的な誤解を次第に減らして友好感情を高めたりと、中日関係の健全で安定した発展に役立つ民意の基礎と世論の環境を育成することができるかもしれない。

個人でできる事と言えば、両国民間でも中日友好交流のために寄与している人を思い出すことができる。千三百年前に「山川異域、風月同天」という言葉を見た鑑真和上は、胸を熱く振るわせて、日本に渡って仏法を伝授することを決めた。これは中日友好交流の新たな扉を開くことになった。千三百年後の今日、日本の温情は中国に渡ってきた。言うまでもないが、中日関係は歴史が長い。二千年余りの長い交流の歴史を見ればわかる、友好が主旋律である。千年にわたる「山川異域、風月同天」は今後も灯台となり、中日の調和友好の各レベルの交流を照らし続けだろう。

過去五十年間の中日関係の驚異的な発展は、中日友好と互恵的な協力を促進するための両国の各界の友好的な人々の何世代にもわたる長期的な努力なしには達成できなかったであろう。中日両国の平和と友好は、過去五十年にわたる両国関係の発展がもたらした貴重な遺産である。両国政府と民間が協力しすれば、中日の平和と友好が真に時代の新しい輝きを放ち、両国関係の未来の道を照らすようになると思う。

中日両国は、一衣帯水の間にある隣国であり、長い伝統的友好の歴史を有する。両国の人々は、これまで存在していた不正常な状態に終止符を打つことを切望している。今、中日平和友好条約四十五周年を迎え、特別な節目となることが期待されている。友好交流の歴史の一頁を継続していくために、私たちは先人たちから学び、新しい時代の背景と結びつけて新たな中日友好関係を築いていくために何ができるのか。中日平和友好条約の現代的意義は、ドラえもんが伝えたように、戦争の残酷さを警告し、人類間、ひいては世界間の調和を達成することにあるのではないかと思う。

（指導教師　瀬口誠）

★三等賞

「橋」を作りませんか?

西安電子科技大学　高　鵬

新型コロナウイルスは私たちに多くの不便をもたらしましたが、逆に私たちの勉強、仕事、生活に変化ももたらしました。その大きなひとつは、インターネット交流プラットフォームの急速な発展です。それによって世界各地の若者がいつでもどこでも連絡を取り合うようになり、人と人との距離を縮め、素晴らしい交流の機会が生み出されました。ポストコロナ時代には、それはさらに欠かせないプラットフォームとなっていくに違いありません。

コロナの感染拡大が一段落したことで、二〇二二年九月、私は金沢大学に交換留学する機会を得ました。半年間の交換留学における勉強や交友の過程で、多くの日本人学生が中国文化に大きな興味を持っており、中国の同年代の人々と友達になりたいとの思いから、積極的に交流しようとしていることに気づきました。当時の私にとっては、自分には馴染みのないアプリで友人とやりとりするのはかなり抵抗がありましたが、幸いなことに、友人たちは辛抱強く、熱心に付き合ってくれました。

両国の多くの学生や若者にとって、交換留学のような機会は貴重なものです。そこで、私は、せっかく留学中に知り合った日本の友達と連絡を取り合いたいと思い、帰国後も、日本にいる友人とたまにWeChatを使って連絡を取り合ったりしていました。ところが、それは彼らにとっては不便だったようです。そこで、帰国後、「なぜ返事をしてくれないの?」という声がたびたび出てくるようになりました。「メッセージを見てなかったが、LINE?」「いいえ、WeChatだよ」というような状況では、最終的には友人との連絡も徐々に減っていきました。一方、中国で知り合った日本人留学生たちも、中国のSNSに慣れていないことに悩まされており、そのために中国人と友達になるのは難しいと思う人もたくさんいます。そのため、一見何の障壁もなさそうに見えるアプリですが、両国の若者にとって、それは意外と不便なものでもある点では同じだと認識するようになりました。「両国の間には互いに交流したい若者がたくさんいるのに！」そんな思いから、私は相手国の馴染みのないアプリを使うよりも、若者同士が交流しやすい共通のソーシャルプラットフォームがあればいいなとつくづく感じるようになりました。

社会学者のジンメルは、「社会とは、個人と個人の抽象的な関係の総体である」と考えています。つまり、中日交流は、人と人との何気ないコミュニケーションから始まるのではないでしょうか。相手国の国情を理解し、互いに敬意を抱くという姿勢さえあれば、職業や世代を超えて、中日両国国民はもっと自由に交流できるはずではないでしょうか。文化や習慣だけでなく、料理のレシピ、ゲームなどはコミュニケーションの架け橋になり、人々の間で共有したい、知識を求めたいという欲求を満たすことができます。こうして、さらに中日両国間の交流が促進されていけば、ひいては新興文化の誕生をもたらすに違いありません。

では、それらはどうやって築いていったらいいのでしょうか。日本と中国にはネット体系の違いがありますが、私は、そこに両国の若者ができるかぎり知恵を出し合い、中日の人々の間で共通のアプリを創ったりすることも一案ではないかと考えています。こうして、中日両国が共同でネット体系の違いを乗り越えることのできるようなソーシャルプラットフォームを構築できれば、若者をはじめ、中日両国民がもっと便利に交流しやすくなり、相互交流のさらなる深化にも繋がっていくのではないでしょうか。

日中国交樹立から五十三年、コロナ感染拡大が落ち着いてきた今だからこそ、両国の若者は新型の友好国家関係を構築するために奮闘し、国家間の発展協力のために自らの力を捧げるべきだと考えています。両国の青年が積極的に交流し、共に素晴らしい未来を築くために、一緒に「橋」を作りませんか。

（指導教師　崔広紅、金戸幸子）

★三等賞

中日の若者ともに、逆境と戦おう

電子科技大学　羅鴻嘉

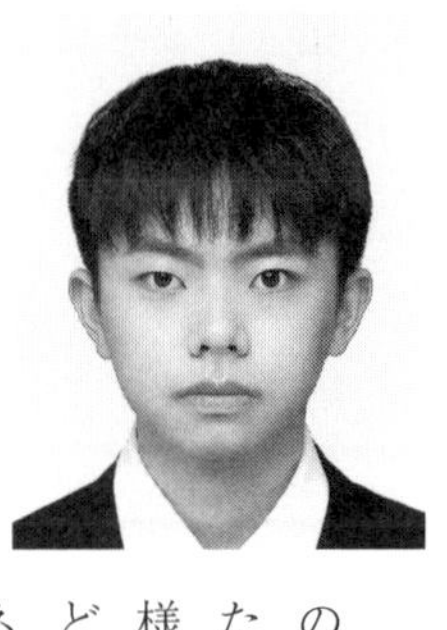

新型コロナウイルス感染症の流行から早三年が過ぎました。多くの人々が新しい生活様式に慣れてしまいました。どこにいてもマスクをしたり、ネットで勉強や会議などをしたりする習慣を身につけました。人々は自宅待機を余儀なくされ、外出自粛が求められたため、社会生活は大きな変化が起こってしまいました。二〇二三年以降、各国で隔離措置が中止されましたが、コロナ禍から残された問題は今も様々な紛争を引き起こしています。一衣帯水の重要な隣国として、中国と日本はこの三年間でお互いに助け合ってきました。とはいうものの、出入国管理の厳しさや急激に変化する国際情勢のために、両国の関係も緊張してきました。

中国には多くの日系企業があります。同時に、日本では中国人の店があちらこちらで見られます。しかし、三年間にわたって封鎖されたせいで、商売が不景気に見舞われました。さらに大切な問題は、母国の人々との行き来が途絶え、また、帰国できなくなったことです。それで、多くの経営者が越境サービスを取りやめ、異国を離れ、ビジネス状況は厳しくなる一方でした。

経済の悪化が政治環境に深刻な影響を与えています。民族間の歴史的な衝突に関する論戦が沸き起こっていることが、インターネットからも周りの人たちの話からも感じられます。「お互いに尊重して協和する」ことを本旨とするオリンピックなのに、なぜお互いの国を罵倒する人がいるのでしょうか。色々な共通点がある中日文化なのに、なぜ相手を嫌悪して対立をますます深めるのでしょうか。

今はニュースや雑談からコロナ時代が終わったと分かりますが、実はコロナ禍が残した難題を解決する時代のはずです。ポストコロナ時代において、反グローバル化がトレンドになって、新たな問題が生じ続けるかもしれませんから、私たち中日の若い者は平和を守り交流を深めて、団結するべきです。

具体的には、日中間の留学制度の拡充が考えられます。留学を通じて、お互いの国の文化や言語を学ぶことができます。また、企業や大学などにおいて、インターンシップや交流プログラムの拡充も検討すべきでしょう。これらのプログラムを通じて、日中間の交流が活性化され、文化的な交流やビジネスの発展にもつながることが期待されます。さらに、ＳＮＳやビデオ通話アプリなどを活用する交流も重要であると考えています。日中間のオンライン交流を通じて、お互いの国の文化や言語を学ぶことができます。様々な事情により、中国と日本のネチズンは同じソーシャルメディアでスムーズに話し合えなくて、第三者から相手の情報を受け取ることがしかできません。それらの第三者は、時々世論を搔き乱そうとして、人々に世の中の事を誤解させます。それで、事実と違うマイナスイメージが遺されました。したがって、ネットの壁を破って、どちらの国の人間も対等に交流したり、世界中の情報を客観的に受けたりできる場を作るのは焦眉の急です。

交流を進める上で注意したいのは、私たちは文化交流を通じた相互理解を促進するために、民族感情に配慮しなければならないということです。相手の文化に敬意を払い、相手の民族感情を傷つけないようにすることが必要です。また、相手の文化に対する批判をするのではなく、相手の文化に対する理解を深めることが大切です。

以上のように、両国にコロナ禍から残された傷を癒やすために、より深い交流は、不可欠な手段です。ポストコロナ時代は、より一層積極的な交流が必要だと思います。私たち若者は、両国の交流を通じて、お互いの文化や言語を学び合い、理解を深めることができます。具体的な提言としては、オンラインでの交流イベントや、対等に交流できる場を作ることなどが挙げられます。私たちが提言したアイデアが実現できるよう、今後も積極的に働きかけていきたいと思います。

（指導教師　池田健太郎）

★三等賞

先人たちに学ぼう

――日中平和友好条約の今日的な意味

厦門大学嘉庚学院　劉明碩

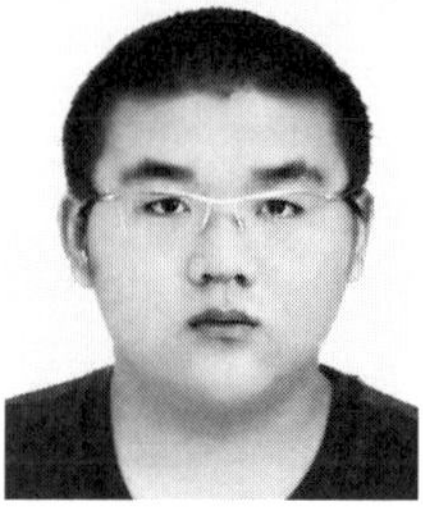

「お前の曽おじいさんは日本人だよ。このこと知っていたの？」と父は大学入学式で私に言った。私は本当に驚いた。大学の専攻として日本語を選んだのは、英語は得意なので、別の言葉を勉強して将来の就職競争力をつけたいと思ったからだった。まさか日本出身の祖先がいるとは思わなかった。それを知った後、曽おじいさんについて父に尋ねた。更に話をすると、次のようなことが分かった。曽おじいさんは日中戦争の中後期に「開拓団」の農夫として中国に来た。ある時日本の軍隊が別の場所に移動して、農夫たちもそれに伴って移住することになった。しかし、その途中で曽おじいさんは本隊からはぐれてしまい、あてもなくある村にたどり着いた。見知らぬ土地に行き、言葉も通じなかったので、村人から迷子扱いされた。村に定住して、その後、曽祖母と結婚したそうだ。私は父に曽おじいさんの名前を尋ねた。残念ながら、あの時は日本語がわかる人はいなかったので、曽おじいさんの出身や詳細な情報ははっきりしていないという。日本の本名すらわからないのだ。ただ、若くして中国に来たものの、日本に帰ることができず、異国の地に葬られた日本人だということだけが分かった。

そのことを知った私は、ショックで一睡もできなかった。曽おじいさんは戦争によって言葉や文化の交流がうまくいかず、中国での生活も困窮して、間接的に他郷で客死することになった。曽おじいさんは亡くなる直前に遺言を残していなかった。しかし、私が夜を徹して考えた彼の最後の願いは、日中間に戦争が起こらないでほしいということだったと思う。彼は戦争によって、さすらい、身をおちつける所がなかった。今後、誰かが客死するようなことが起こらないことを願っていたと私は信じたい。

日中間の文化交流を強化し、両国がお互いを十分に理解することは戦争を阻止する効果的な方法だと思う。日中平和友好条約が締結された後で、条約の意義は民間交流の面で特に際立っている。例えば、戦時中に中国に残された多くの日本人や孤児が、条約の締結後、船に乗って日本に帰って家族に再会することができるようになった。これまでに百万人ぐらいの日本人の帰還に成功した。こうした大規模な日中民間交流が成功した背景には、日本語を学び、なおかつ日本語に精通している中国人学生や日本語通訳者の存在がある。ただ残念なことに、曽おじいさんの身近にはそうした人がいなかったのだ。だから、私は中日両国の文化背景を理解し、日本人の血統を引く中国人として両国間の文化交流のために自分の力を発揮するべきだ。そこで、その夜考えた末、私は「就職競争のために日本語を勉強する」という目標を、「日中友好関係と平和発展に貢献するために日本語を勉強する」という目標に変えることにした。

実際に大学に入ってから、自分の力を高めるために中日文化交流会などに参加するようになった。交流を通して、条約の今日的な意味を実感した。新型コロナの感染症拡大の中でも、両国の大学生たちの文化交流は中断しなかった。インターネットなどの先進技術の発展の中で、人との交流はますます容易になった。オンライン会議などを通じて、お互いの文化を伝え、参会者たちはお互いに友好的で睦まじい関係を築いた。日本側の学生たちと私たちは両国の文化の異同点を交流し、会議の終わりには、日本の教授が私たちに余すところなく知識を教えてくれた。素晴らしい体験だった。

その後、先人たちがこの条約を結んだ意義を理解した。先人たちは、日中両国の子孫が二度と戦争の惨禍を経験せず、いかなる偏見も持たない前提で、楽しくコミュニケーションして、共に発展することを願っているのだ。日中が「友好条約」の下で手を携えて共に前進し、明るい未来に向かって歩み出すことを願っているのだ。同時に、曽祖父を弔うためにも、私は両国の交流を促進するために自分の力を尽くしたいと思う。

（指導教師　高橋亜季）

★三等賞

日本語と私 ――指導教師への「ありがとう」

海口経済学院　賈景錕

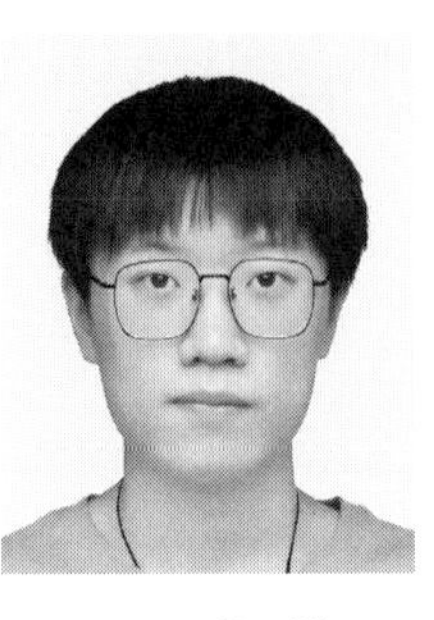

大学に入って、あっという間に、もう三年生になった。私にとって、日本語科を選ぶことは一番正しいことだ。なぜなら、日本語科には優秀な先生がたくさんいると思う。先生たちのおかげで、私は新しい自分を認識し、自信を取り戻した。

私が日本語科に入った時、日本語に興味は全然なかった。また、各クラブに参加していた。猫の手も借りたいほど忙しかった。そのせいで、成績が悪かった。私にとって、日本語が全く「馬の耳に念仏」の状態だった。最初の頃は勉強してもなかなか覚えられなかった。日本語で話せなかった。それに対して、クラスメートはぺらぺらだった。本当に困った頃だった。日本語は難しいから勉強するのをやめようと思っていた。迷い道の中に手伝ってくれたのが日本語科の先生だった。先生が「悩みがあるなら、いつでも相談に乗って下さい」と私に言ってくれた。先生のアドバイスを頂き、真面目に勉強し、三年生の時、やっとＮ２に合格した。また、予想もしなかったのは、私が曹禺という二十世紀中国を代表する劇作家の『雷雨』を日本語で演出した。

実に、シャイな私にとって、日本語でスムーズにセリフを大声で言い出せるのはどれほど苦労したのか？何回も中途半端したかった。その都度、先生がそばにいてくれ、主人公の気持ちを分析してくれた。「人物を演出する時、どんな気持ちを込めばいいですか」と先生に聞いたら、先生は「よく脚本を読んで、人物の心理を察して、また、自分を人物の場に置かれたら……」といろいろアドバイスを頂いた。また、先生のいう通りに、リラックスし、よく主人公の身振りなどを推測した。その上に、原作も何回見た。

私たちが訓練中、先生もよく差し入れを買ってくれた。印象深いことは、先生がごちそうしたとき、おいしくてたまらなかった。私はご飯六回もお代わりした。今思い出しても恥ずかしかった。先生が「体がまだ発育中、どんどん食べてください。」と私たちに勧めた。どんなにやさしい先生か感心した。

いよいよ「雷雨」の正式的に演出な日がやってきた。私の演出のシーンには主人公が酔っ払いになった一幕があった。真実に見えるように、かつ、自分の緊張感をリラックスために、真のお酒を飲んでしまった。先生がそばに座り、「お体、大丈夫か?適切でいいよ」と私を慰めた。初めての日本語での出演なので、特にライブ放送という形になっている。ネットで世界中の人々がみられる。緊張してたまらなかった、幸い、先生が「君にとって、人生の初デビュー、失敗してもいいから、乗り越えたら、これからの舞台がもっと広い」と励ましてくれた。

先生のおかげさまで、出演が完璧だった。大成功になった。また、高い評価を頂いた。

あの時、本当に日本語科の先生たちに「ありがとう」と言いたかった。

先生たちの指導の下で、私はより成熟した。先生の数年間の努力で花はようやく咲き、鮮やかになった。果物がようやく成熟し、果実が豊富になった。

先生が私たちのために発火させた知識の火花は私たちの心の奥底に輝き、先生は私たちを知識の海洋で泳ぐための帆船のようである。これが先生の労力と献身である。私たちは先生の努力と私たち自身の進歩からの汗を見てきた。

将来、どこに行っても、さらに地球の果てに行っても、私たちは先生が私たちの成長のために蒔いた種を決して忘れないんだ。

改めてお伝えしたいんが、「お疲れさまでした」、「ありがとうございました」と心から感謝申し上げる。「ありがとう」という言葉は学生である私の心の底から一番言いたかった言葉である。これから一生懸命日本語を勉強しようと思う。将来、自分も先生のような立派な先生になりたい。先生の身振りなどを目指して頑張りたいと思う。

（指導教師　陳莉莉）

★三等賞

日本語、おはよう

華中師範大学　李雨萱

日本語と出会ったのは何かの縁だ。

母はずっと中日合弁企業で働いている。私が小学生の頃、母は自分で日本語を習い始めた。だから、母と電話をするたびに、母はいつも「おはよう」などの簡単な日本語を話してくれる。初めて聞くと、本当にびっくりした。あの時、何を言っていいのか、さっぱり分からないような気がしたのに、面白く思っている。その後、いつも母が私にちょっとした日本語を教えることを楽しみにしている毎日だった。それで、私はこういう不思議な方法で日本語に触れ始めた。ところが残念なことは、母が日本語学習を終えたと共に、私も次第に日本語を忘れ去った。幼い頃には母との日本語を勉強した経験も永遠に記憶の中に隠れてきた。

しかし、「世の中の全ての出会いはいずれも久しぶりに会う」という言葉どおり、大学で、何かの不思議なことで再び日本語と出会い、日本語と縁を結ぶことがある。実は、大学に入る前は、日本語を勉強できるとは思ってもみなかった。そして、大学の四年間も日本語を学ぶことに驚いた。

ところで、大学が始まって間もなく私を怒らせたことがあった。高校の時にあまり仲がよくない同級生は私は大学で日本語を勉強していることを知ってから、「日本語を勉強するなんて！　売国奴になるのか！　あなたが日本に行って核汚染の汚い水を飲むのか」と罵詈雑言を浴びてきた。かなり腹が立っても、私はなんと反論するか分からないが、ただ「文化に国境はない」と言っただけだ。恥ずかしいし、ちょっと迷ってきた。私はどうして日本語を勉強して、日本語を勉強して何ができるのか。突然自分を疑うようになった。

幸いなことに、私は一生感謝する二人の先生に出会った。李俄憲先生は輝いている光で、進む方向を導いた。

李瑩先生は優しいそよ風で、心の中の曇りを吹き飛ばした。

李俄憲先生の新入生ゼミを受講してから、日本語の勉強について新たな認識を持つようになった。李俄憲先生は日本語を学んだことを誇りに思うべきだとし、日本語専攻生は最も愛国的な中国人だと言った。李俄憲先生は「もし中日友好ならば、我々は文化交流の使者である。もし中日が仲違いすれば、我々は祖国を守る前衛である。」という道理を教えてくださった。先生のお話を聞いたら、日本語を学んでいる誇りが湧いてきた。もう迷わなくて、しっかりと自分の道を歩んでいくことができた。日本語を勉強すれば、決して売国奴になることはなく、より愛国的になるだけで、私たちは自分の学んだことで祖国に報いることができ、社会に還元られる。

李瑩先生の授業では、美しい自然の風景があり、面白い人文風俗があり、不思議な豆知識があり、深く省みる生活哲理もある。私たちは日本ドラマを見に行って、それから吹き替えたり、芝居をしたりして、日本語の歌を聞いて、それから歌の試合をしたり、日本文学の作品を鑑賞に行って、自分を充実させて自分を高めたりすることをした。これらが日本語の魅力なのかもしれないと思う。李瑩先生は私にもっと広い世界を見せて、私に異なる国の風土と人情を味わわせ、更に生活に多くの小確幸があることを心得させて、価値のない人に時間を無駄にする必要はない。

二人の先生から日本語専攻生として、日本語を学ぶだけでなく、胸を張って日本語勉強の誇りを持ち、人生の小確幸が味わう同時に基礎を固め、全面的に発展し、素質を高め、絶えずに身を修め徳を重んじて、国家に役立つ人間に成長するよう努力しなければならないと教えてくださった。

我々新時代の中国青年はこの時代を大切にし、時代の使命を担い、責任を担うことで期待責任を果たすことで成長しなければならない。

ここで、先生、ありがとう！　日本語、おはよう！

（指導教師　李瑩）

★三等賞

先人たちに学ぼう

——日中平和友好条約の今日的な意味

大連民族大学　彭　煜

近年、人々は私たちの日常生活の中で日本製の商品をより多く見かけるようになった。特に、中日の交流が盛んな大連では、日本人に会うのは普通のことだ。また最近では、和食を食べることも外食の選択肢の一つになっている。

ある日、コーヒーを飲んでいると、隣のテーブルに日本人のお客さんがいることが分かった。彼女と交流したとき、彼女は「今では、ますます日本人が中国に来たり、市場を中国に拡大したりして、中国に対する印象はますますよくなっている」と語った。日本人から見た中国と中日両国の関係を初めて知ったので、驚いた。中国人から今の中日両国を見るのとは別の見方だ。

現在、日中平和友好条約締結四十五周年を迎えた。日中両国の間には、政治、貿易、そしてそのほかの面でも、緊密な往来がある。両国間の交流は頻繁になり、関係が親密になっている。すべては、日中友好条約の樹立以来の長い間の役割に負うところが大きいと思う。

その日本人客は、「実は、日中両国の民間レベルの交流が増えているだけでなく、両国間の政治協力の交流もますます多くなっている。」と言った。また、彼女の日本の家の隣のお嬢さんが成都の中日地方発展協力モデル区で再生医学の協力プロジェクトを推進していることも分かった。園区では、両国双方の人員が協力し、先進的な製造、情報技術、ハイエンドサービスなどの分野を中心に、中日の双方向の開放的な発展を先導する区を作ることに力を入れている。

このような状況を見ると、日中友好条約が締結されてから四十五周年の間に、両国の関係がますます緊密になっていることを実感する。条約は両国の共同発展の方向を示したものであり、両国人民に大きな福祉をもたらし、地域の発展と繁栄にも重要な貢献を果たした。そのうえ、日中友好条約は中日両国の以前の指導者が大きな視線で戦略的決断を下したもので、両国が平和友好的に継続し、中日関係のために政治的規則と法律規範を確立し、正しい方向を示した。

中日両国はアジア最大の経済体であり、両国の友好関系はアジアの経済貿易の発展に無視できない役割を果たしている。現在、中国の「一帯一路」の提案が進むにつれて、両国の経済貿易協力はますます深まり、アジア全体の経済を牽引している。そのほか、世界の各核心問題においても、両国はいくつかの観点で共通認識に達し、解決策を積極的に模索し、各方面の協力を強化して、世界の発展を推進してきた。

個人的に見ると、ソーシャルプラットフォームでも、現実生活でも、私たち中国人と日本人の交流もより便利になった。そして、この五、六年間で、キャンパスに進出する日系企業も増えてきた。キャンパス内でもより多くの選択肢と機会を得ることができる。そのほか、学生も日本の企業や文化について知ることができる。国家的にも、両国の政治、経済、文化、科学技術などの交流を実感することができる。中日両国は隣国であり、アジアと世界の重要な経済体でもある。両国関係の安定的な発展に努めるには、アジアの安定にプラスになるだけでなく、全世界にも寄与する。

最後に、将来を展望して、中日両国は今後の国交樹立においても、中日平和友好条約をしっかりと心に刻んで、両国間の協力をより頻繁に行い、互恵を勝ち取ることを望んでいる。また、中日両国が将来どんな困難や問題にぶつかっても手を携えて並進し、万難を排除し、より長期的な視点で客観的に見て、大国としての責任を担い、両国の安定と繁栄を共に実現することを希望する。日中両国の将来のより強固な関係に貢献したいと思って、今後情勢がどのように変化しようとも、両国は平和友好であり続け、両国人民の架け橋もますます広く堅固なものになると信じている。

（指導教師　野崎晃市）

★三等賞

中日磁器の橋を架ける

南陽師範学院　呂氷洋

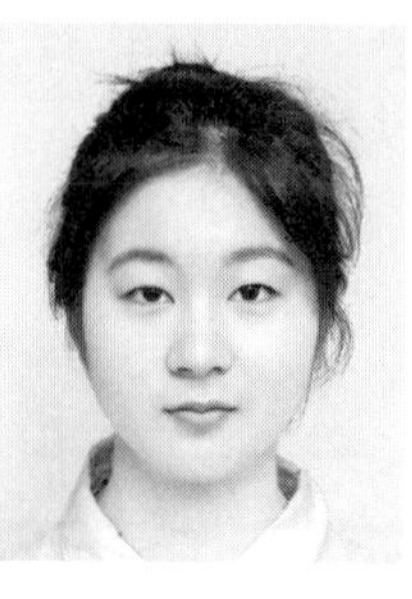

中国のことわざに「玉磨かず、器にならず、人は学ばず、義を知らない。」というのがある。磁器というのは、ありふれた土が、職人の手で細工されて、美しい磁器に変わるものだ。中日両国には燦爛たる陶磁文化の伝統がある。中国は陶磁器の原産地であり、日本は陶磁器の革新と発展に卓越した貢献をしてきた。昨年は中日国交正常化五十週年を記念して、中国の保定市と日本の京都で、中日陶磁文化交流フォーラムがオンラインとオフラインを組み合わせた方式で開催された。今年も中日平和友好条約締結四十五周年を記念した催しが中日で行われることを期待したい。

中日双方は隣国だが、当然異なった文化の特色がある。また中日の陶磁の文化をよく観察してみれば共通のところもあるが違いもあり、またそれぞれの特色がとても興味深い。この行事は、陶磁器を含む多くの分野での人的交流を推進し、両国国民の相互理解をさらに深め、友情を深めることに寄与したと思う。

私は陶器の愛好家で、小さい頃から時間を作っては陶芸店に行くのが好きだった。大学に入って陶芸部に入り、日本から来た陶器好きの留学生に出会った。私たちは一緒に陶器屋を見て回り、いろいろな陶芸品を作り、交流して勉強してきた。彼女の二十歳の誕生日に二人の絵が描かれた陶器のカップをプレゼントした。そして、「中国ではカップは生涯と発音が同じだから、一生友達でいたい」という意味だと伝えた。彼女は「以前日本で中国の磁器文化に触れることがめったになかった。あなたと一緒に陶芸品を作って、私に中国の陶磁器文化について多くを理解させてくれた。私も中国の陶磁器文化を深く愛する。」ととても喜んでもらえた。

中国の陶磁器をもっと多くの人に知ってもらいたいし、中日の陶磁器をもっと交流してもらいたい。そして私の作った陶磁器をもっと多くの人に楽しんでもらいたいし、もっと多くの人に好きになってもらいたい。だから私の夢は日本で陶芸の店を開くことだ。

中国と日本の陶器の文化の違いがあるため、伝統的なスタイルでは、中国の陶器は通常、青花、釉里紅などの装飾や技法を強調している。一方日本の陶器は、より洗練された、シンプルな美学的なスタイルを特長としている。製品としては中国では装飾品、タイル、陶器の置物などの主要な製品だ。日本の陶磁器は、アートセラミックス、ホームセラミックス、食器などを主な製品としている。文化価値の面では、中国の伝統文化の中の優雅で端正で華麗な陶器の芸術と日本の強調するシンプルで、上品で、自然な芸術スタイルとは一定の違いがある。そこで、地元の陶芸家との交流や学びを通じて、自分の技術をさらに磨き、伝統的な日本の文様やスタイルといった日本文化の要素を陶芸作品に取り入れたいと考えている。これらの革新的なデザインと手作りの作品は、中日文化間の交流と融合を体現していることにならないだろうか。また、私の店ではお客様が自分で陶磁器を作ることができ、中国の要素や日本の要素を取り入れることもできる。私はまた様々な学校と協力して、キャンパスに陶芸教室を推進したい。陶芸のプロセスは、学生の想像力を開拓することができる。審美的な素質を育成し、能力と創造力を強化するために、子供たちに陶器の文化を理解し、陶器の楽しみを味わってもらいたい。また、地元の陶芸店と協力して陶芸展を行い、陶芸技術の交流を行うことで、セラミック技術と製品の革新を促進し、セラミック技術の継承に新たな活力とインスピレーションを与えたいと考えている。

磁器を媒介にして一人でも多くの人に焼き物の文化を知ってもらいたい。焼き物を好きになってもらいたい。一番大切なことは焼き物を作ることの楽しさを知ってもらいたいことだ。それによって中日文化の交流を自然に促進し、両国民の相互理解と友好感情をより深め、中日両国の文化の融合と発展を期待できると確信している。

（指導教師　五十嵐一孝）

★三等賞

相互理解と共存共栄

通化師範学院　呂世傲

一九七八年八月十二日、「日中平和友好条約」が北京で締結された。今年は締結されて四十五年という節目の年だそうだ。「中日平和友好条約」とは、中日の友好協力関係を強化するために締結された条約で、中日両国の友好関係を発展させ、紛争の平和的解決を図り、武力の行使などに訴えないこと。覇権を求めず、また他の国による覇権確立の試みに反対すること。経済、文化、民間交流をいっそう発展させることなどが定められた条約ということだ。

中国と日本は古代より長い間に渡って交流をしてきた。最初は中国が様々なことものを日本にもたらした。日本は漢字や書道、宗教や思想、建築や服装、茶道や料理など中国文化の影響を受け、発展していった。中世では貿易を通して交流を続け、中国は日本の特産品を求め、日本は中国の特産品を求めた。近年では、日本が先行した技術である自動車産業、電気機器産業、医療機器産業などを中国が追走している。

僕にとって最初に意識した日本は音楽だった。子供の頃に両親がよく聞いていた香港や台湾の歌手の流行歌だった。テレサ・テンや張学友、王非などの歌手は、日本のメロディーをたくさん歌っていた。中島みゆき、玉置浩二、立川俊之などの日本の歌手は、中国の歌手と仲良くして、互いに歌や曲を送りあった。現在でも多くの中国人歌手が日本のメロディーを歌い、大人気だ。音楽だけでなく、ゲームも互いに影響を受け合い、相手の長所を吸収しているようだ。最近では「ゼルダの伝説　ティアーズ・オブ・ザ・キングダム」のテーマ曲に中国の民族楽器が多く使われている。中国の「原神」や「崩壊：星穹鉄道（崩壊：スターレイル）」が日本での反響がすばらしいと聞いている。中日ゲーム業界の隆盛も平和友好の文化交流から切り離せないだろう。しかしなんといっても日本の代表的な文化と言えばアニメだろう。ある日本人は中国人のアニメ作家万籟鳴の『鉄扇公主（西遊記 鉄扇公主の巻）』に影響されて、医者を辞め、漫画家に転身した。その日本人とは日本のマンガ・アニメの神様と呼ばれる手塚治虫氏である。上海で万籟鳴を訪れた日、二人は協力して万籟鳴の孫悟空と手塚治虫のアトムが抱き合った絵を書いた。その後、日本アニメは発展し、アニメ文化を世界中に広げた。アニメ産業は日本アニメがずっとリードしてきたが、ここ数年中国アニメは技術やストーリー、キャラクターなどのレベルが高くなっている。『大魚海棠（紅き大魚の伝説）』、『肆式青春（詩季織々）』などは、日本アニメの影響が感じられるが中国らしさも強く感じられると思う。

　つまり、中国と日本には互いが影響を受け合い、追いつけ追い越せと切磋琢磨してきた歴史があるのだ。僕は先人たちが培ってきた素晴らしい関係を大事にしていくことが、日中平和友好条約の今日的な意味なのではないかと思う。そんな僕にできることは民間交流である。多くの日本人と交流して本当の中国、今の中国を理解してもらうことが大切だと思う。日本に留学して日本人の友達をたくさん作るのがいいけど、費用がかかるのが難点だ。他の方法は、ウイーチャットやティックトックなどのＳＮＳを利用して、日本人の友達をたくさん作ることだ。現在の中国のありのままの姿を伝えて、知ってもらうことができるし、それに視聴者が増えれば収入も得られるかもしれない。ＳＮＳは多数の人との交流ができるから上手く使えば効果は大きい。中国の情報だけではなく、中国語や中国音楽、アニメなどのいろいろなチャンネルを作れば、さまざまな分野の人達と友達になれるだろう。そうすれば、日本の本当の情報も知ることができると思う。

　中国と日本は地理的に見ても、切っても切れない関係だ。隣人であるから喧嘩もすれば、仲良く食事もする。大切なことは相互理解と共存共栄だと思う。互いを尊重して付き合っていけば、必ず上手くやっていけるはずだ。

（指導教師　鈴木朗、崔美玉）

★三等賞

三年後のコミケ

長春理工大学　段錦珊

長春でコミケが開催されるとは早くから聞いていたので、メーデーの時に友達と約束して見に行くつもりでした。疫病が発生して以来、私はほとんど漫画を見ることができなくて、これは私にとってまるで巨大な災難でした。私は多くのアニメ文化を愛している友人たちが残念に思っていると信じていました。疫病のため、多くのコミックイベントがキャンセルされていますが、私たちの二次元への愛はそれで減退しませんでした。

三年ぶりに二次元の世界に足を踏み入れて、私は自身のこの興奮した心を押すことができませんでした。

みんながアニメの衣装を着て、手に相応のアニメの道具を持ち、集まっているのを見ました。アニメに熱愛のため、私たちは一株の強大な洪水になって、アニメの世界の中で私たちの夢を飛ばしました。

「彼らは本当に私の心の中の人物にそっくりです！おお、本当に想像できません。」私は仲間の手をつかんで興奮して言いました。

「そうですね。まさかコロナ後、みんなのアニメへの愛情は少しも衰えず、本当に懐かしいですね！」と友人も熱い反応を見せました。

入場してからはアニメの世界に入ったようで、この世界では何でもできるし、ウイルスが二次元でもやられてもいいと思いました。サインの場所にはたくさんの人が並んでいて、私と仲間は勇気を出して好きな先生と写真を撮りに行きました。興奮しながら少し照れました。漫画展では、漫画、ゲーム、アニメなど、美しいアニメ作品をたくさん見て、たくさんのアニメグッズを買いました。また、私も気の合う友達がたくさんできました。私たちは自分の好きなアニメ作品を共有し、その中のストーリーやキャラクターデザインについて議論していました。コスプレコンテストやゲームコンテストなどのイベントにも一緒に参加しましたが、これらのイベントは私をアニメ文化に近づけました。

漫画展はアニメ作品を展示する場所だけでなく、文化を交流し、友情を促進するプラットフォームであることを感じます。このプラットフォームでは、異なる文化の違いをよりよく理解し、アニメの魅力を感じることができます。多くの人はアニメが好きで、また多くの人はアニメをするのが好きで、漫画展は橋です。もっとアニメが好きな人にもっと多くのアニメ情報を理解させることができる。アニメ業界の発展のもっと良いことを譲ることができます。

漫画展が終わって、学校に帰り、私は長い間自分の興奮した気持ちを落ち着かせることができなくて、他の人と私の喜びを分かち合いました。そこで、私は日本に留学している先輩に私が中国で見た漫画展について話しましたが、意外にも彼も興味を持っていて、私たちはお互いに中国と日本の漫画展を交流しました。彼が日本で有名なコミックマーケットをたくさん見ることができるのはうらやましいです。「日本に行く機会があったら、また私を連れて行ってください」と、私のコミケに対する願いを伝えました。

中日両国は一衣帯水であり、文明交流は歴史が長いです。一九五八年の日本初のカラー長編アニメーション映画『白蛇伝』は、中国の民間伝承「許仙」と「白娘子」の物語を取材したものでした。一九七二年、日中国交が回復し、中国が国宝のジャイアントパンダを日本に贈呈し、日本中の「パンダブーム」を引き起こしました。一九八八年、宮崎駿はパンダのイメージを少し改造し、『となりのトトロ』を撮影しました。これらの中国の要素を取材した日本のアニメ作品は、両国の観客に愛されていました。

日本語科の学生として、中国では日本のアニメが好きで日本語の研究を志している学生が多いことをよく知っています。ポストコロナ時代という厳しい節目の時期に、将来的にはより多くの両国が協力した素晴らしいアニメ作品が誕生することを期待しています！

（指導教師　周海寧、神津莉香）

★三等賞

仰げば尊し、わが師の恩

広東財経大学　許子文

「仰げば尊し、わが師の恩」。この歌の歌詞のように、私はもやし先生の恩を忘れられない。高校時代、私は勉強が苦手で、何もすることがなく、成績が良い方ではなかった。毎日学校に行き、勉強もせずに、友達と遊んでばかりいたグレーな生活を送り、最悪な学校生活だった。そんな私を変えてくれたのはもやし先生だ。だが、私は恩知らずの生徒だった。この学校を出たら、もう先生には会えないかもしれないと思いながらも、いろいろな事情で感謝の気持ちを伝えることなく、学校を出てしまった。その時の自分の行動を今でも後悔している。今度の話は、先生に救われた落ちこぼれ生徒の話語だ。

高校時代、英語が嫌いだった。英語の授業中は、寝るか、こっそり漫画を読むかのどちらかだった。気づいたら、英語の成績は絶望的だったが、平気だった。でも、教頭先生はそんな私を見捨てることはなかった。「どうせマンガやアニメに興味があるんだから、今から日本語の勉強を始めたらどうだ」とアドバイスされた。英語が苦手な生徒はみんな日本語教室に通っているそうだ。この話を断ったら、教頭先生が毎日説得に来るかも、それが御免だと思い、引き受けた。それが、私の人生を変えるきっかけになるとは、その時はまだ思ってもみなかった。

ずっと前から、日本語の先生は面白い人だと聞いていた。そのクラスに転入し、噂の先生に会った。背が低く、痩せている方だった。全員が揃うと、「私は北海道大学出身で、これから皆さんに日本語を教えることになりました。よろしくお願いします。ちなみに、大学時代、あまりに痩せていたので、『もやし』とあだ名されていた。これから『もやし先生』でいいよ」と笑顔で挨拶してくれた。席についたら、「この世をば、しばしの夢と、聞きたれど、思えば長き、月日なりけり」と黒板に書かれた短歌に気づいた。「徳川の末代将軍慶喜の辞世の句だ。人生は短い夢のようなものだと人々から聞いていたが、振り返ってみればずいぶんと長い年月を生きてきたものだという意味だ。夢がないのに見つけようとしない、夢があるのに頑張ろうとしない、ゴロゴロして、人生の終盤に差し掛かると人生は瞬きに過ぎないということに気づく。可哀想だ。将来、皆さんが自分の人生を振り返る時、慶喜のように人生が長いものだと感じてほしい」と言ってくれた。その時、徳川慶喜がどんな人なのか知らなかった。その後、気になり、検索してみた。彼は、崩れかけた幕府を立て直し、戊辰戦争が起きた時、犠牲者を減らすために大政奉還を行う英明な決断をした先見性のある将軍だ。

「私はただの人間で、慶喜のような偉い存在になれないです。慶喜のように大業を成すこともできない。長い人生って無理なのではないでしょうか」と私の質問に対して、「世の人は、我を何とも、言わば言え、我が成す事は、我のみぞ知る。夢を見つけて、それが叶うまで、弛まず前へ進む。世の人に褒められることではなくてもいい。波に富んだ人生ではなくてもいい。夢を追いかける旅が長い人生そのもので、途中の素晴らしさが自分しか知らないいんだ。」と先生が教えてくれた。先生の教えに心を打たれ、今でも忘れられない。

先生は和歌が大好きで、普段の授業でも、『古今和歌集』や『万葉集』や『百人一首』等、和歌を教えてくださることが多い。和歌の解説が楽しみで、日本語の授業が好きになった。知らず知らずのうちに、私は和歌に恋をして、自分の夢を見つけた。もやし先生のように日本語を上達させて、和歌をたくさん覚えたい。日本語の先生になって、もっと多くの中国人に和歌の魅力を伝え、中日交流を促進したい。「天地を動かし、目に見えぬ鬼神をも、あはれと思はせ、男女の仲をも和らげ、猛き武士の心をも、慰むるは、歌なり。」いつか私ももやし先生のような先生になって、中日の交流の力になりたい。

（指導教師　王平）

★三等賞

手紙 ――交流の使者

棗荘学院　張文暁

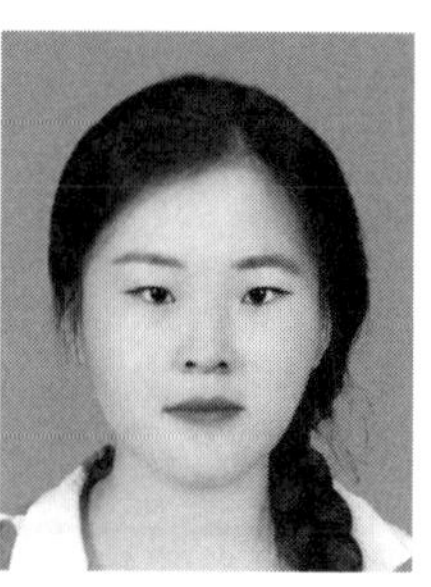

「城東門を出ると、美人は雲のようにたくさんいる。きれいな女の子はたくさんいるけれども、私の恋しい人は一人もいない。質素な服を着て緑色のフードをかぶった女性だけが恋しい。」これは今から三千年以上前、わが国の詩歌芸術の創作の濫觴である『詩経』の中にあり、ある男は家柄が卑しい女の子に自分の忠実な愛を打ち明けたラブレターである。階級に関係なく、一途に愛し、すべての勢力を超越した。おそらく彼の恋文が思慕している彼女に送っただろう。

「烽火三月に連なり、家書萬金に抵る。」千数年前の中国唐朝の詩人杜甫が感嘆して発した：国家は戦乱し、大ぜいの庶民が流浪し、落ちつく先もなかった。家族からの手紙に勝るものはない。当時、手紙は家族が生きる希望の象徴であった。

「梅の枝の小さな花は春の神様からのお便りである。雪が溶けて、花が咲きそうだ。南の枝の花が散た、北の花も咲き始めた。」中国北宋の詩人が、枝の先端で笑っている花を春の神様の手紙にたとえて、活気に溢れている春を封筒に詰め込んだ神様を見たような気がする。

「だけど見方を変えてみてください。白紙なのだから、どんな地図だって描けます。全てがあなた次第なのです。何もかもは自由で、可能性は無限に広がっています。これは素晴らしいことです。どうか自分を信じて、その人生を悔いなく燃やし尽くされることを心より祈っております。」『ナミヤ雑貨店』の最後は手紙で結ばれていて、読む人に限りない温かさと希望が伝わってきて、誰もが悩みを抱えていて、その答えは自分の心にあるのかもしれない……。

中国でも日本でも世界の他の国でも、手紙という手段で情報を伝えたり、感情を深めたりする歴史は非常に長い。手紙に関する書籍や歌謡曲やテレビ番組などの文芸作品もおびただしくある。手紙は独特の魅力があり、それゆえ、ポストコロナ時代の日中交流について、私が一番お勧めの方式は手紙である。

科学技術の進歩にともなって、今はインターネットの時代と呼ばれている。メール、ウィーチャットやＬＩＮＥなど、様々なソフトウェアが広く使われている。人と人との日常コミュニケーションももっとリアルタイムに進んでいく。特に新型コロナウイルスが勃発した間、感染拡大を防ぐため、多くの学校が臨時休校となっていた、多くの社員が在宅勤務を余儀なくされた。インターネットのおかげで、ほとんどの授業は普通に受けられ、仕事のミーティングも正常に行えた。

否定できなく、ネットは私たちに極めて大きい利点をもたらしている。ハイテンポな生活スタイルで、時間の経つのを心で感じることも忘れている。「贅沢」といっても過言ではない。ますますインターネットを離れることができなく、手紙を徐々に私たちの世界から退出させている。未知の手紙へのわくわくする気持ちも失われ、大変残念だと思う。

中国語には「見字如面」という美しい四字熟語がある。手紙の内容を見て、面と向かって話しているようなものだと意味する。「昔は日が暮れるのは遅かった。車も、馬も、郵便物も遅かった。一人を愛するのに一生かかった。」というきれいな歌詞がよく歌われている。余熱のある封蠟、見慣れた字で、差出人の思いがこもった封筒が、ゆっくりと、一歩一歩、郵便配達人から郵便受けに入れ、自分のところに来てくれるのを待っているのも雅趣の一種であろうか。日を追うごとに黄ばんだ封筒や便箋を眺めているのは、また別の楽しみを与えてくれるであろうか。

春の足音が聞き、桜の花盛りになった。ポストコロナ時代がようやく到来し、物流輸送なども徐々に正常化してきているので、ぜひ手紙でやりとりをしてみてはいかがでしょうか。晴れた日かもしれませんが、うららかな風はそよそよと、私は木陰に座って、ゆっくりと封を開けてインクの味が透けている封筒、周りのお茶の香りがゆらゆら揺れています……。

（指導教師　孫作文）

★三等賞

青年よ、日中友好の橋になりましょう

河北工業大学　孫燁璇

二〇二三年は日中平和友好条約締結四十五周年であり、中国の改革開放四十五周年でもある。このような偶然に見える「二つの四十五周年」には、互いに因果関係を考える価値のある内在的論理が存在する。その論理が日中交流の主旋律だと考えている。それは、平和と友好だ。そして、それを支えていくのが青年であり、未来の担い手でもある。

青春は国同士のつながりを大切にするものである。新時代の青年として、日中間のさらなる友好の橋を作るために力を出すことは、私の当然の使命である。いくつかの体験が私に行動指針を与えてくれた。

第一は、当たり前ではあるが教師と学生の「対話」である。先生との「対話」は教育の中に現れている。教科書から人生まで、先生はたくさんのことを教えてくれた。「皆さん、どう普通じゃないか考えてみてください」というのは、先生からよく言われる言葉である。

先生は日本人として、中国が大好きで、中国語を勉強している。そして先生が教える最も重要なことは、自分の考えを行動に移すことである。先生は中国の天津のいろいろな美味しいお店に行って、現地の食文化を体験している。そして、中国の特色の美食をたくさん知っている。

その中国での素晴らしい体験を日中バイリンガルの動画でネットに投稿している。日中のネットユーザーが日中文化を理解するきっかけにもなるし、多くの中国の友達と知り合うチャンスにもなる。先生は日本人として、中国語を勉強すると同時に中国文化を理解している。

先生の姿を間近で見て、「私は日本語を専攻する中国人大学生として、日本語を勉強しながら、どのようにして中国文化を広めることができるだろうか」と考え始めた。結論として、中国のストーリーをよりよく伝えるべきだと考えた。そのために、中国の名人、歴史上のエピソードを集め、日本語に訳して、自分の文化を外に広げようと努力した。

第二は、先輩と若者の「対話」である。先輩との「対話」は言語の学習の中にある。

お互いの文化交流は、知識と友情を得る鍵である。日本交流会を通じて、六十歳の友達が中国語を勉強している姿に、私は見入った。その友達はヒッポファミリークラブにも積極的に参加している。私たちは、大学とヒッポの共同イベントという形で出会い、友達になった。私は、絵本『点点点』を中国語で読み、簡単な言葉を教えてあげた。その友達は「ようこそ、お参り」や「彼岸」の由来も丁寧に説明してくれた。私たちは文化交流を通じて中日文化に対する理解をいっそう深めた。

第三は、若者と若者の「対話」である。若者との「対話」が共感につながっている。

国際の友人に自分の家族を紹介することも中日友好関係を促進する方法である。青年は行動で日中友好を促進している。嬉しいことに、交流をきっかけに六十歳の友達の娘さんCinnamonと貴重な友情を結んだ。音楽は世界の言語である。彼女は米津玄師のコンサートの美しいミュージックをシェアしてくれた。その中の『海の幽霊』は私達のお気に入りである。「離れてもときめくもの、あのときを忘れはしない……」歌詞はシンプルであるが、その中に込められた思いは実に深いと思う。

「対話には国境がない」。会話の過程で、生まれたすべての感情は少しずつ日中友好の橋の上に積もり、そのすべての努力はこの橋を更に強くすることができるだろう。「四十五周年」は対話の終点ではなく、中日友好「対話」を続ける新たな起点である。先輩たちの「平和と友好」のバトンを私たちは手に取り、これから「対話」の新たな意味を考えていく。「路は曼曼として其れ修遠なり。吾将に上下して求索せんとす」。いつかきっと、中日交流のために、世界の平和と友好のために役に立つ人になれると、青年の私たちは信じている。

青年よ、日中友好の橋になろう。もっと多くの「四十五周年」を打ち出し、そして未来へと引き継いでいこう。

（指導教師　前川友太、陳建）

★三等賞

前を向いて行きます、命を投げ出しても

恵州学院　蔡暁丹

一九六〇年十月十二日、日本では、日本国民を驚かせる刺殺事件が起きました。

その日、NHKは東京・日比谷公会堂で、日本三党の代表による大演説会を行いました。壇上で百万人ほどの観客を集めて演説していた社会党の党首が、中国との友好回復を訴えている最中に、学生らしい人たちが「裏切り者」と手振りでやじを飛ばしていました。現場で秩序を維持していた警察は集団を解散させようとしました。突然、学生服姿の人が人の輪を素早く回って壇上に駆け上がり、侍刀を持ってきて講演者の体を突き刺すと、会場が大騒ぎになるのがテレビの前で見られました。その後、この講演者は刃傷がひどくて、ほどなく死んでしまいました。

その人は当時の有名な政治家、浅沼稲次郎です。浅沼稲次郎は一八九八年生まれの京都の人で、日中友好運動の先駆者の一人です。浅沼稲次郎自身は日本の社会主義の影響を強く受け、早稲田大学に入学したときから軍国主義に反対していました。一九二〇年、浅沼稲次郎は「日本社会主義同盟」に加入し、この同盟は後に他の組織と合併して全国労農大衆党となります。日中戦争中、浅沼稲次郎をはじめとする全国労農大衆党は、日中戦争反対を訴えていましたが、受け入れられず、党内の多くの人々がこの事件で殺されました。ところが、日中戦争の半ばから後半になると、浅沼稲次郎の態度が一変して、まるで先のない路地に入ってしまったかのように引き返し、浅沼稲次郎は日中戦争を支持するようになります。

その後、日中戦争が終わり、新中国が成立すると、日本と中国の関係は非常に敏感になります。浅沼稲次郎は戦後の反省を経て、日中関係が友好的になってこそ新しい発展が図れると考えました。彼は日本社会党を率いて何度も中国を訪れ、戦争を懺悔し、日中双方の交流を促

進しました。帰国後、浅沼稲次郎は国会で岸政権の対中政策を批判し、日中国交の早期回復を求め、日本の民間団体と連携して日米安全保障条約に反対しました。一九五九年、浅沼は北京で「日中国交回復と日本社会党」と題して講演し、「日中両国人民の共通の敵」という有名な発言をして日本中に反響を呼び、浅沼をやめるように脅迫する極端な人々を引き起こしました。やがて一九六〇年、日本の反米闘争は最高潮に達し、全国で二百万人以上が「統一行動」に参加し、五百万人がストライキを起こし、五十万人が国会を包囲しました。岸信介が失脚した六月二十三日、アイゼンハワー大統領が日本訪問を中止したとき、日中友好のために先頭に立って戦った浅沼稲次郎が刺殺されたのもこの年です。

人を評価する時は決して彼の時代を離れてはいけません。浅沼稲次郎はずっと混乱の時代において、そのような時代の中で、彼は自分を堅持することができて、日中関係を良くなるために努力して、たとえ生命の脅威に直面しても。もし私が浅沼稲次郎のような境遇だったら、彼ほどうまくはできなかったでしょう。でも、私と彼はやっぱり違います。今年は日中関係が正常化して五十一年目になります。日中関係を友好的にしようとして悪口を言われたり殺されたりすることを恐れる必要はありません。このようなことを堂々と申し上げ、私が学んだ日本語で日中交流の架け橋となり、日中関係をより友好的なものにしていきたいと思います。

浅沼稲次郎という人の生前の話を初めて見たとき、その屈折した人生に驚きました。浅沼稲次郎はずっと日中友好を支持していたわけではなく、途中からは中国との戦争も支持していたのですが、戦後になってこのように変わったのは、浅沼稲次郎の平和への願望によるものであり、日中友好化の本質でもあると思います。浅沼稲次郎は何度も命を狙われ、それでも日中関係のために戦ってきました。日中関係を友好的にしなければならないという決意は、私が見習わなければならないものだと思います。

（指導教師　宍倉正也）

★三等賞

私の気持ち

湖州師範学院　周雨茜

大学に入ったばかりの頃、私は実は日本語の基礎がなく、日本語に触れたことがなかった。日本語を勉強したばかりの頃、自分がこの言語をうまく学べないのではないかと心配した。周りの学生にはしっかりとした日本語の基礎を備えている人がいて、彼らの上手な口語は焦りを激化させた。その時、学んでいた五十音図は、今では簡単な知識のように見えるのが、当時では覚えるのが苦痛で、忘れては覚え、覚えては忘れ、自分が本当にこの言語を学ぶのに適しているのか、本当にこの専門に適しているのか疑問に思っていた。

私が自分を疑っていた時、私の指導教師に会った。指導教師の顔に優しい笑顔があふれていて、とても親しみやすい温和な気質を感じることができる。指導教師が私の学習状況を尋ねたとき、私も今直面している問題を打ち明けた。指導教師がそっと私の肩をたたいて、慰めてくれた。「大学に入ったばかりで、新しい専門知識に直面して、一定の時間の移行が必要で、多くの学生もこれらのような問題に直面している。だから、恐れず焦らず、自分を疑って否定しないでください。」その時、教室の窓を通して太陽の光が先生の体に当たった。このシーンは今でも私の頭の中に深く刻み込まれており、長い間忘れられなかった。

私の指導教師は現在私の専門科目の先生ではないが、依然として質疑応答の責任を負い、私の直面したさまざまな知識の難点に答えてくれた。会えるチャンスはそんなに多くないが、指導教師はウィーチャットで私とよく連絡して、私の学習と生活状況に注目している。私の指導教師は私にとって、大学の学習生涯の中で重要なメンターであり、もっと効率的に、もっと楽しくする勉強法を教えてくれた。

指導教師は「雨垂れ石を穿つ」と言って、たゆまず努力すれば必ず成果が出ると励ましてくれた。私に学習計画と目標を立てさせて、毎日計画通りに学習任務を完成させるように要求した。私は計画通りに毎日一定数の単語を暗記し、優れた文章を三十分ほど読みつづけると、口語の表現力が向上するだけでなく、発音もますます良くなってきた。また、いくつかの聴解を聞くことによって、聴力レベルも徐々に向上している。さらに、毎日朝日新聞を読み続け、自分の視野の開拓に努めている。もちろん理解できない内容もあるが、わからなければ聞き、できなければ学ぶというふうにして、自分の読解力も少しずつ高めてきた。先生の指導の下で、私は正しい学習方法を見つけて、ゆっくりと学習の軌道に乗って、良い学習習慣を身につけるようになった。たゆまぬ努力の下で、ようやく大学一年生の時に一位の良い成績を取った。

ゆっくりとゆっくりと、長い間自律的な学習状態の中で、私は日本語を学ぶ楽しみを見つけたようで、私は私がだんだん日本語が好きになってきたことを感じることができる。毎回一問多く作って、一つの知識点を多く理解して、一つの単語とフレーズを多く覚えて、私は達成感を感じることができる。日本語の魅力は私が言葉で説明するのが難しいことであるが、その魔力は私を前進させ、日本語をさらに研究する原動力を引き出した。

もちろん、指導教師は私の生活にも大きな影響を与えてくれた。大学一年生の時に新型コロナウイルスのため、長い間学校を閉鎖していた。家族が恋しいが、家に帰れなかったので、気持ちはとても落ち込んで、何度も寮で苦しんで泣いた。指導教師がこの状況を私の気持ちを調整するのを助けてくれた。指導教師の助けで、私の気持ちが落ち着くようになった。

私の指導教師は人に応じて教え、心を開くのが上手である。火のような感情で学生たちの心を温め、無数の心が彼女に引っ張られて激動し、彼女の後ろ姿まで熱い目を凝らしている……師恩は山のようで、高い山が高くそびえているので、尊敬されている。師恩は海のようで、海が広大で、計り知れない。

（指導教師　金翰鈞）

★三等賞

ひこにゃんは私の家族

湖南財政経済学院　曹婉婷

「私の家族なの」隣の席のおばあさんが嬉しそうに言う。おばあさんが見つめているのはかわいい赤ちゃんや頼もしい若者ではない。そこにいるのは白猫の形をしたマスコットだ。

友人の勧めで、日本のマスコットである「ゆるキャラ」についての講座に参加した。ゆるキャラという言葉は、日本語の授業で教えてもらっていたので知っていたが、まあ、「かわいいな」ぐらいの印象だった。ひこにゃんをこよなく愛するおばあさんに出会うまでは。

ひこにゃんは滋賀県彦根市のゆるキャラだ。江戸時代の彦根藩二代目藩主井伊直孝公を落雷から救った白猫の伝説をもとに作られたそうだ。私が赤い帽子だと思ったのは、兜で、兜や鎧を赤で揃えた全国的に有名な「井伊の赤備え」を表している。ゆるキャラにそんな歴史的な意味まであるとは思ってもみなかった。

白い姿、ユーモラスな動作、ひこにゃんは見るものを退屈な状態から活気に満ちた世界に引き寄せていく。会場のあちらこちらで「かわいい」という声が上がっていく。でも、その中でも隣にいるおばあさんの興奮している様子は、普通の愛好家のレベルを遥かに超えていた。

おばあさんの嬉しそうな様子に感化され、私は彼女がなぜそんなに興奮しているのか、本人に尋ねないわけにはいかなかった。

「ひこにゃんは私の家族なの」おばあさんの答えはさらに私を驚かせた。なんでこんなに可愛いマスコットにそんな大きな意味があるのだろうと思ってしまった。

私の困惑した表情を見て、おばあさんはその理由を説明し始めた。おばあさんは若い頃、両親の希望に従って結婚し、子どもをもうけた。世間的には良い娘、良い妻、良い母親だと思われていたが、それは彼女自身ではない。時間が経つにつれて、彼女はこの違和感に耐えられなくなり、最終的には離婚した。

当時、彼女は長年専業主婦をしていて、社会との接点はなかった。しかし、これからは自分で生計を立てなければいけない。それで、友人の勧めで、一人で日本に行った。新しい環境に馴染むのは若者だって少々時間がかかる。それが中年であればなおさらだ。日本に来たばかりの頃は、まったく馴染みのない環境と異なる文化に戸惑い、日本に来た決断を後悔してばかりだった。

彼女の状況は周りの人に知られることになり、ある日、気分転換を兼ねて彦根城に遊びに連れていってもらったそうだ。そこにひこにゃんがいた。実はひこにゃんの表情はアメリカのマスコットのようにはっきりしていない。見る人によって見え方もかわってくる。「寂しい」気持ちで見れば、「寂しさの共有」、「嬉しい」気持ちで見れば、「幸せを分かち合っている」ような気持ちになる。

おばあさんはひこにゃんになんでも受け入れてくれるような「肯定感」を感じていた。ぬいぐるみを一つ買って家に連れて帰った。それから、彼女は毎日のさまざまなことをひこにゃんに伝え、日々の喜怒哀楽を分かち合った。「今の自分でいいんだよ」という暖かいエネルギーをひこにゃんから受け取り、気持ちが前向きになっていった。その後、彼女の日本滞在は徐々に有意義なものになって行ったそうだ。

この経験を聞いて、私は本当に驚いた。ひこにゃんが彼女に与えた影響は信じられないほど強く、前向きだ。人生には上り坂ばかりでなく、予期もしなかった悪いことも発生する。そんな時、隣で支えてくれるのは人間だけではない。人によってはペットかもしれないし、目標それ自体が私を叱咤激励することもある。

おばあさんはひこにゃんに支えられ、日本での生活を乗り切ることができた。海を越えてはるばるやってきた湖南省と滋賀県を結ぶこの白猫にはまだまだ私たちが知らない魅力が隠されているのかもしれない。私はこのおばあさんのお話を滋賀の人にぜひ伝えたいと思う。その日が来るのが今から楽しみだ。

（指導教師　付敏）

★三等賞

先人たちに学ぼう

――日中平和友好条約の今日的な意味

青島西海岸新区第八高級高校　張聖恩

中日平和友好条約は中華人民共和国と日本国が一九七八年八月十二日に締結した協定である。この条約は、両国間の主権と領土保全の相互尊重を確立し、友好協力を通じて両国間の発展を促進することを目的としている。四十年以上経っても、今でも世界に深い影響を与えている。中日平和友好条約全文は千字に満たないが、下準備から締結まで長い時間がかかり、その間に中日双方それぞれ国内情勢は大きく変化し、交渉の意思決定者と執行者も何度も転換した。双方の共同努力を経て、最終的に契約を締結することに成功し、満足のいく出来栄えを迎えた。

中日両国の交流は歴史が長く、唐の時代から、日本は中国文化を学ぶために、何度も唐に遣唐使団を派遣した。これらの遣唐使団は帰国後、日本の経済文化の発展に大きな貢献をし、同時に中日文化交流も促進した。二千年以上の歴史に比べれば、四十五年の時間は極めて短いと言える。この半世紀近くの歳月の中で、中日関係の主な流れは幾度も変化しており、一九七〇年代初期の国交回復の努力から八〇年代の「蜜月期」のような友好的な往来、そして九〇年代以降に頻発する矛盾や葛藤に至るまで、発展に伴う変化は止むことはなかった。二十一世紀に入ってから、両国関係は政治、経済、人文交流などの各分野、各方面において顕著な成果を収めたが、同時に複雑な波乱と極めて厳しい試練を経験した。国際情勢の急激な変化を背景に、中国の急速な台頭と歴史認識問題が重なり、中日の構造的矛盾が浮き彫りになった。両国の正常な軌道復帰を推進することが二十一世紀中日関係改善の目標となっている。「それ銅を以て鏡と為せば、以て衣冠を正す可し。古を以て鏡と為せば、以て興替を知る可し。人を以て鏡と為せば、以て得失を明らかにす可し。」と言われるように、長い間の中日交流史を振り返ると、「和すれば両利、闘えば共に傷つく」という真理が一貫して示されている。これは双方の共通認識と共に畏敬の念を持つべき「歴史法則」である。

中日友好条約は中日両国間の外交関係の樹立に重要な役割を果たした。条約締結前、中日両国は敵対状態にあり、両国間の経済、文化、政治的交流は極めて制限されていた。友好条約締結後、両国の関係は健全で安定した発展の方向に歩み始め、各分野での双方の協力を拡大した。中日友好条約は両国の経済と貿易面での協力・強化に役立つ。中国を例にとると、一九八〇年代末から九〇年代初めにかけて、中国は改革開放の時期にあり、日本は世界第二位の経済体だった。このような状況の下で、中日両国間の経済貿易協力は中国経済の発展を推進する重要な力の一つとなっている。中日友好条約は双方の経済関係強化のために政治的基礎を提供した。また、中日友好条約は両国人民間の深い交流を促進した。過去数十年間、両国間の文化、教育、スポーツ交流は絶えず増加し、これらの交流を通じて双方が互いの文化と歴史に対する理解を促進した。

グローバル化の今日において、中日友好条約は地域の平和、安定、繁栄の推進に依然として重要な役割を果たしている。世界最大の二つの経済体として、中日両国は地域問題と世界問題の両方で重要な役割を演じている。中日友好条約は、両国が世界的な課題に共同で対処し、地域の平和と安定を推進する上で助けを提供している。指摘すべきのは、中日両国の間にはいくつかの分野での紛争がまだ存在しているということである。しかし、これらの紛争は双方が他の分野での協力や交流に影響を及ぼすものではない。中日国交正常化五十年来、両国関係に正しく対応し、建設するために多くの貴重な経験を積んできました。新時代の到来は、中日関係のさらなる発展のために多くの貴重なチャンスを創出し、両国の相互信頼を増進するためのプラットフォームを提供し、両国間の平和と持続可能な発展の実現のために新たな原動力を注入するものである。

（指導教師　潘梅琴）

★三等賞

期待の言葉が羽根になりまして

上海交通大学　胡凌鋒

拝啓

卯月の候、庭の桜は今日も盛りに咲き乱れております。窓から差し込んだ朝日の光が私の頬を暖かく感じさせました。しかし、私を支えてくださった先生の期待する言葉は、それよりもまして暖かいです。

「あなたが、できるから。」

覚えていますか、先生が私に言った最初の励ましの言葉を。高校で少しだけ日本語に触れた私は大学に入ったばかりの時、あえて古典文学を独学し始めました。古文の文法と単語が難しかったですが、古典に魅了された私は諦めたくありませんでした。ある日、私は勇気を出して先生によくわからないところを聞いてみましたが、正直言って笑われるかもしれないと聞く前に思いました。「一年生は古典を勉強するなんて、バカだ」と。けれども、想像は想像で、先生はそう言いませんでした。

「どんなに難しいことに挑戦しても君の自由だ。あなたの成功を期待する。なぜなら、あなたができるから」。

私は先生の言葉に励まされました。先生は私に問題を解かせ、知識を教えてくれただけでなく、何よりもありがたい自信を持たせました。それだけではなく、先生の言葉は私にとって深い意味を持っていました。今はどんなに弱いとしても、どんな不可能に立ち向かっていても、自信さえ持てばできないことはありません。その時の私を支えてくれたのは言うまでもなく先生の言葉でした。

「あなたを、信じるから」

古典文学について研究を始めてから二年、私は少しうまく研究を行えるようになりました。そして私は腕がむずむずして、なんでもいいから成果をあげて見せようと決意しました。そこで、私はある論文コンテストに参加しました。しかし、実際やってみたところ、なかなか書けませんでした。なぜなら、新たな発見を書くことが本に書いてあることを勉強することより難しいからです。そんながっかりした私を癒し、空へ飛び立つための羽根をつけてくれたのは、先生の期待する言葉でした。

「斬新なアイデアはきっとあなたの頭にある。不可能も可能になれる。なぜなら、あなたを信じるから」。

先生の話を聞いて、私はそれまでの二年の間勉強したことを全部ノートに書き留め、それらの組み合わせを一つ一つしっかり考えてから、物語、和歌、言語学三つの要素を総合し、新しい研究課題を出しました。それから私は図書館と資料室に根付き、ほとんど休まずに論文を書き上げました。もうできない、書きたくないと思った時に、先生の話が頭に浮かび、改めてエネルギーを注いでくれました。幸いなことに、私は先生の期待に添えて特等賞を得ました。先生の期待がなければ一切の成功は望めませんでした。

「あなたの、これからを……」

先生！　先生は私にとって両親以外ではもっともありがたい、離れない存在です。先生がおっしゃった期待する言葉を私は忘れたことがありません。それに先生が私に言いたいことはこれからもたくさんあるでしょう。私のこれからを、先生はどのように思っていますか。

先生！　私は力の限りに古典研究の道を歩んでいきたいと思います。そして、私のこれからを、今までにないほど素晴らしくやって見せたいと思います。その勇気は、すべて先生の言葉から汲み取ったのです。

先生！　これから続いて私のこれから成長を期待してください。ご期待に背かないように私は全力を尽くして頑張っていきます。

先生！　先生のこれからの、ご健康とご多幸をお祈りいたします。私のこれからの成功を、先生とともに祝いたいです。幾年を経ても先生とともに祝杯をあげ、語り合いたいと思います。

天気が益々熱くなりましたこの季節に、くれぐれも体を大切にしてください。桜は散るときがありますが、先生の期待はいつか実るに違いありません。これからも、よろしくお願いいたします！

敬具

（指導教師　渡邉良平）

★三等賞

日中平和友好条約の今日的な意味

淮陰師範学院　翟羽佳

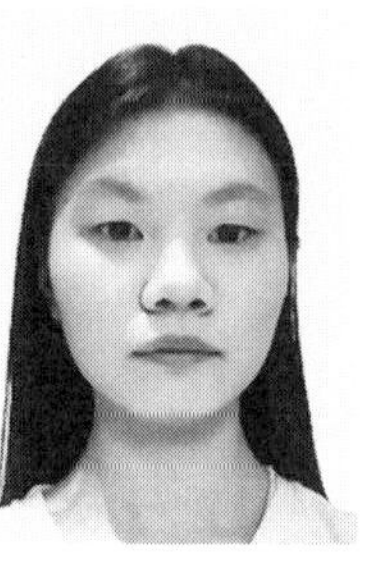

中日共同声明が一九七二年に発表され、中日両国の国交が正常化しました。一九七八年に「中日平和友好条約」が締結されました。今日は条約成立四十五年目に当たります。この四十五年間、双方は初心を忘れず、条約の内容を厳守し、中日関係の更なる発展を推進してまいります。「中日平和友好条約」は中日関係の全方位的な発展のために道を開き、深い影響を及ぼしました。中日友好協力は両国人民に大きな福祉をもたらし、地域の発展と繁栄にも重要な貢献を果たしました。

「日中平和友好条約」の核心は時代を超えた意味を含んでいます。一方で、中日関係の平和・友好・協力を追求する原則的な方向性、両国関係が平和共存五原則を基礎にしていることを改めて確認しました。平和友好を発展させ、互恵協力を広げて、両国の利益、認知ひいては感情のきずなをより強固なものにすることは、いつまでも時代遅れにならない実践法則です。中日関係が今日に至っても、双方が実務的協力を展開する空間と潜在力は依然として非常に巨大です。中日両国はいずれも国内の構造改革を推進し、発展の質を確保・向上させる重要な任務に直面しています。また、アジア新興諸国の経済開発による需要の伸びと環境の改善も、中日協力に大きなチャンスを提供しています。これを踏まえて、中日両国の経済貿易、産業、金融の数多くの分野での協力、及び「一帯一路」構想をめぐる第三者市場での協力は、中日の互恵関係の深化、並びに両国の平和友好に対する共通認識と「協力状況」の強化を推進することは明らかです。

一方、『中日平和友好条約』が覇権主義に旗幟鮮明に反対し、私達にもう一つの重要な政治的財産を残しました。覇権主義、強権政治に反対することは、中日両国が大国として「自らを律する」という約束であるだけでなく、両国が共に地域の平和と繁栄を守り、他国が覇権を図ることに反対することを使命として更に与えました。国際秩序が大きく変化しつつある今、このようなコミットメントと使命は、時勢に勝るものはありません。地域の大国として、世界の主要経済体として、中日両国は多国間主義の協議原則を堅持し、合理的な国際地域秩序規則を積極的に構築し、自由貿易、開放包容及び多元的平等の精神を維持する上で、共通の利益と立場を持ち、責任と義務を背負っています。中日両国は手を携えて行動し、「中日平和友好条約」の反覇精神の内包をさらに広げ、地域の責任ある大国としての役割を十分に果たし、地域と国際公益のためにより大きく貢献する必要があります。

当初、日本は医療物資を中国に速やかに提供し、武漢の感染症対策を支援しました。また、アメリカやイギリスなどからの香港関連の共同声明の要請も断るなど、日中関係を徐々に改善してきました。武漢でコロナの感染が拡大した後、日本はいち早く中国への支援を与えました。日本は大量の医療物資を調達して輸送することで、中国の医療スタッフも助け、武漢の緊急事態を乗り切ることに力を入れました。日本の中国に対する抗疫援助は中国政府と民衆の肯定と敬意を勝ち取りました。日本の国民的性格は、日本の公共外交に助力し、中国の人々の心の中で日本のイメージを改善しました。日本の抗疫を全力で支持し、深刻な感染事態に直面する中、日本の抗疫を全力で支持し、「桃を投げて李に報い、人を助ける」ために必要な実際的な行動で日本民衆の心情的な共感を得ました。中日関係を変えたいのであれば、中日両民族間の共感の場所を見つけ、両国が共に努力し、歴史を積極的に直視し、より密接な人文交流を行うことで、将来中日が真の友人となる日を迎え、中日関係が真の改善を遂げることが可能になります。

（指導教師　李洪傑）

★三等賞

中日友好関係を促進する

江西農業大学南昌商学院　鄧雨潔

今年は「日中平和友好条約」締結四十五周年の重要な年である。私は中国の大学生として、常に中日の友好関係について真剣に考えている。

一九七八年八月十二日、中日両国の指導者は戦略的決断を下し、「中日平和友好条約」を締結し、中日両国が友好関係を維持することを明確に宣言した。中国と日本は、地理的に一衣帯水で、海を一つ隔てている。歴史において、中国の唐の時代から、両国は政治、経済、文化などの面で密接な交流が行われている。それで、古代日本の医学、教育なども急速な発展を遂げた。現在、中日両国の経済が急速に発展し、総合的な国力が向上し、国の影響力もますます大きくなっている。中国の青年として、私たちは中日両国が平和、友好に往来する意義を深く考えなければならない。

平和は今の時代のテーマの一つであり、世界の人々の共通の願いであり、助け合う人間の精神でもある。世界のいくつかの場所でまだ戦争が起こっているが、平和は世界の人々が終始求めているものである。昨年勃発したロシア・ウクライナの戦争で、私たちは戦争による被害を目の当たりにした。両国の国民は家を失い、家族を失い、命も失った。中日両国では過去に多くの戦争が発生し、両国国民が戦争の被害を受けたこともある。平和のために、両国は痛ましい代価を支払った。せっかく得た平和を大切にしなければならない。また、中日友好は人心の向かうところであり、両国人民の切実な期待でもある。我々は時代の流れに従い、先人たちの足取りを追い、中日両国の友好のために引き続き貢献していかなければならない。

友好は双方の交流を促進する重要な態度である。中日両国は友好的な態度で経済、政治、文化の交流を行い、互いに文化の違いを尊重し、「求同存異」を堅持し、利益の最大化を勝ち取るべきである。中日友好の交流会で、駐長崎中国総領事の張大興氏は「国の交わりは民の相親しむに在り、民の交わりは心の相知るに在り」と強調した。中日友好の基礎は民間にあり、様々な民間交流が両国の平和、地域の繁栄と発展に重要な貢献をしてきたといっても過言ではない。例えば、「磁器を媒体とする」中日陶磁器文化交流会、「茶で友をもてなす」中日文化交流の中国茶会、中日両国の青少年交流イベントなど。中日双方が協力し合って開催したイベントが両国の交流を促進し、中日関係の持続発展の国民の意志に従っており、また新時代における中日関係の構築を推進するために新たな貢献をした。

中日の友好関係は双方の発展を促進し、新たな協力分野で絶えず模索してきた。私自身も生活の中で中日友好がもたらした便利さを身近に感じている。例えば、私は便利で使いやすい日本製の文房具が好きである。また、日本のドラマと漫画を読んだこともある。日本のドラマや漫画を見ることで、私は新しい考え方を身につけ、新しい視点から世界、自分を最認識することができた。さらに、村上春樹や太宰治といった有名な日本人作家の作品を読むことで、日本人の考え方を知ることもできた。私は日本語科の一年生として、今一生懸命日本語を勉強している。将来、学んだ知識を利用し、中日両国の友好のために何か役に立つことができれば幸いと存じる。

中日友好の歴史は四十五周年の道を歩んできた。両国関係は時にはさまざまな摩擦や対立が起こることもあるが、中日の友好関係はますます深まると信じている。中日の平和友好を促進することは時代の要求であり、歴史の必然でもあるからである。平和、友好に付き合うことは長年堅持すべきことである。交流の過程で摩擦が生じるかもしれないが、お互いに尊重し、理解し、平和共存の上で共に発展していく必要がある。中国人だけでなく、日本の皆さんも私たちと一緒に努力し、より調和のとれた国際関係を作り上げていくべきだと思う。中国と日本の友好関係は時代の発展の流れに応じて長く続ていくに違いない。

（指導教師　李夢瑜）

★三等賞

ポストコロナ時代の日中交流

――私の体験と提言

大連工業大学　楊淇冰

コロナが起こった二〇二〇年から現在まで、私たちは、コロナとの闘いは四年目に入りました。それは信じられないことです。「目に見えるのは事実だ。」これは私が思っている相手を知る最善の方法です。しかし、コロナの存在により、このコミュニケーション方法は一時停止を余儀なくされました。幸いなことに、コロナ時代は終わりに近づいています。

ポストコロナ時代の日中交流の体験について、私は、言いたいことがたくさんあります。私が留学を選択する前、日本に留学する予定だった先輩たちは、コロナ対策のために中国に留まらざるを得ませんでした。日本に行けませんので、当初の計画は全てオンラインでしか実行できません。オンラインは非常に便利で、コロナの影響で授業ができないという問題は解決しますが、この「オンライン留学」という留学は本当の留学生活を体験することができず、留学の意味がなくなってしまうと思います。それで、私は日本に留学するかどうかずっと迷っていました。やっと、二〇二二年の初めに、日本が入国を開始しました。政府でも民間でも、二〇二二年半ば以降、日中の交流は徐々に回復しつつあります。企業間の新たな貿易の開始に加えて、観光客は徐々に増加しており、また、大学間の交流プログラムも再開されています。すべてが徐々に以前の状態に戻りつつあるのを見て、とても嬉しさを感じます。私も迷わず日本に留学を選びました。

今こそが、新型コロナ後の日中関係にとって最良の回復期であると思っています。三年間のロックダウンを経て解放された当初は、必ず交流のピークがあります。私は今、非常に国際的で中国との交流も多い日本の大学で勉強しています。来日政策が復活して以来、大学内での日中間の多くの交流活動は順調に行われています。例えば、昨年は日中国交正常化五十周年記念フォーラムや今年の春は「周桜観桜会」などが開催され、中国から多くの学生や教員が参加しました。また、中国大使館等からも来賓がこられました。これらの活動は、まさに「日中交流」をリアルに感じさせてくれます。

過去三年間、コロナの影響で双方が直接的な交流を取ることができず、両者の間には誤解が生じるに違いないでしょう。しかし同時に、今回のコロナと闘う過程で、両国の人々はこれまでにない共感を育てます。例えば、日本が中国へ寄贈した支援物資の上には「山川異域、風月同天」という漢詩が皆さんに伝わるのは、そんな人と人のつながりです。あの詩が話題になったのは、日本の友人たちの関心からだけでなく、日中両国の長年にわたる文化交流の記憶を思い出したからでもあります。その根底には、人間の最も本質的で重要な共感力が、生死に関わる試練に直面して呼び覚まされるということにあると思います。この勢いを利用して、両国が相互扶助の共感を利用して相互理解の国民精神を構築することができれば、日中交流は健全な発展の道を歩むことになると思います。文化交流の本質は人と人との絆であり、それが国家間のあらゆる深い交流の基礎となります。

また、調査の結果によると、最近、両国でお互いに最も好印象を持っている人の多くは若者であることが分かります。それは両国の文化にそれぞれの特徴があり、お互いの若者を惹きつけているからです。日本のアニメが好きで日本へ留学を選んだ中国人の私と同じように、中国文化が好きで中国に興味を持っている日本人もたくさんいます。だとすれば、若い人たちはもっと積極的にコミュニケーションをとる必要があります。例えば、自国の現状を相手に紹介したり、文化の違いなどについて話し合ったりするなど、身の回りの小さなことからでも始めることができます。「好きこそものの上手なれ」ということわざがありますので、若い人たちはこの熱意が日中交流に注がれれば、中日両国には将来明るい未来があると私は信じています。

（指導教師　単麗、齋藤等）

★三等賞

自分から先に相手に好意を伝える勇気を持とう

浙江外国語学院　潘逾越

二〇二二年の夏休み、私はその日も自宅に隔離されていた。ゲームをしている最中、日本の友人の一木君がSNSでメッセージを送ってくれた。「潘君、お元気ですか。最近日本ではコロナが再拡大している。そちらも気をつけてね」そして、メッセージの終わりには中国語の「加油」も書かれていた。コロナへの恐れ、私への心配、一木君の気持ちがわずかな文字に織り込まれていて、心を強く打たれた。私はすぐに自分の感動した気持ちを一木君に伝えようと思って、同時に一つの重要なことに気づいた。

私が一木君に自分の気持ちを伝えようと思ったのは、彼の方から先にメッセージをくれたからだ。彼がメッセージをくれなければ、私も自分の好意を彼に伝えようと思わなかっただろう。この件をきっかけにして、ネット上の中国人の日本人に対する評価を思い出して、ある考えが湧いてきた。

中国のネット上では、日本が中国にマスクを寄贈したという報道であれ、日本の人々が中国のために募金したという報道であれ、人々のコメントは概ね友好的である。それと同時に、日本のコロナの状況に関心を持つ人も大勢いる。しかし、その点をクローズアップして詳しく伝える報道はわずかであり、本心から日本も早くコロナ禍を乗り越えてほしいと祈る言論はほとんどない。それは大部分の日本人も同じで、私はかつてユーチューバーの日本人の投稿にざっと目を通したことがあるが、中国のポジティブなニュースに関するもの以外は、中国人に対して良い評価や祈りの声は見つけにくかった。

残念ながら、中国人にせよ日本人にせよ、多くの人々は相手から好意を受けて初めて自分も好意を伝える。なぜかというと、過去の不幸な歴史が原因で、中国人と日本人の間には今も不信感があるからだ。たとえコロナという共通の敵が目前に迫っても、双方の国民が警戒心を持って相手を疑い続けている。そのため、多くの人が相手に自分の気持ちを表すことができず、黙っている。ただひたすら相手からの好意を待つだけで、相手の気持ちが届かない限り、自分の気持ちを伝えることをしようとしない。それは間違った姿勢だと言い切ることはできないが、両国の人々が共に相手からの好意を待つだけならば、両国の関係はずっと冷たいままではあるまいか。

二〇一九年末からコロナと闘い始めて以来、中日両国では無数の人々が亡くなり、無数の家庭が砕けた。共通の敵はコロナ以外の何物でもないのに、邪推の声は止まらなかった。さらに、互いの不信感によって陰謀論者が相手国に罪を着せて争いを引き起こし、両国の関係は破壊された。だが幸いにして両国間で多くの友好の使者が相次いで立ち上がり、友好の架け橋の礎となった。しかし、それだけでは足りない。中国人であれ、日本人であれ、より多くの人が立ち上がってお互いに障壁に立ち向かうことが必要だ。その上、両国の関係に対してずっと無関心な態度をとっている大部分の人々も忌憚なく自分の声を出すべきだ。要は、好意を待つだけの人になるのではなく、相手の良心を信じ、臆することなく勇敢に自分の気持ちを伝え、第一歩を踏み出そうということだ。共通の苦境に直面している現在、両国の国民は手を握り合い、お互いに関心を寄せ合って、「中国頑張れ」「日本頑張れ」だけでなく、「中国も日本も共に頑張れ」という声をかけ合い、双方の心を奮い立たせよう。それこそ、中日の国民の警戒心を和らげ、信頼関係を築くために最も肝要なことだ。そうすればきっと互いに信じ合い助け合える輝かしい未来が私たちを待っている。

千島寒流（親潮）が日本暖流（黒潮）と合流すると、海全体が暖められる。これは私が高校の地理の授業で学んだ知識だ。全ての中国人は千島寒流の一部になり、全ての日本人は日本暖流の一部になるように、警戒心を捨て、心と心を繋ぎ、交流と訪問を増やし、より良い関係を築くために共に頑張っていこうではないか。

（指導教師　鈴木穂高）

★三等賞

長逝者から教わるもの

南京師範大学　陳茂佑

紀元前二一九年、秦の始皇帝は徐福を含む千人の少年少女に東海を渡らせ、不老不死の薬を求めることを命じた。結局、薬は見つからず、使者たちも帰らぬ人となった。それから二千年後、中国の指導者である鄧小平氏は同じく薬を探すため、日本へと奔り、そして旅の最後、終に国の長寿に資する薬方を持ち帰った。

行く先は不明で、誰もがわかっていたことは、そこには未知の大地が広がっているということだけだった。そんな予測不能で危険な行動に対して、協力する者も、反対する者もいた。しかし、それでも何世代にもわたる開拓者たちの努力によって、向こう側への行進はゆっくりとしながらも、しかし着実に進んでいった。

周恩来総理は、恩師松本亀治郎の薫陶を受け、中日友好の大義を常に意識していた。その一方、田中角栄氏も日本国内の反対を押し切り、険しいことを承知の上で訪中を決行した。このように、中日友好へ辿る道は決して平坦な道ではなかったが、時代の流れの中で、先人たちはその道を切り拓くために、必要な努力を惜しまなかった。その際、未開の道を切り拓くのに必要なことは、最後に一歩を踏み出す勇気だけなのだ。

この条約は、橋であり机でもある。橋越しに、国際情勢を垣間見ることができ、世界の発展と歩調を合わせ、中国のルネッサンスの物質的基礎を築きあげることができるようになった。机を挟み、銃砲ではなく言葉だけできるようになった。机を挟み、銃砲ではなく言葉だけで欲求を満たすことができ、その対価はもはや叫びや呻きでもなく、笑いやお喋りになる。先人たちの苦しみと模索を引き替えに、目の前の繁栄と通交ができたのではないのだろうか。

残念なことに、少し前に、先人となったもう一人の開拓者がいた。その方の作品では、苦しみ、特に一般人の苦しみが描かれ、核戦争、障害児をテーマとした物語に情熱が傾けられている。世間の苦しみを書き留めながら、また人々の粘り強さを記録し、人間の光を行き詰った境遇の中で輝かせることで、一人ひとりの苦痛を、普遍的意義に昇華させ、個人の勇気を、民族の内面的な良さを目覚めさせるという効果の達成に用いた。真実を直視してこそ、真の慈悲と平和を抱くことができるという思想を私たちに言い聞かせた。

その開拓者、大江健三郎氏は、文学的な試みを通して、民衆に戦争の衝撃に立ち向かう勇気を与えようとする。広島の調査を通じて戦争に対する懸念を表明しているが、それ以上に、被害者としての日本国民を深く理解し反省した後、立ち止まって平和の擁護者へとまっすぐに跳躍することはない。むしろ、苦しみの原因を深く考え、日本はアジア諸国と気まずい関係にとどまらず、積極的に良好的な関係にまい進すべきだという結論に辿り着いた。

もし私たちが、ただ苦しまないように平和と友好を維持するだけであれば、それは脆弱なものに過ぎず、固有のやり方に固執する人々の虚しい幻に過ぎない。中国人として、苦しみの源を反省すれば、あらゆる国の人々がより高いレベルでつながり、利益を共有し、共に繁栄するために、グローバル化のプロセスを促進するという必要性への認識に辿り着く。大江健三郎氏は、被害と加害、世界的なテロリズムへの懸念の中を駆け回り、そして最後に希望の源を新世代に託すことで、深い思考の完成度を示しながら、極めて高レベルに到達した平和に対する考え方を構築している。

彼の思想は、友好条約があるからといって、安心して友好関係を享受できるわけではないことを私たちに警告している。0から1への一歩は最も難しいものでもあり、最も簡単なものでもある。私たちは有無相通できて、競争的関係にもなり得る。机を挟んで交渉することができれば、たとえ顔を真っ赤にしても害はない。この友好条約が本当に与えてくれたのは、友好関係というより、一種の自由だと思われる。お互いに正直でいられる自由、共存できる自由、将来について話し合える自由という、選択の自由を持たせてくれたのである。

（指導教師　溝井真人）

第十九回　佳作賞　受賞者名簿（275名、受付番号順）

大連大学　馬博雯
吉林外国語大学　王子鳴
四川外国語大学　劉糸糸
湖南農業大学　袁秋莎
蘭州理工大学　李旭博
桂林理工大学　黄欣語
蘭州理工大学　顧哲鑫
福州外語外貿学院　林政蓉
江蘇大学　劉亜菲
陝西師範大学　吉　妍
四川外国語大学　謝珊珊
西安電子科技大学　孫谷侻傑
東北財経大学　徐浩泉
浙江万里学院　顧楠欣
菏澤学院　段玉然
四川外国語大学　李璟洪
遼寧対外経貿学院　朱昱宇

大連外国語大学　肖騏遥
遼寧師範大学　劉蔚儒
四川外国語大学　韓　未
武漢大学　高伊婷
浙江萬里學院　郑妮庭
武漢大学　那木吉力道爾吉・傲友図
北京大学　白沙平
大連外国語大学　王恵竹
吉林大学　姚嘉祺
吉林大学　李亜辰
遼寧師範大学　趙卓言
長春理工大学　常　端
中央民族大学　田海涵
湖北文理学院　尹秋艶
湖北文理学院　黄　少
湖北文理学院　蘇文潔
湖北文理学院　曾慶晨瑞

大連外国語大学　王佳怡
大連外国語大学　胡佳怡
大連外国語大学　陳思錦
大連外国語大学　劉雅琪
大連外国語大学　陳姣羽
大連外国語大学　邢篠娅
大連外国語大学　黄文棋
大連外国語大学　劉佳子
貴州大学　聶紫昕
貴州大学　岑宛玲
貴州大学　劉洋宸坤
貴州大学　兪璐旼
貴州大学　袁王飛
泰山学院　練晨静
泰山学院　王玉超
山東大学（威海）　韓甜甜
山東大学（威海）　徐一凡

中国人民大学　劉　喜
中国人民大学　孫紫瑜
中国人民大学　孫梓軒
中国人民大学　王藝錦
中国人民大学　曹　博
中国人民大学　葉韻雯
海南師範大学　唐孝瑄
南京郵電大学　李　玲
南京郵電大学　許欽程
南京郵電大学　孫博恒
南京郵電大学　劉　暢
南京郵電大学　顧文静
大連東軟信息学院　叢　雯
大連東軟信息学院　閻旭鑫
浙江師範大学　趙慧聡
浙江師範大学　左慧玲
広州城市理工学院　王雨涵
福建師範大学　周佳睿
長安大学　馬儀怡
長安大学　張欣然

江西財経大学　伍　妍
江西財経大学　時　寧
江西財経大学　張舒涵
江西財経大学　方駿飛
広州南方学院　何澤林
広州南方学院　邱雯琪
広州南方学院　王仕林
広州南方学院　呉　昊
東華理工大学長江学院　頼瑜濤
東華理工大学長江学院　譚林峰
贛東学院　廖浩楠
贛東学院　鄧敦宇
贛東学院　顔瑋明
贛東学院　韓竺霖
西北大学　劉　雪
西北大学　向　怡
嶺南師範学院　盧煒怡
嶺南師範学院　劉国鋒
湖南文理学院　劉　玉
嘉興学院　姚李璇

嘉興学院　楊忠振
嘉興学院　王鴻雁
嘉興学院　張嘉玉
雲南民族大学　劉芳菲
西安電子科技大学　麻訳文
西安電子科技大学　魏　征
天津工業大学　肖思洋
電子科技大学　王　燦
厦門大学嘉庚学院　王馨露
海口経済学院　王紳瀚
安徽外国語学院　孔一葦
天津外国語大学　尚禛哲
天津外国語大学　李雪晴
天津外国語大学　黄友丞
天津外国語大学　陳健聡
天津外国語大学　汪嘉軒
天津外国語大学　劉宇傑
天津外国語大学　李謝康禛
天津外国語大学　李禹澄
天津外国語大学　林家琪

天津外国語大学　鄭徳滙
天津外国語大学　林　婧
天津外国語大学　岳緒東
天津外国語大学　高賽威
上海外国語大学賢達経済人文学院　邵聖博
西南交通大学　張宁帆
西南交通大学　何怡　張妍
西南交通大学　趙鮮鳳
華中師範大学　杜佳欣
東華理工大学　曾暁琪
東北大学秦皇島分校　陳婧怡
大連民族大学　曹佳寧
大連民族大学　何欣怡
大連民族大学　徐新恵
大連民族大学　肖仲瑶
大連民族大学　魏　巍
大連民族大学　金賢美
南陽師範学院　曾　銘
南陽師範学院　鄭明琛

南陽師範学院　林雨婷
南陽師範学院　陳暁陽
南陽師範学院　盛暁星
南陽師範学院　孫旭雅
西安交通大学　李広楽
西安交通大学　姚晨雨
通化師範学院　林全美
通化師範学院　朱海栄
南京工業大学　孫舒悦
南京工業大学　陳雨濤
大連芸術学院　徐詩饒
大連芸術学院　姜賀丹
大連海事大学　管小西
同済大学　趙熊康
同済大学　張欣雨
同済大学　包　容
同済大学　孫嘉琰
同済大学　胡佳保
同済大学　曾良春
同済大学　李　敏

ハルビン工業大学　袁雪喆
長春理工大学　周　南
長春理工大学　陳壹媛
長春理工大学　呉楠楠
長春理工大学　劉艾亭
長春理工大学　孫言諾
長春理工大学　陳宝毅
長春理工大学　祝　宸
長春理工大学　姜　雨
大連理工大学　閻靖雨
大連理工大学　周俊哲
安徽師範大学　張楽揚
広東白雲学院　鐘広彬
広東財経大学　潘彩珍
広州軟件学院　李海此
江漢大学　張凌雲
棗荘学院　馬文浩
棗荘学院　関　飛
棗荘学院　盛鈺棋
棗荘学院　鄭逸然

棗荘学院	馬玉迪
寧波工程学院	李詩韵
寧波工程学院	郭芝虹
寧波工程学院	顧菁菁
寧波工程学院	劉舒雅
寧波工程学院	黄　彬
寧波工程学院	許潘怡
寧波工程学院	馬鍇元
寧波工程学院	王小一
寧波工程学院	朱益敏
寧波工程学院	林懿鵬
青島幼児師範高等専科学校	陳叶凡
大連櫻華高校	叢聖力
河北工業大学	劉一楽
恵州学院	詹舒銘
恵州学院	陳建君
恵州学院	陳俊宇
恵州学院	殷　杰
恵州学院	周世杰
恵州学院	林禄雯

恵州学院	葉俊傑
恵州学院	鍾栄昌
恵州学院	王玉潔
湖州師範学院	陳璐丹
北京科技大学	劉玉珠
南京外国語学校	房巧兮
西南政法大学	王子楽
大連大学	尹敏晶
大連大学	李　甲
湖南財政経済学院	宋暁妍
青島西海岸新区第八高級高校	丁子桐
青島西海岸新区第八高級高校	王　琨
青島西海岸新区第八高級高校	肖保豊
青島西海岸新区第八高級高校	王佳茹
玉林師範学院	陳春燕
玉林師範学院	農粤世
上海交通大学	王璐児
華東師範大学	陳宣宇
華東師範大学	呉嘉欣
華東師範大学	黄可児

華東師範大学	王殿夫
華東師範大学	陸姝怡
華東師範大学	袁氷心
華中師範大学	鄭水清
東北育才学校	崔瓏皓
東北育才外国語学校	孫皓涵
上海師範大学天華学院	黄暁瑩
楽山師範学院	石　碩
淮陰師範学院	劉春芳
淮陰師範学院	馮　想
淮陰師範学院	劉　玺
江西農業大學南昌商學院	伏俊豪
江西農業大學南昌商學院	郭鑫池
江西農業大学南昌商学院	高立煒
南通大学	呂皓佳
南通大学	楊佳鑫
大連工業大学	王思琪
大連工業大学	王寵斌
大連工業大学	隋汶延
大連工業大学	李鑫涛

浙江外国語学院 王晨璐
浙江外国語学院 黄伊諾
浙江外国語学院 鐘国有
浙江外国語学院 傅昱奕
浙江外国語学院 張振宇
浙江外国語学院 曹馨予
浙江外国語学院 蔡侊丞
広東培正学院 楊婉婷
広東培正学院 邱 毅
広東培正学院 胡新潮
武漢理工大学 劉文松
武漢理工大学 鄭 穎
武漢理工大学 葉衛康
武漢理工大学 潘 錚
武漢理工大学 阮宣穎
武漢理工大学 胡 潔
武漢理工大学 楊紫慧
武漢理工大学 文 傑
武漢理工大学 張文力
武漢理工大学 羅禹潤

武漢理工大学 李鑫宇
寧波大学科学技術学院 包欣怡
寧波大学科学技術学院 朱興達
寧波大学科学技術学院 張順卿
南京師範大学 高暁慶
南京師範大学 肖伊凱
南京師範大学 謝 逸
南京師範大学 方紅鑫
南京師範大学 仲 珊
上海外国語大学附属外国語学校 祁 郁
安陽師範学院 魏 雅
安陽師範学院 呉暁月
吉林大学 胡嘉儀
湖南農業大学 代琦琦
湖南農業大学 陳 珊
湖南農業大学 周金成
広州工商学院 麦婷詩
広州工商学院 陳錫泰
広州工商学院 張芸成

広州工商学院 袁 翊
桂林理工大学 王 剛
蘇州科学技術大学天平学院 張 婷
北京師範大学 李駿麒
北京師範大学 肖開顔
北京師範大学 崔睦晨

第十九回 優秀指導教師賞 受賞者名簿

「優秀指導教師賞」は、中国で日本語を学ぶ学生たちに日本語や日本文化を熱心に教えておられる中国人教師ならびに日本人教師の日ごろの努力とその成果をたたえ、三等賞以上の受賞者を育てた日本語教師に授与する賞です。

吉林大学　孫勝広
天津外国語大学　倉持りえ、田泉、山口進久
四川外国語大学　村瀬隆之
北京大学　周彤、岩本節子
大連外国語大学　小野寺潤、川内浩一、植村高久
大連外国語大学ソフトウェア学院　吉崎奈々
西安外国語大学　韓思遠
武漢大学　王欣
貴州大学　須崎孝子

中国人民大学　馬木浩二
海南師範大学　湯伊心、大谷みどり
南京郵電大学　小椋学
東華理工大学長江学院　高良和麻、呉麗麗
西安交通大学　西川侑里
同済大学　土屋和之
寧波工程学院　田中信子
華東師範大学　石岡洋子
武漢理工大学　神田英敬
北京科技大学　井田正道
南京農業大学　盧冬麗、八木典夫

北方工業大学　孫海英、藤原朋子
湖南師範大学　李応賦、肖婧
香港聖瑪加利男女英文中小學　小島衣子
中央民族大学　吉田理華
湖北文理学院　劉東
山東大学（威海）　舩江淳世
浙江師範大学　山野晴香、何秋林
長安大学　郭亜軍、岩下伸
江西財経大学　鈴木高啓、厳新平
広州南方学院　王偉
嶺南師範学院　黄麗詩
南京信息工程大学　山田ゆき枝
嘉興学院　瀬口誠
西安電子科技大学　崔広紅、金戸幸子
電子科技大学　池田健太郎
厦門大学嘉庚学院　高橋亜季
海口経済学院　陳莉莉
華中師範大学　李瑩
大連民族大学　野崎晃市

南陽師範学院　五十嵐一孝
通化師範学院　鈴木朗、崔美玉
長春理工大学　周海寧、神津莉香
広東財経大学　王平
棗荘学院　孫作文
河北工業大学　前川友太、陳建
恵州学院　宍倉正也
湖州師範学院　金翰鈞
湖南財政経済学院　付敏
青島西海岸新区第八高級高校　潘梅琴
上海交通大学　渡邉良平
淮陰師範学院　李洪傑
江西農業大学南昌商学院　李夢瑜
大連工業大学　単麗、齋藤等
浙江外国語学院　鈴木穂高
南京師範大学　溝井真人

第十九回 園丁賞 受賞校一覧

「園丁賞」は、学生の日本語能力向上に貢献された功績をたたえるため、学生の作文指導に実績のある学校及び日本語教師を表彰する賞で、「園丁」とは中国語で教師のことを意味しています。対象となるのは、応募校一校につき団体応募数が五十本を超えた学校です。

学　校　名	応募数
武漢理工大学	110
長春理工大学	104
寧波工程学院	101
恵州学院	97
浙江外国語学院	74
大連民族大学	67
東華理工大学長江学院・贛東学院	65
南京郵電大学	60
広東培正学院	60
広州南方学院	58
南陽師範学院	58
湖北文理学院	57
棗荘学院	56
貴州大学	53
南京師範大学	52
江西財経大学	51
大連工業大学	51
海口経済学院	50
青島西海岸新区第八高級高校	50

第十九回　開催報告と謝辞

日本僑報社・日中交流研究所 所長　段　躍中

第十九回「中国人の日本語作文コンクール」のポスター

主催　日本僑報社・日中交流研究所

協賛　株式会社パン・パシフィック・インターナショナルホールディングス、公益財団法人東芝国際交流財団

メディアパートナー　朝日新聞社

奨学金支援　公益財団法人安田奨学財団

後援　在中国日本国大使館、（公社）日本中国友好協会、日本国際貿易促進協会、（一財）日本中国文化交流協会、日中友好議員連盟、（一財）日中経済協会、（一社）日中協会、（公財）日中友好会館、日本日中関係学会、（一社）アジア調査会、中国日本商会、北京日本倶楽部、湖南省人民対外友好協会、滋賀県（順不同）

協力　致遠教育塾、長沙中村日語文化交流館、（公財）日中国際教育交流協会

開催報告

概要

日本僑報社・日中交流研究所が主催する「中国人の日本語作文コンクール」は、日本と中国の文化交流と相互理解の促進をめざして二〇〇五年にスタートし、今年二〇二三年で第十九回を迎えました。

中国の学校で日本語を学ぶ中国人学生を対象として、この十九年で中国全土の四百校を超える大学や大学院、専門学校、高校、中学校などから、累計五万八千二百二十五名の応募がありました。中国国内で規模が最も大きく、知名度の高い日本語作文コンクールへと成長を遂げています。日本語を勉強する中国の若者にその成果を発表する舞台を提供し、中国における日本語の普及と日本文化への理解を深めることにより、日中両国の親善友好に貢献することを目指しています。

第一回から刊行し続けてきた受賞作品集シリーズは、中国の若者たちが直接日本語で綴ったリアルな「生の声」であり、その時々の日中関係や歴史的な出来事を反映し、貴重な世論として両国の関心を集めています。今年は『囲碁の知恵を日中交流に生かそう』をシリーズの第十九巻として刊行いたしました。

応募状況

中国の大学や大学院、専門学校、高校、中学校など百五十五校から二千三百七十六本もの作品が寄せられたことがわかりました。

地域（行政区）別では、中国のほぼ全土にわたる二十八省市自治区から応募がありました。特筆すべき点としては、今回初めて香港地域の中学生から応募があったことです。これはコンクール史上初めてのことで、参加者の地域がより広がりました。また、昨年に続き高校、中学校など約二十校からの応募があり、低年齢層の参加がより活発になってきました。

今回のテーマのコンセプトは、日中平和友好条約締結四十五周年を記念し、日中関係の明るい未来に寄与できることを願って「日中平和友好条約締結四十五周年を思う」とし、それに沿ってテーマを（一）先人たちに学ぼう―日中平和友好条約の今日的な意味、（二）ポストコロナ時代の日中交流―私の体験と提言、㈢日本語と私―指導教師への「ありがとう」、㈣日中の友好都市交流について考える～滋賀県と湖南省をモデルに～（特設テーマ）――の四つとしました。テーマ別では、㈠八百六十七本、㈡七百九十六本、㈢六百十三本、㈣百本と、㈠が最多となりました。

審査の経過

第一次審査員（五十音順・敬称略）

五十嵐武、岩楯嘉之、佐藤則次、白井純、高橋文行、高柳義美、寺沢重法、時實達枝、中山孝蔵、彭多蘭、松嶋忠信、丸山由生奈、森英昌

第二次審査員（五十音順・敬称略）

赤岡直人　（公財）日本中国国際教育交流協会　業務執行理事
岩楯嘉之　日中青年交流の会理事
佐藤則次　元日本語教師
高橋文行　日本経済大学教授
塚越　誠　書家、日中文化交流の会日本代表
西村大輔　朝日新聞ＧＬＯＢＥ編集長（前中国総局長）
林　千野　日中関係学会副会長
菱田雅晴　法政大学名誉教授
和田　宏　前ＮＨＫグローバルメディアサービス専門委員、神奈川県日中友好協会会員

第一次審査は、あらかじめ募集要項の規定文字数に満たない、あるいは超過している作品を審査対象外とした上で、各規定をクリアした作品について採点しました。なお、審査の公平性確保のため、在中国の現任教師は除いています。

第二次審査は、公正を期するために応募者の氏名と大学名、受付番号を伏せた対象作文を各審査員に採点していただく形で実施しました。

第三次審査は、二次審査による合計得点の高かった学生に対し、スマートフォンの音声通話アプリでそれぞれ直接通話をし、口述審査を行いました（審査員・佐藤則次氏、段躍中、記録担当事務員一名）。その上で、新たに日本語による短い感想文を即日提出してもらい、審査

基準に加えました。

最終審査は、二次審査と三次審査の合計点により選出した一等賞以上の候補者計六名の作品を北京の日本大使館あてに送付し、大使ご自身による審査で最優秀賞となる「日本大使賞」を決定していただきました。

各審査員による厳正な審査の結果、最優秀賞・日本大使賞一名、一等賞五名、二等賞十五名、三等賞四十名、佳作賞二百七十五名となりました。

また、園丁賞は十九校、優秀指導教師賞七十四名となりました。各賞の詳細は本書の一四五〜一四七ページをご参照ください。

受賞者の皆様、誠におめでとうございます。

作品集について

本書『囲碁の知恵を日中交流に生かそう』は、たくさんの応募作品の中から優秀作品を収めた受賞作品集シリーズの最新刊です。

日中平和友好条約締結四十五周年となる今年の四つのテーマに沿って、中国の若者たちによって書かれた作文は、日中の交流の歴史における先人たちの努力、コロナ禍における日中交流についての体験談と提言、日本語を教えてくれた先生への感謝の思い、日中の友好都市交流についての考察など、どれも生き生きと語られています。

読者の皆様には、本書を通じて中国の若者たちの「生の声」に耳を傾け、よりよい日中関係のあり方や日中交流に思いを致していただければ幸いです。

本シリーズは大変ご好評をいただき、朝日新聞をはじめとして、読売新聞、毎日新聞、日本経済新聞、ＮＨＫ、日本テレビ、テレビ朝日、ＴＢＳテレビ、フジテレビ、共同通信、時事通信、産経新聞、東京新聞、西日本新聞、中国新聞、北海道新聞、沖縄タイムス、公明新聞、聖教新聞、しんぶん赤旗、週刊朝日、サンデー毎日、日経ビジネス、週刊東洋経済、旅行読売、日中友好新聞、日中文化交流、日本と中国、国際貿易、観光経済新聞、季刊中国、新文化、日中新聞、アジア時報、週刊読書人、トーハン週報、リベラルタイム、ジャパンジャーナル、レコードチャイナなどの日本メディア、在中国日本国大使館ＨＰ、また、公益社団法人日本中国友好協会、公益財団法人日本中国国際教育交流協会などの団体の機関紙

（誌）や会報、新華社、人民日報、中国新聞社、人民網、チャイナネット、人民中国などの中国メディアで多数紹介されました。

日本各地の大学や自治体の図書館、研究機関などに収蔵されており、中国でも各地の大学や研究機関などに収蔵されております。

謝　辞

日中平和友好条約締結四十五周年の節目となる今年、第十九回「中国人の日本語作文コンクール」を無事開催することができました。ご支援、ご協力いただいた全ての皆様に心より感謝申し上げます。

在中国日本国大使館には第一回からご後援をいただいております。第四回からは最優秀賞に当たる「日本大使賞」を設け、歴代大使の宮本雄二、丹羽宇一郎、木寺昌人、横井裕、および現任大使の垂秀夫の各氏にはご多忙の中、直々に大使賞の審査をしていただきました。ここで改めて、歴代大使をはじめ大使館関係者の皆様に、心より御礼を申し上げます。

ご協賛をいただいている株式会社パン・パシフィック・インターナショナルホールディングスのご支援に深く御礼申し上げます。創業会長兼最高顧問、公益財団法人安田奨学財団理事長の安田隆夫氏には、外国人留学生向けの奨学金制度を通して、本コンクールで三等賞以上を受賞した学生に奨学生の選考の機会を与えていただくなど、多大なご支援を賜りました。これは中国で日本語を学ぶ学生たちにとって大きな励みと目標になるものです。ここに心より感謝を申し上げます。

公益財団法人東芝国際交流財団からは、本活動にご理解とご協賛をいただき、深く御礼を申し上げます。

朝日新聞社には、第七回からご協賛をいただき、第十回からはメディアパートナーとしてご協力いただいております。中村史郎社長や、坂尻信義氏、古谷浩一氏、西村大輔氏、林望氏ら歴代の中国総局長をはじめ記者の皆さんが毎年、表彰式や受賞者について熱心かつ丁寧に取材され、その模様を大きく日本に伝えてくださっています。それは日中関係がぎくしゃくした時期であっても、日本人が中国に対してより客観的に向き合うことのできる一助になったことでしょう。同社のご支援とご協力に心より感謝の意を表します。

長年にわたりご後援をいただいている日中友好七団体、ならびに各後援・協力団体の皆さまに、深く感謝申し上げます。

第二回から第六回までご支援いただきました日本財団の笹川陽平会長、尾形武寿理事長の本コンクールへのご理解と変わらぬご厚誼にも深く感謝を申し上げます。

谷野作太郎元中国大使、作家の石川好氏、国際交流研究所の大森和夫・弘子ご夫妻、さらにこれまで多大なご協力をいただきながら、ここにお名前を挙げることができなかった各団体、支援者の皆様にも感謝を申し上げます。誠にありがとうございました。

また、マスコミ各社の皆様には、それぞれのメディアを通じて本コンクールの模様や作品集の内容を丁寧にご紹介いただきました。そして日中民間交流の重要性や、日中関係の改善と発展のためにも意義深い中国の若者の声を、広く伝えていただきました。改めて御礼を申し上げます。

各審査員の皆様にも深く感謝を申し上げます。皆様には多大なるご支援とご協力を賜り、改めて厚く御礼申し上げます。

中国各地で日本語教育に従事されている先生方に対しましても、その温かなご支援とご協力に感謝を申し上げます。

さらに今年は、日中平和友好条約締結四十五周年を記念し、特別テーマを設定するにあたって、後援として湖南省人民対外友好協会、滋賀県の両自治体に多大なご協力をいただいたほか、協力として致遠教育塾にご参加いただきました。厚く御礼申し上げます。

本活動は、先輩から後輩へ脈々と受け継がれてきたおかげで、いまや中国の日本語学習者の間で大きな影響力を持つまでに至りました。開始当初からの応募者や受賞者ら多くの参加者が、現在、日中両国の各分野でご活躍されています。そして皆さまが本コンクールへの参加をきっかけにして、日本への関心をいっそう深め、日本語学習を誇りとしていることを、大変うれしく思います。

日中関係が困難な時だからこそ、中国で日本語を学び、日本人や日本文化に理解を示してくださる若者たちが中国に数多く存在していることは、両国にとって大きな財産であるといえるでしょう。

中国人の日本語作文コンクールはこれからも引き続き、日本と中国の文化交流と相互理解の促進、ウィンウィン関係の構築に貢献することを願い、今後もこの歩みを着実に進めてまいります。

引き続き、ご支援、ご協力のほどよろしくお願い申し上げます。

二〇二三年十月吉日

＼おかげさまで19周年／
e-Shop「中国人の日本語作文コンクール」受賞作品集シリーズ
https://duanbooks.myshopify.com/collections/jp

付録

第1～18回 受賞者名簿

第18回 中国人の日本語作文コンクール受賞者一覧

最優秀賞・日本大使賞
李　月　西北大学

一等賞
郭夢宇　天津外国語大学
周美彤　広東理工学院
張紀龍　北京第二外国語学院
繆名媛　中央民族大学
厳穆雪　西安交通大学

二等賞
覃　越　西安外国語大学
朱　瑩　西安外国語大学
楊睿倫　ハルビン工業大学
王　博　大連大学
鄭昀茜　天津外国語大学
胡佳怡　大連外国語大学
李旻玥　大連外国語大学
黎芷妍　復旦大学
唐孝瑄　海南師範大学
潘新馨　湖南大学
張嘉偉　東華理工大学長江学院
王晨璐　浙江外国語学院
李　楊　南京師範大学
呂世傲　通化師範学院
沈可心　清華大学

三等賞
戴志衡　広州南方学院
賀思婷　広東外語外貿大学
楊芸嘉　貴州大学
王玉珠　青島職業技術学院
周　穎　上海外国語大学賢達経済人文学院
向依純　華東師範大学
陳　韓　中国人民大学
何家思　江西農業大学南昌商学院
孫桐薪　大連東軟信息学院
趙珮月　青島大学
楊宇昕　南京郵電大学
許朧月　北京師範大学
張銘書　大連民族大学
李溪桐　福州大学
盧一平　南京農業大学
常　端　長春理工大学
姚徳良　恵州学院
周佩然　遼寧対外経貿学院
王慧雯　湖州師範学院
劉　陽　武漢大学
郭軼凡　大連理工大学
許以諾　上海交通大学
張培瑜　山東農業大学
来琳飛　寧波工程学院
孫清清　淮陰師範学院
郭文超　南陽理工学院
鞠文婷　遼寧師範大学
呉思桐　武漢理工大学
蘇文君　南通大学
袁　輝　西安文理学院
沈佳健　南京工業大学
張洛陽　四川外国語大学
王盼盼　天津理工大学
崔珂萱　山東理工大学
王奕丹　天津師範大学
袁逸婷　福州外語外貿学院
鄒清楊　復旦大学附属中学
張馨方　江南大学
張辰浩　山西師範大学
趙志琳　吉林大学

佳作賞
柳亜男　対外経済貿易大学
李　飛　天津工業大学
趙　鑫　泰山学院
関　鍵　泰山学院
黄　容　広州南方学院
林　洋　広州南方学院
張心鈺　広州南方学院
陳月林　広州南方学院
林洪威　広州南方学院
李炎春　広東外語外貿大学
黄涵婧　広東外語外貿大学
曾慶禎　広東外語外貿大学
張雅寧　温州医科大学仁済学院
呂雪浩　温州医科大学仁済学院
陸文琦　温州医科大学仁済学院
韓青娥　中央民族大学
金海晶　中央民族大学
劉雨桐　貴州大学
敬卓越　貴州大学
劉　毅　貴州大学
王誉璇　貴州大学
李　娉　貴州大学
鄒欣航　貴州大学
毛倩玉　貴州大学
鄭茗陽　上海建橋学院
董舒雅　西安外国語大学
楊俊涛　西安外国語大学
張菀真　東北育才外国語学校
孫秀雲　大連大学
王春陽　大連大学
金働儒　西安外国語大学
肖　可　湖北文理学院
向　波　湖北文理学院
呉　倩　湖北文理学院
殷小山　湖北文理学院
尚雨婷　湖北文理学院
丁子涵　天津外国語大学
高　妍　天津外国語大学
張可悦　天津外国語大学
黄曼琳　天津外国語大学
李嘉棋　天津外国語大学
廖顥恬　天津外国語大学
張秀雲　天津外国語大学
張胤祥　天津外国語大学
徐　暢　天津外国語大学
俞森雯　天津外国語大学
李　楊　華東師範大学
王懿慧　中国人民大学
孫梓軒　中国人民大学
葉韻雯　中国人民大学
孔繁昊　江西農業大学南昌商学院
雷祉鈺　江西農業大学南昌商学院
程少婕　江西農業大学南昌商学院
李　穎　大連東軟信息学院
王奕飛　大連東軟信息学院
宮　磊　大連東軟信息学院
王　可　大連東軟信息学院
許晨龍　大連東軟信息学院
李七建　大連東軟信息学院
辛金盈　大連外国語大学
関　欣　大連外国語大学
馬婧芸　大連外国語大学
郭桂丹　大連外国語大学
姜晴微　大連外国語大学
金宇航　大連外国語大学
汪禹彤　大連外国語大学
裴軼涵　大連外国語大学
方　瑩　大連外国語大学
鄭錦涛　広東財経大学
王　斯　西北大学
李鑫燁　西南交通大学
頼小可　西南交通大学
陸衍伶　西南交通大学
韓希晨　西南交通大学
李皎瑩　西南交通大学
申雅婷　復旦大学
孫　童　復旦大学
王諾誠　揚州大学
梁宝怡　広東白雲学院
宋宸葶　電子科技大学
張楽揚　安徽師範大学
孫璇涛　安徽師範大学
王　丹　安徽師範大学
張欣然　長安大学
温志瑶　長安大学
周曉藝　南京郵電大学
蘇瑞琪　南京郵電大学
王　楷　南京郵電大学
申思行　南京郵電大学
蒋　卓　南京郵電大学
譚雅文　嶺南師範学院
梁志亮　嶺南師範学院
林恵娥　嶺南師範学院
蘇揚婷　嶺南師範学院
蘇泳妍　嶺南師範学院
曽勝香　嶺南師範学院
黄婉晴　嶺南師範学院
程嘉怡　北京師範大学
桂嘉雨　北京師範大学
黄心蕊　北京師範大学
許鑫媛　福州外国語学校
張　玥　福州外国語学校
許　璐　南京信息工程大学
趙思琪　南京信息工程大学
徐佳銘　大連民族大学
蔡森鑫　大連民族大学
梅静婷　大連民族大学
于沐可　大連民族大学
曹恵茜　大連民族大学
蔣　媛　大連民族大学
周梓凝　大連民族大学
賈好林　大連民族大学
劉桐旭　大連民族大学
肖　蕊　大連民族大学
盧欣語　大連民族大学
李佳洺　大連民族大学
金志炫　大連民族大学
何長青　湖南大学
楊子慧　湖南大学
紀　香　湖南大学
顔忻怡　湖南大学
顔　榕　湖南大学
王晨辰　浙江師範大学
林文紅　福州大学
張鑫鈺　江西師範大学科学技術学院
呉楠楠　長春理工大学
安桂霆　長春理工大学
李　穎　長春理工大學
陳暁悦　長春理工大学

陳淑婷	長春理工大学
李一諾	雲南民族大学
姚徳良	恵州学院
黄潔桐	恵州学院
魏嘉諾	恵州学院
聞小晴	恵州学院
呉婉虹	恵州学院
王寶瑩	恵州学院
羅嘉樂	恵州学院
陳建君	恵州学院
周世傑	恵州学院
陽舞雪	恵州学院
戴淑静	遼寧対外経貿学院
孟君朔	遼寧対外経貿学院
何佳雯	遼寧対外経貿学院
王思翰	遼寧対外経貿学院
王金爍	遼寧対外経貿学院
荀　曦	遼寧対外経貿学院
姚暁宇	遼寧対外経貿学院
李泰運	遼寧対外経貿学院
王　楽	西安外事学院
何　曄	厦門大学嘉庚学院
李詩文	厦門大学嘉庚学院
余佳壕	四川師範大学
詹志偉	四川師範大学
張思琪	四川師範大学
王鑫偉	山東大学（威海）
張雯宇	山東大学（威海）
宮　赫	山東大学（威海）
周　洋	重慶外語外事学院
彭薪睿	重慶外語外事学院
袁　迪	重慶外語外事学院
唐哲豪	上海理工大学
狄　峰	武漢大学
李　璐	武漢大学
羅　穎	武漢大学
夏霄龍	武漢大学
賈家琛	武漢大学
李潤楠	東華理工大学長江学院
王建美	東華理工大学長江学院
何夢傑	東華理工大学長江学院
鄧春燕	東華理工大学長江学院
頼嫵羽	東華理工大学長江学院
呂　昊	同済大学
傅奕宸	大連桜華高級中学
姜伝宇	大連桜華高級中学
聞敏慧	大連桜華高級中学
趙夢琳	安徽大学
鳳君奇	安徽大学
黄雪妍	上海交通大学
王璐儿	上海交通大学
閻　冬	上海交通大学
孔昕然	湖南文理学院
文覃姮	湖南文理学院芙蓉学院
馬文浩	棗荘学院
曲雅茹	棗荘学院
李維駿	楽山師範学院
朱家朋	楽山師範学院
張　玉	青島幼児師範高等専科学校
李健聡	恵州経済職業技術学院
黄祺芯	恵州経済職業技術学院
李晨茜	武漢城市学院
靳晴晴	安徽外国語学院
李　宇	山東農業大学
夏　潔	山東農業大学
孫芸嘉	山東農業大学
許昊辰	山東農業大学
陸　杜	広州城市理工学院
頼思敏	広州城市理工学院
張芸凡	東北大学秦皇島分校
劉松寧	東北大学秦皇島分校
史可聞	東北大学秦皇島分校
費子寧	東北大学秦皇島分校
朴俐穎	大連外国語大学
于馥榕	大連外国語大学
盧楚鴻	広東培正学院
朱学林	広東培正学院
劉　旭	大連海事大学
肖文瑶	大連海事大学
頼茗雨	大連海事大学
李　翩	広州工商学院
黄露漩	広州工商学院
覃尓杰	広州工商学院
鄭盛華	寧波工程学院
藩汶蔚	寧波工程学院
顧晴宇	寧波工程学院
屈凱歌	寧波工程学院
陳佳穎	寧波工程学院
李佳錦	寧波工程学院
董加鋼	寧波工程学院
王　鵬	寧波工程学院
金思怡	淮陰師範学院
陳佳鈺	淮陰師範学院
王珊珊	淮陰師範学院
張静燕	淮陰師範学院
李怡然	大連芸術学院
劉力暢	遼寧師範大学
張宇寧	遼寧師範大学
邱雨歆	天津科技大学
袁佳韵	天津科技大学
陳佳毅	天津科技大学
張暁萌	天津科技大学
羅昊強	武漢理工大学
詹為軒	武漢理工大学
王欣宇	武漢理工大学
于亜波	武漢理工大学
陳子怡	武漢理工大学
劉璐璐	武漢理工大学
李禕宸	武漢理工大学
張文力	武漢理工大学
鄭　宇	武漢理工大学
黄　筱	武漢理工大学
羅禹潤	武漢理工大学
ナミラ・スマイ	武漢理工大学
陳子軒	武漢理工大学
王　穎	安陽師範学院
張詩樺	嘉興学院
銭興平	嘉興学院
高　添	嘉興学院
劉佳佳	嘉興学院
湯煜楠	嘉興学院
黄世元	西安培華学院
許　諾	吉林外国語大学
張婷靖嵐	浙江外国語学院
応　蘇	浙江外国語学院
王嘉寧	浙江外国語学院
唐曼暢	浙江外国語学院
李典蔚	浙江外国語学院
李雪婷	浙江外国語学院
黄思捷	浙江外国語学院
袁詩淇	南通大学
史双月	南通大学
劉凡凡	南通大学
趙　倩	南通大学
王佐霖	南通大学
範　穎	南通大学
胡瑪珊	西安交通大学
呉映霏	西安交通大学
楊睿儀	西安交通大学
周俊言	西安交通大学
史欣雨	西安交通大学
冉暁琳	西安交通大学
劉禕然	蘭州大学
胡耘瑋	蘭州大学
李　禾	蘭州大学
鄧伊鈴	蘭州大学
侯暁琳	蘭州大学
張瑞雪	蘭州大学
李嘉琦	大連理工大学城市学院
王天瑶	大連理工大学城市学院
周宇軒	大連理工大学城市学院
章年海	大連理工大学城市学院
周子祺	大連理工大学城市学院
方駿宇	上海外国語大学附属外国語学校
張可欣	南京師範大学
蘭茵子	南京師範大学
高暁慶	南京師範大学
関晟萱	南京師範大学
張方捷	南京師範大学
陸玉潔	南京工業大学
韋蔔文	南京工業大学
楊　蘭	南京工業大学
趙瑞琪	南京工業大学
陳燕怡	韶関学院
彭欣瑋	西安電子科技大学
範鈺婧	西安電子科技大学
張潤沢	西安電子科技大学
劉洺麟	大連工業大学
李金輝	大連工業大学
王弈龍	嘉興南湖学院
沈炯韜	嘉興南湖学院
江晨陽	嘉興南湖学院
孫佳琪	嘉興南湖学院
兪佳陽	嘉興南湖学院
鄧宇晴	華中師範大学
陳葉凡	青島幼児師範高等専門学校
張如宏	天津理工大学
劉朝陽	対外経済貿易大学
孫安頔	青島大学
胡韋雅	河北北方学院
宋　悦	四川大学
陳非余	蘭州理工大学
石　天	長江大学
黄義婷	蘇州科技大学天平学院
劉茜如	鞍山師範学院
唐雪倩	華中師範大学
馮　貞	西安電子科技大学
楊子琪	天津理工大学
馮佩思	山西師範大学
殷櫻非児	青島科技大学
胡　嘉	南京暁荘学院
李暁寒	煙台大学
史高捷	河北北方学院
彭茗琪	煙台大学
于国澳	蘭州理工大学
江浩塵	西南民族大学
張凱妮	北京市第二外国語学院
王舒可	蘭州理工大学
王欣晨	清華大学
張瑋澤	景徳鎮陶磁大学
張沢軍	湖南外国語職業学院
張欣然	南京大学
崔嘉儀	江西財経大学
馮何辰	上海市海事大学
李　郡	蘭州理工大学
廖華玉	嘉興南湖学院
于韵姿	北京外国語大学附属中学校

第17回
中国人の日本語作文コンクール受賞者一覧

最優秀賞・日本大使賞
潘暁琦　復旦大学

一等賞
張瀟涵　大連外国語大学
欧華慶　天津外国語大学
李佳鈺　西北大学
張偉莉　大連外国語大学
馬礼謙　西安交通大学

二等賞
楊晨煊　寧波工程学院
王　兵　河北工業大学
于国澳　蘭州理工大学
呉雨鑫　杭州師範大学
朱　敏　山西師範大学
趙　鈺　上海交通大学
張欣然　南京工業大学
黄宇婷　蘇州大学
傅嘉恵　中国人民大学
王夢妍　大連外国語大学
鄭嘉慧　南京信息工程大学
朱雅蘭　上海大学
鍾月云　中南林業科技大学
孫　立　上海理工大学
黄舒晨　浙江外国語学院

三等賞
趙玥龙　ハルビン工業大学
付睿敏　西南交通大学
周添文　東華理工大学長江学院
雷宇彤　大連東軟信息学院
王雅捷　北京第二外国語学院
肖　培　江西財経大学
周　淼　貴州大学
張可悦　天津外国語大学
崔鈺穎　泰山学院
李彦潼　浙江師範大学
何鑫淼　大連外国語大学ソフトウェア学院
何　琛　大連外国語大学
顧　駿　上海市徐匯区董恒甫高級中学
楊彬彬　南京郵電大学
趙雪嬈　青島大学
張馨雨　長安大学
李本曦　山東大学（威海）
陳傲雪　湖北大学
楊笑格　南陽理工学院
呉　憂　北京科技大学
潘路路　湖南大学
林飛燕　中国人民大学、延安大学
郝祥怡　四川師範大学
劉鹿宸　同済大学
頼海燕　恵州学院
銭文潔　通化師範学院
厳雲昀　電子科技大学
楊海燕　大連民族大学
王子琳　大連外国語大学
鄭可心　淮陰師範学院
楊偉奇　嘉興学院
馬俊宇　瀋陽航空航天大学
陳子怡　武漢理工大学
梁子丹　広東外語外貿大学南国商学院
孫博洋　安徽師範大学
陳思汗　天津科技大学
陳政営　東北財経大学
呂艶青　大連海事大学
宋　偉　河南師範大学
羅　丞　湖北文理学院

佳作賞
劉汐瑾　上海建橋学院
陳　蕾　上海建橋学院
李寶潔　南京理工大学
姜　敏　浙江工商大学
馮偉春　江西農業大学南昌商学院
胡明宇　西南交通大学
王　宇　西北大学
程正芳　東華理工大学長江学院
張小宇　東華理工大学長江学院
占来弟　東華理工大学長江学院
何婉章　大連東軟信息学院
常雨哲　大連東軟信息学院
李卓璇　広州南方学院
曽鈺渟　広州南方学院
張智綺　蘇州大学文正学院
黄雪苗　蘇州大学文正学院
陳莉婷　寧波工程学院
楊澤俊　寧波工程学院
孫嘉懿　寧波工程学院
厲惠予　寧波工程学院
滕徑軒　ハルビン工業大学
田文奇　ハルビン工業大学
陳燕紅　哈爾浜師範大学
武鈺旻　西安電子科技大学
王国風　西安電子科技大学
付　瑜　貴州大学
張玲梓　貴州大学
孫友鳳　貴州大学
徐　暢　天津外国語大学
王心懿　天津外国語大学
張宜麟　泰山学院
陳　韻　杭州師範大学
趙欣茹　浙江師範大学
張桂萍　浙江師範大学
戦暁璇　大連外国語大学ソフトウェア学院
何　進　大連外国語大学ソフトウェア学院
張澤実　大連外国語大学ソフトウェア学院
周子依　広西大学
安宇雯　大連外国語大学
賈子含　河北工業大学
蘇芸璇　河北工業大学
黄嘉琪　広東財経大学
林依玫　広東財経大学
陳浣沅　広東財経大学
黄雄文　湖北大学
郝一菲　山西師範大学
周芷煊　南京航空航天大学
梁佳淇　天津理工大学
黄瑜瑩　中国海洋大学
李思怡　温州医科大学仁済学院
李明洋　海南師範大学
趙姣姣　海南師範大学
劉心語　南京郵電大学
申思行　南京郵電大学
劉　琛　南京郵電大学
蒋　卓　南京郵電大学
胡　洋　南京郵電大学
李欣桐　湖北大学
冷佩衡　海口経済学院
鄧江婷　重慶外語外事学院
陳嘉韻　長安大学
張涵晨　長安大学
許以諾　上海交通大学
張雨欣　天津理工大学
朱慧敏　南京工業大学
宋　琦　南京工業大学
王　琳　山東大学（威海）

廖梓良　山東大学（威海）
徐逸雲　揚州大学
趙暁函　湖南農業大学
鍾栄淦　江西農業大学南昌商学院
但家敏　江西農業大学南昌商学院
高倩琳　江蘇師範大学
王俊芳　北京科技大学
段懿入　北京科技大学
周文佳　北京科技大学
徐　爽　北京科技大学
鐘楚清　大連芸術学院
陸相凝　湖南大学
孫　佳　湖南大学
曾倩儀　嶺南師範学院
李錦怡　嶺南師範学院
范羽婷　嶺南師範学院
藍　麗　嶺南師範学院
豊　収　天津理工大学
熊暁宇　中国人民大学
陳　韓　中国人民大学
李瓊垚　四川師範大学
劉　露　大連海洋大学
童兆雄　大連海洋大学
朱暁航　恵州経済職業技術学院
劉博宇　湖州師範学院
張渲若　湖州師範学院
譚莉莉　湖州師範学院
郭子涵　同済大学
袁依慧　南京林業大学
張思卿　南京林業大学
陳漫妮　恵州学院
陳婉純　恵州学院
熊静文　江西農業大学南昌商学院
王瑞馨　通化師範学院
李璟洪　成都理工大学
胡琳烯　電子科技大学
張　妍　電子科技大学
楊蔚彧　華東師範大学
穆尼賽・阿不都艾尼　華東師範大学
張星雨　南京暁荘学院
焦新紀　東北大学秦皇島分校
陳佳美　浙江工業大学
徐可児　浙江工業大学
王桔双　浙江万里学院
余婉琪　浙江万里学院
許淑紅　浙江万里学院
劉　璐　大連外国語大学
牟暁睿　遼寧大学
方宸凌　大連民族大学
周懷森　大連民族大学
趙政宏　大連民族大学
侯嘉偉　大連民族大学
任遠博　大連民族大学
呉松楠　大連民族大学
陳怡君　大連外国語大学
舒文俊　大連外国語大学
王　萌　大連外国語大学
袁　琦　大連外国語大学
姜晴澂　大連外国語大学
銭楚華　嘉興南湖学院
楼倩倩　嘉興南湖学院
皇甫菁菁　上海外国語大学賢達経済人文学院
李方蝶　南陽理工学院
陳　涵　南陽理工学院
沈嘉楽　淮陰師範学院
駱偉燕　淮陰師範学院
李若琳　淮陰師範学院
趙慧玲　南京信息工程大学
朱倩容　南京信息工程大学
朱偉俊　南京信息工程大学
楊　光　南京信息工程大学
蘭　天　天津工業大学
張浩宇　天津工業大学
葉涵丹　温州医科大学仁済学院
黄思淇　嘉興学院
劉賢錦　嘉興学院
郭宇陽　武漢理工大学
史欣鷺　武漢理工大学
白爾娜　武漢理工大学
張辰浩　山西師範大学
王可怡　魯東大学
何紹斌　福州大学
呉冰瓊　大連外国語大学
李欣航　大連外国語大学
劉燕君　廣東外語外貿大学南国商学院
王一涵　大連理工大学
馬敏慧　瀋陽建築大学
李珂珂　安徽師範大学
胡文志　青島大学
胡文睿　天津科技大学
羅秋燕　天津科技大学
李文涛　天津科技大学
孟艶艶　天津科技大学
汪躍男　天津科技大学
趙国花　天津科技大学
戚智超　天津科技大学
王　涵　天津科技大学
張天安　東北財経大学
李月琪　大連海事大学
王新月　南通大学
馬夢琦　合肥学院
巫　倩　合肥学院
李　傑　合肥学院
劉　婷　合肥学院
袁　藝　合肥学院
張興磊　桂林理工大学
賈婭娜　西安文理学院
李嘉桐　西安文理学院
馮蔚然　吉林外国語大学
程　龍　大連理工大学
田高寧　大連理工大学
李嘉軒　大連理工大学
王婷婷　安陽師範学院
宋亦文　上海外国語大学附属外国語学校
李帥辰　大連理工大学城市学院
葛　華　大連理工大学城市学院
劉暁佳　大連理工大学城市学院
朱栄柏　大連理工大学城市学院
張宇深　広州工商学院
范偉堅　広州工商学院
楊睿儀　西安交通大学
陳子玉　浙江農林大学
孫雨諾　浙江農林大学
鄭園園　浙江農林大学
張遠遠　南京師範大学
銭　涔　南京師範大学
王鈺清　南京師範大学
董冠麟　南京師範大学
趙一寧　大連工業大學
端英雪　大連工業大學
程　丹　南陽理工学院
栾嘉華　遼寧師範大学
生巴提・吐爾森江　北京科技大学
夏星児　北京科技大学
黄文婕　西安培華学院
徐子麟　上海理工大学
王　暢　首都師範大学
兪哲晟　上海理工大学
唐哲豪　上海理工大学
李旻姝　エディンバラ大学
賈　瑶　桂林旅遊学院
楊晨陽　華東理工大学
黄婧雯　江西財経大学
張　一　上海海洋大学
沈　欣　上海理工大学
張暁玲　中南林業科技大学
韓　梅　華東理工大学
呉　迪　河南師範大学
王茂彬　河南師範大学
石田威　河南師範大学
向朴容　湖北文理学院
王茹夢　江蘇理工学院

第16回
中国人の日本語作文コンクール受賞者一覧

最優秀賞・日本大使賞

萬園華　大連外国語大学

一等賞

李矜矜　安徽師範大学
陳　朝　清華大学
孔夢歌　西安電子科技大学
彭多蘭　東北財経大学
劉　昊　南京師範大学

二等賞

肖蘇揚　中国人民大学
銭楽卿　山西師範大学
柯国豪　恵州学院
劉思琪　南開大学
屠洪超　寧波工程学院
陳　瑶　煙台大学
王子璇　河北工業大学
劉力暢　遼寧師範大学
馮　雨　天津科技大学
張家銘　北京科技大学
張佳穎　西安交通大学
郭恬媛　福州大学
宋佳璇　北京外国語大学
王子尭　大連理工大学
朱雅蘭　上海大学

三等賞

潘芸丹　大連海事大学
楊彬彬　南京郵電大学
尹倩倩　東華理工大学長江学院
王雅捷　北京第二外国語学院
李若凡　湖南大学
呉露露　華中師範大学
欒　霏　東南大学
王華瑩　大連外国語大学
田欣易　西安電子科技大学
朱玲璇　長安大学
熊小嬌　江西農業大学南昌商学院
彭楚鈺　中国人民大学
郭凡辰　上海外国語大学
王瑋綺　蘇州大学
尚楚岳　北京師範大学
万暁婕　上海外国語大学賢達経済人文学院
梁楽玄　嘉興学院
李浩哲　南京信息工程大学
胡琳烯　電子科技大学
肖嘉梁　アモイ大学
程　瑞　山東財経大学
何倩穎　南開大学
劉　通　上海師範大学
張　斉　大連東軟信息学院
馮　静　西安財経大学
謝雨晗　南京理工大学
蒋　霜　四川大学
周潔儀　嶺南師範学院
眭　晴　大連外国語大学
潘　燕　四川大学
丘嘉源　恵州学院
高宇萱　清華大学
余子岩　寧波工程学院
張元昊　ハルビン工業大学
雷　韜　ハルビン工業大学
張九九　河北工業大学
沈子新　四川外国語大学
李潤淇　天津理工大学
宋子璇　華東師範大学
熊安琪　華東師範大学
蔡　格　杭州師範大学
楊偉佳　魯東大学
王鑫鑫　青島大学
李　睿　桂林理工大学
繆蓮梅　天津科技大学
喬十惠　東北財経大学
謝絮才　北京科技大学
張凱妮　浙江農林大学
黄麗貝　浙江師範大学
劉偉婷　南京農業大学
周千楡　東北育才外国語学校
馬文曄　上海交通大学
周嘉雨　上海交通大学
石小異　上海外国語大学付属外国語学校
李亜昀　福州大学
弓金旭　西安翻訳学院
袁江森　大連理工大学
王芸儒　大連工業大學
姚莉霞　韶関学院
蔣海躍　淮陰師範学院

佳作賞

劉清霞　貴州財経大学
李晨銘　大連海事大学
郭子龍　商丘師範学院
印宏源　南京郵電大学
宋緒泓　南京郵電大学
張媛媛　東華理工大学長江学院
郭宏韜　大連外国語大学
昝林林　湖南大学
王依婷　湖南大学
朱　辰　湖南大学
曹宇欣　湖南大学
鍾子龍　北京言語大学
郭　馨　泰山学院
亓旻涵　泰山学院
李詠月　大連外国語大学
張南南　陽光学院
張玉梅　陽光学院
趙博豪　陽光学院
李文玉　陽光学院
林曼欣　陽光学院
李　静　長安大学
王子烜　南京工業大学
李紀欣　南京工業大学
周書穎　南京工業大学
趙文進　南京工業大学
王沁遥　南京工業大学
張愛佳　大連外国語大学
孫瑞閣　東華大学
章安泰　東華大学
白文娜　北京第二外国語学院
管紋萁　大連外国語大学
王　岩　清華大学
王新賀　福州大学至誠学院
郭夢瑶　福州大学至誠学院
朱諾彤　福州大学至誠学院
杜雨清　西北大学
劉霈祺　西北大学
李逸純　西北大学
張家桐　西北大学
馮　帆　西北大学
余麗霞　江西農業大学南昌商学院
武鈺茜　北京外国語大学
常曦文　雲南民族大学
洪　霞　大連外国語大学
李朋錕　大連外国語大学
王懿崢　清華大学
王虹悦　大連外国語大学
黄　峣　陽光学院
黄燕雯　恵州経済職業技術学院
張　格　恵州経済職業技術学院
郭雪瑩　嘉興学院
武佳汶　電子科技大学
馬明宇　大連東軟信息学院
王鴻鑫　大連東軟信息学院
呂　凡　南開大学
盧思雅　大連外国語大学

張雨辰　武漢大学
陳　鵬　中国海洋大学
賈　琳　内モンゴル大学
崔　煜　大連外国語大学
謝金秀　四川大学
江南葳　北京外国語大学
李　舒　山西師範大学
張　浙　南京信息工程大学
呉明琅　蘭州大学
孫若沛　蘭州大学
付　毅　江西財経大学
劉敏莉　江西財経大学
賈文琦　上海建橋学院
王立雪　蘭州理工大学
張賢婷　浙江万里学院
王渙之　浙江万里学院
宋金霞　遼寧何氏医学院
黒湘珺　遼寧何氏医学院
周怡洋　上海師範大学天華学院
曾　敏　嶺南師範学院
彭万里　嶺南師範学院
葉穎怡　嶺南師範学院
崔伯安　大連外国語大学
趙宇航　大連外国語大学
孫夢竹　大連外国語大学
庄鑫洋　大連外国語大学
楊鷹刈　貴州大学
周偉儀　恵州学院
林忠玲　恵州学院
李佳児　恵州学院
徐影霞　恵州学院
張汶栾　恵州学院
饒雲芳　恵州学院
庄暁蝶　恵州学院
陳　敏　恵州学院
李東麗　運城学院
易和平　海南師範大学
劉　雪　海南師範大学
李椏蕾　清華大学
幸鋭芳　韶関学院
夏文雅　山東大学（威海）
李　馨　山東大学（威海）
張怡寧　山東大学（威海）
何雨萌　寧波工程学院
黄舒寅　寧波工程学院
黄小楠　寧波工程学院
方　婕　寧波工程学院
李　霞　寧波工程学院
葉禕珺　寧波工程学院
応清源　寧波工程学院
周雪尓　寧波工程学院
濡淑淑　寧波工程学院
肖　霖　福州外語外貿学院
張　婷　西安外事学院
斎欣宇　西安外事学院

楊　爽　大連民族大学
唐煜涵　大連民族大学
任祉燕　大連民族大学
方芸憬　大連民族大学
楊皓然　大連民族大学
姜若男　大連民族大学
劉　楠　大連民族大学
劉玉潔　大連民族大学
王儀瑶　大連民族大学
陳美旭　大連民族大学
程憲涛　大連民族大学
馬博洋　河北工業大学
季子禕　河北工業大学
楊鑫儀　河北工業大学
郭一駒　大連理工大学
龔　穎　広東外語外貿大学南国商学院
林暖霞　広東外語外貿大学南国商学院
張新禹　菏澤学院
李蓮蓮　菏澤学院
李雨豊　山西師範大学
蘭　亭　福州外語外貿学院
周宇豪　華東師範大学
顧佳怡　華東師範大学
袁文甲　華東師範大学
朱欣怡　華東師範大学
劉　行　華東師範大学
趙　迪　天津外国語大学
項陽沐　杭州師範大学
胡文荃　杭州師範大学
楊佳艶　杭州師範大学
隗舒悦　天津工業大学
于暁霖　天津工業大学
烏　瓊　天津工業大学
李龍婧　華南理工大学
侯子玉　青島大学
頼　馨　青島大学
李佳音　大連科技学院
王佳卉　大連科技学院
梁焯妍　桂林理工大学
郭夢飛　四川師範大学
王　娟　四川師範大学
鄭李冠南　四川師範大学
劉文婧　天津科技大学
孔祥宇　天津科技大学
盧強麗　天津科技大学
王　冰　天津科技大学
王宇越　天津科技大学
石春花　東北財経大学
鄭　彬　東北財経大学
畢　愉　東北財経大学
郭子君　東北財経大学
崔成成　海亮実験高校
楊暁妹　北京科技大学
何　寧　北京科技大学
付文佳　北京科技大学

米雪睿　北京科技大学
曽文静　北京科技大学
李新雨　安徽師範大学
童　越　安徽師範大学
鄭紅靨　安徽師範大学
林瀚翀　同済大学
劉陳沛林　同済大学
陶星星　同済大学
葛家昊　北京外国語大学
濡安南　浙江師範大学
周潔楠　浙江師範大学
郭亦晴　瀋陽工業大学
徐盈盈　常州大学
範　昱　武漢理工大学
範昕昕　武漢理工大学
戴兆暉　武漢理工大学
殷松豪　武漢理工大学
何文晶　武漢理工大学
黄奇峰　武漢理工大学
孫莉萍　武漢理工大学
陳穎晟　武漢理工大学
万　娜　黄岡師範学院
陽的航　聊城大学
李唯嘉　山東省聊城大学
何雪松　大連理工大学
王　也　通化師範学院
王宇涵　東北育才外国語学校
康欣宇　東北育才外国語学校
宋玲霞　湖州師範学院
張　莉　湖州師範学院
劉俊勇　吉林外国語大学
林妍廷　吉林外国語大学
何香怡　吉林外国語大学
王京竜　吉林外国語大学
揚子悦　上海交通大学
蔣陸浩　大連理工大学城市学院
李帥辰　大連理工大学城市学院
銭暁芙　大連理工大学城市学院
劉展鵬　天津工業大学
王一飛　南京師範大学
趙雨璐　南京師範大学
李知新　上海外国語大学附属外国語学校
呉　婧　嘉興学院南湖学院
蔡丹琪　嘉興学院南湖学院
梅文琦　西安翻訳学院
張　晶　西南民族大学
何宛珊　清華大学
楊嘉欣　西安外国語大学
陳暁鈺　四川外国語大学
李　慧　淮陰師範学院
朱佳良　淮陰師範学院
高銘陽　重慶三峡学院
熊梓軒　上海海事大学

第15回
中国人の日本語作文コンクール受賞者一覧

最優秀賞・日本大使賞

潘　呈　上海理工大学

一等賞

龔緯延　西安電子科技大学
朱琴剣　西北大学
韓若氷　大連外国語大学
呂天賜　河北工業大学
趙文会　青島農業大学

二等賞

呉雅婷　西安翻訳学院
林　鈺　上海海事大学
李静嫻　合肥学院
劉韻雯　華東師範大学
全暁僑　東北大学秦皇島分校
臧喜来　北京理工大学附属中学
王婧楠　蘭州大学
王　駿　武漢理工大学
劉偉婷　南京農業大学
薛晌尭　南京郵電大学
鐘宏遠　恵州学院
王禹鰻　西華大学
蒯滢羽　大連外国語大学
鄭孝翔　北京第二外国語学院
孫弘毅　中国人民大学

三等賞

陳柯君　常州大学
宋佳璐　湖南大学
劉麗梅　華僑大学
馬　瑞　中南大学
岑湛嶸　広東東軟学院
王立雪　蘭州理工大学
馮卓楠　煙台大学
殷碧唯　ハルビン理工大学
王代望　中国人民大学
方琳婷　中国人民大学
王遠帆　電子科技大学
金祉妤　東北育才外国語学校
李依格　上海師範大学
呉寧瑜　江西農業大学南昌商学院
汪雨欣　浙江外国語学院
陳　安　江西農業大学南昌商学院
雲　彤　山西大学
邢梓怡　西北大学
鄒　婕　東華理工大学長江学院
李沂霖　杭州師範大学
王景琳　杭州師範大学
楊創祥　華南農業大学
黄偉源　広東外語外貿大学南国商学院
王夢昀　華東師範大学
郜　珊　大連芸術学院
肖　錦　曲阜師範大学
葛玉婷　曲阜師範大学
趙朱依　上海師範大学天華学院
朱　栄　大連海事大学
陳予希　山東大学
殷佳琳　武漢外国語学校
李沁蕎　浙江外国語学院
楊衛娉　北方工業大学
李登宇　河北工業大学
呂鵬堅　恵州学院
冉美薇　浙江師範大学
何仁武　浙江師範大学
肖思佳　浙江師範大学
王子健　大連外国語大学
金智慧　大連外国語大学
武小萱　東北大学秦皇島分校
呉文文　合肥学院
沈　意　湖州師範学院
程　雅　安徽師範大学
孟沪生　安徽師範大学
畢　淼　遼寧大学外国語学院
司天宇　東華大学
孫瑞閣　東華大学
董同罡　東北師範大学
劉紫苑　福州大学
潘鎮華　西安翻訳学院
孫思婧　上海理工大学
劉琛瑜　天津理工大学
王子尭　大連理工大学
呉運恵　桂林理工大学
薛梓霖　西安電子科技大学
趙中孚　西安財経大学
尤藝寧　浙江外国語学院
王　珺　華中師範大学
張晁欽　上海外国語大学附属外国語学校

佳作賞

尹　哲　聊城大学
鐘雨霏　紹興越秀外国語学校
石佳漪　上海財経大学
白　陽　上海財経大学
劉錦錦　南陽理工学院
栗　聡　常州大学
潘一諾　嘉興学院
劉汝霞　東華理工大学長江学院
廖詩穎　東華理工大学長江学院
鐘　君　東華理工大学長江学院
顔澤晨　中南財経政法大学
雷　韜　ハルビン工業大学
孟昕然　南開大学
朱穎琳　広東東軟学院
鍾希富　青島職業技術学院
張松卓　南開大学
曹芷澂　遼寧対外経貿学院
杜晨嵐　南京郵電大学
張思璇　首都師範大学
鍾子龍　南陽理工学院
莊寓譜　蘇州科技大学
楊宇耀　中国海洋大学
陳芸璇　ハルビン理工大学栄成学院
徐　敏　煙台大学
張若鵬　陽光学院
黄淑華　陽光学院
王鈺婷　陽光学院
陳思凱　陽光学院
何佳東　陽光学院
魯素雲　江西財経大学
黄琳婷　中国人民大学
曹　妍　中国人民大学
王　寧　中国人民大学
孟軒如　中国人民大学
于　翠　中国人民大学
白雅琳　中国人民大学
王璟琨　中国人民大学
付小軒　中国人民大学
楊　諾　中国人民大学
趙世豪　上海建橋学院
段若巍　曲阜師範大学
韋煜翔　武漢大学
張超穎　電子科技大学
張雯雯　貴州大学
陳虹兵　貴州大学
李　穎　大連東軟信息学院
李興宇　大連東軟信息学院
馬明宇　大連東軟信息学院
林傾城　北方工業大学
金恒賢　浙江外国語学院
趙穎琪　広東東軟学院
林　琳　ハルビン師範大学
宋凌逸　華中科技大学
郭雲霞　同済大学
張晨璐　華中科技大学
徐琳琳　華東理工大学
布露露　ハルビン師範大学
郝文佳　山東科技大学
陳心茹　山東財経大学
陳　卓　北京第二外国語大学
丁宇希　山西大学
張家桐　西北大学

毛桂香	西北大学
黄鈺峰	東莞理工学院
劉嘉慧	東莞理工学院
潘　明	東莞理工学院
黄潤萍	海南師範大学
付　榕	蘭州理工大学
王晨萌	南京信息工程大学
朱園園	南京信息工程大学
高鑫贇	杭州師範大学
韓俊祺	杭州師範大学
周維維	寧波大学
王維宇	湖南大学
兪肖妍	湖南大学
胡煊赫	湖南大学
楊夢秋	青島理工大学
王晨宇	江漢大学
程　瑞	山東財経大学
張程程	集美大学
万巨鳳	大連外国語大学
傅　婷	大連外国語大学
曹佳鑫	大連外国語大学
張愛佳	大連外国語大学
孫　瑋	大連民族大学
周　寧	大連民族大学
閻正昊	大連民族大学
楊劉莉	広東外語外貿大学南国商学院
曽　佳	通化師範学院
王　也	通化師範学院
唐綉然	華東師範大学
張新禹	菏澤学院
殷雪珂	菏澤学院
張鐸升	四川師範大学
朱俊賢	四川師範大学
趙夢閣	大連芸術学院
桂菀婷	瀋陽工業大学
簡麗萍	嶺南師範学院
盧巧玲	嶺南師範学院
雷雅婷	嶺南師範学院
張　浩	嶺南師範学院
彭万里	嶺南師範学院
陳　依	寧波工程学院
潘暐炎	寧波工程学院
謝青青	韶関学院
何穎芸	韶関学院
費興元	曲阜師範大学
李羽鵬	南京農業大学
邸銘崴	黒龍江東方学院
黄語婕	上海師範大学天華学院
李晨銘	大連海事大学
田欣宜	天津科技大学
何燕飛	五邑大学
王　鋭	山東大学外国語学院
黄　萱	山東大学外国語学院
呂亦然	吉林大学
張俊芸	運城学院
万斐婭	江漢大学
孫　可	長安大学

郭明言	天津外国語大学
呉樹郁	河北工業大学
楊雅婷	五邑大学
李佳音	大連科技学院
楊　陽	大連科技学院
王若瑄	淮陰師範学院
陳　濤	浙江万里学院
陳貝思	南京林業大学
葉嘉卉	山東大学(威海)東北アジア学院
杜　烜	上海杉達学院
朱　樺	棗荘学院
袁　傑	棗荘学院
張黙林	蘭州大学
張宏瑞	蘭州大学
陳　晨	蘭州大学
黄　渤	大連外国語大学
梁　越	大連外国語大学
何冠釗	大連外国語大学
陳亦鑫	常熟理工学院
張椿婧	長春理工大学
孟廷威	浙江師範大学
趙思邈	商丘師範学院
丁帝淞	福建師範大学
周　影	暨南大学
黄丹琦	暨南大学
呉向陽	江西農業大学南昌商学院
張宇鑫	大連外国語大学
鄒運沢	大連外国語大学
王嘉迪	大連外国語大学
段敬渝	大連外国語大学
崔伯安	大連外国語大学
孫正一	大連外国語大学
劉敬怡	山東工商学院
劉璐璐	武漢理工大学
王嘉穎	武漢理工大学
馮　瑶	武漢理工大学
鄭　欣	武漢理工大学
李昊林	武漢理工大学
陳珞茜	武漢理工大学
劉子傑	武漢理工大学
鄭　燁	青島大学
陳翔宇	青島大学
周思捷	上海理工大学
朱琦一	西安交通大学
楊啓航	西安交通大学
張牧雲	西安交通大学
趙梓伊	西安交通大学
方華妮	五邑大学
林　玥	中国海洋大学
汪芳芳	合肥学院
張慧怡	大連外国語大学
張桂寧	南昌大学
陳　思	安徽外国語学院
陳清泉	浙江外国語学院
陳丹丹	黒龍江外国語学院
張　栩	南京農業大学
呉潤梅	貴州財経大学

李　曄	延辺大学
張淑傑	湖州師範学院
陸潔琴	湖州師範学院
張潔静	湖州師範学院
朱雅雯	湖州師範学院
屠冬晴	湖州師範学院
王舒嘉	安徽師範大学
劉淑萍	南京理工大学
宋暁蕊	大連外国語大学
趙悦彤	吉林外国語大学
段　欣	吉林外国語大学
許佳林	吉林外国語大学
唐　瑩	吉林外国語大学
姜佳玉	吉林外国語大学
田　馳	吉林外国語大学
劉旻婕	吉林外国語大学
劉彦孜	吉林外国語大学
王　鵬	吉林外国語大学
林小婷	宜賓学院
李　博	大連理工大学
劉智睿	東北大学
劉子祺	東北大学
白洺綺	東華大学
朱柄丞	東華大学
余亦沁	東華大学
石佑君	東華大学
呂夢潔	浙江外国語学院
李志偉	大連工業大学
楽伊凡	南京農業大学
江　玥	浙江農林大学
張雨馨	浙江農林大学
周　煒	浙江農林大学
羅　松	江西農業大学外国語学院
邱成哲	江西農業大学外国語学院
李嘯寅	江西農業大学外国語学院
陳暁東	江西農業大学外国語学院
丁文婷	華東政法大学
谷　源	広州工商学院
黄欽昀	福州大学
覃瀅琳	西北師範大学
陳　楊	浙江外国語学院
金仁鵬	浙江外国語学院
張笑妍	魯東大学
胡金成	広東財経大学
鄧婉瑩	広東財経大学
尹凡欣	上海海事大学
張小暁	長安大学
王一安	嘉興学院南湖学院
王佳蓓	嘉興学院南湖学院
王　琳	青島農業大学
謝瑞婷	雲南民族大学
馮李琪	長安大学
劉功鳳	玉林師範学院

第14回
中国人の日本語作文コンクール受賞者一覧

最優秀賞・日本大使賞

黄安琪　復旦大学

一等賞

郇華静　青島大学
王美娜　中南財経政法大学
王婧瀅　清華大学
劉　玲　華東師範大学
呉曼霞　広東外語外貿大学南国商学院

二等賞

朱　雯　東華大学
周夢琪　江蘇師範大学
郭順鑫　蘭州大学
周凡淑　清華大学
張伝宝　山東政法学院
黄鏡清　上海理工大学
武田真　北京科技大学
王　寧　中国人民大学
陳昕羽　浙江万里学院
倪雲霖　湖州師範学院
由夢迪　黒龍江外国語学院
周義東　東華理工大学長江学院
陳夢嬌　抗州師範大学
周　婕　福建師範大学
何発芹　常州大学

三等賞

鍾子龍　南陽理工学院
王龔苑　浙江工商大学
万興宇　武昌理工学院
高楹楹　杭州師範大学
徐雨晨　西北大学
陳長遠　中国人民大学
路雨倩　中国人民大学
丁嘉楽　常州大学
蒋　心　上海理工大学
張暁利　湖州師範学院
丁雯清　上海理工大学
陳詩雨　華東師範大学
暴青青　天津工業大学
関倩鈺　東北育才外国語学校
楊昊瑜　天津財経大学珠江学院
黄芷萱　天津科技大学
王　冕　大連外国語大学
薛　釗　西安財経大学
趙凱帆　中南財経政法大学
呉　琳　雲南民族大学
李丙垚　青島理工大学
魏思佳　北京林業大学
呂嘉琦　北京第二外国語学院
黄琳婷　中国人民大学
蒋婕儀　常州大学
呉沁霖　同済大学
張奕新　曁南大学
銭　易　杭州師範大学
劉培雅　杭州師範大学
汪頌今　湖州師範学院
許洪寅　青海民族大学
霍　卓　東華大学
岑静雯　天津工業大学
陳佳玲　広東財経大学
王雄凱　西安交通大学
袁思純　南京農業大学
莫麗恩　広東海洋大学
姚子茜　華東政法大学
張安娜　西安財経大学
蔣雨任　復旦大学
王　瑩　江西農業大学南昌商学院
呉希雅　浙江工商大学
顔　坤　斉斉哈爾大学
王　競　江西農業大学南昌商学院
洪　梅　渤海大学
陸恵敏　菏澤学院
賀佳瑶　華中師範大学
鄭瑞瑛　曁南大学
趙玲玲　凱里学院
王明丹　大連海事大学
陳泳琪　広東外語外貿大学南国商学院
杜　湘　湖南大学
韓沢艶　西安電子科技大学
李悦涵　吉林財経大学
尚童雨　西安交通大学
陳　凱　南京農業大学
江嘉怡　広東海洋大学
王之妍　上海杉達学院
雷　妍　吉林華橋外国語学院
劉　錦　中南財経政法大学

佳作賞

周　怡　湖北文理学院
曹　鈺　嘉興学院
余建飛　嘉興学院
徐　歓　嘉興学院
王　丹　上海財経大学
李則盛　上海理工大学
覃維連　湖北民族学院
姫甜夢　浙江工商大学
龍燕青　北京第二外国語学院
王瑞敏　内モンゴル大学
戴嘉琪　首都師範大学
程瑛琪　天津商業大学
施紅莎　浙江理工大学
劉徳満　青島職業技術学院
鄭穎悦　常熟理工学院
劉淑嫚　武昌理工学院
周朦朦　蘇州大学
章懐青　蘇州大学
朱栩瑩　広東外語外貿大学
侯岩松　西安理工大学
陳暁雯　青島農業大学
欧書寧　天津外国語大学濱海外事学院
李斉悦　中原工学院
陳少傑　福建師範大学
張聡恵　集美大学
李依格　上海師範大学
汪雪瑩　上海市甘泉外国語中学校
劉暁璠　青島理工大学
蔡暁彤　西北大学
徐亦微　西北大学
任伊稼　上海外国語大学附属上海外国語学校東校
周　怡　淮陰師範学院
劉　静　広東外語外貿大学南国商学院
陳　晨　淮海工学院
李　雪　貴州大学
韓方超　泰山学院
康雅姿　中南大学
劉紫薇　山東財経大学
馮子凝　山東青年政治学院
金香玲　大連民族大学
譚鳳儀　中国人民大学
周雨萱　中国人民大学
劉樹慧　菏澤学院
韋　彤　菏澤学院
趙祖琛　菏澤学院
郝文佳　山東科技大学
聶　帥　華僑大学
宋　歌　華僑大学
華　瑾　華僑大学
彭暁宏　華僑大学
許迪棋　華僑大学
張雨璇　上海師範大学
劉文静　常州大学
朱新玲　常州大学
徐　穎　常州大学
栗　聡　常州大学
劉馨悦　通化師範学院
鄒春野　通化師範学院

孫艶琦　上海理工大学
劉一陽　黒龍江外国語学院
張家福　運城学院
阿説暁琳　楽山師範学院
余廷蕤　楽山師範学院
孫　赫　山東大学(威海)東北アジア学院
耿芸晨　竜岩学院
廖欣怡　杭州師範大学
李心怡　杭州師範大学
汪　雲　杭州師範大学
鄺暁鈺　江西財経大学
果　威　東北大学秦皇島分校
孫文璐　黒龍江東方学院
劉婧穎　大連工業大学
張錦文　杭州師範大学
張詩紅　恵州学院
張　迅　安陽師範学院
斉　淇　大連東軟信息学院
張思鈺　大連東軟信息学院
高子雲　大連東軟情報学院
陳佳欣　大連東軟情報学院
龔佳麗　棗荘学院
賈　彤　棗荘学院
黄雪珍　湖州師範学院
陸奕静　湖州師範学院
石麗瓊　湖州師範学院
丁朔月　湖州師範学院
倪婷莉　湖州師範学院
李淑明　煙台大学
呉　迪　煙台大学
王　琼　広東外語外貿大学南国商学院
ラチンジャ　青海民族大学
オセドルジ　青海民族大学
盧宏廸　杭州師範大学
楊光耀　海南師範大学
周小容　海南師範大学
王雅竹　瀋陽工業大学
呉潮松　瀋陽工業大学
趙思宇　湖南文理学院芙蓉学院
石　聡　華中師範大学
潘嬴男　華中師範大学
陳雯雯　山西大学
林風致　山西大学
林　静　山西大学
陳柯君　山西大学
荘達耀　山西大学
鄧文茜　華南師範大学
阮文浩　華南師範大学
梁　婧　湖南大学
羅伊霊　湖南大学
郭煜輝　湖南大学
呂佩佩　湖南大学
李浩宇　湖南大学
呉寧瑜　江西農業大学南昌商学院
藍　昕　江西農業大学南昌商学院
石越越　東華大学
張　悦　東華大学
包婷婷　揚州大学広陵学院
何　煊　揚州大学
金可悦　南京工業大学
陳紫莉　武漢大学
鄧雨春　武漢大学
施昕暉　天津工業大学
邱詩媛　天津工業大学
孫佳琪　天津工業大学
盧雨欣　四川大学
孫倩倩　青島大学
周　丹　青島大学
王倶揚　青島大学
劉　暢　青島大学
呂暁晨　青島大学
王子威　蘭州大学
廉暁慧　東北育才外国語学校
葉曉倩　浙江万里学院
李陳浩　浙江万里学院
秦月涵　浙江万里学院
何　東　首都師範大学
孫嘉文　北京外国語大学
陳露文　上海師範大学
管　潤　湖北師範大学
韓楊菲　恵州経済職業技術学院
劉暁迪　山東財経大学
王憶琳　集美大学
汪　洋　浙江外国語学院
李慧栄　大連芸術学院
徐丹荷　広東外語外貿大学南国商学院
袁　園　西南民族大学
冀嘉璇　西南民族大学
周　明　桂林理工大学
唐明霞　桂林理工大学
周慧佳　桂林理工大学
覃金連　桂林理工大学
李智芝　嘉興学院南湖学院
王佳蓓　嘉興学院南湖学院
馮蕾蕾　天津科技大学
倪薛涵　天津科技大学
石　園　大連理工大学
潘　呈　上海理工大学
鄭景雯　国際関係学院
張旭鑫　文華学院
孟　旦　文華学院
周紫儀　南京師範大学附属高等学校
金昕叡　大連外国語大学
李嘉楽　大連外国語大学
王　康　大連外国語大学
王怡璇　大連外国語大学
呉　尽　大連外国語大学
張光輝　寧波工程学院
管心湘　寧波工程学院
梅方燕　陝西理工大学
余嘉軒　武漢理工大学
王　婧　武漢理工大学
韋宇城　武漢理工大学
胡瀟晗　武漢理工大学
徐豪澤　ハルビン工業大学
黄旭雯　ハルビン工業大学
王嘉鴻　ハルビン工業大学
陳暁研　上海交通大学
徐寧江　上海交通大学
唐雨静　華東政法大学
劉浩暉　韶関学院
丁　宇　広東嶺南職業技術学院
趙中孚　西安財経大学
侯　婷　西安財経大学
李博軒　西安財経大学
江　慧　吉林華橋外国語学院
王志浩　吉林華橋外国語学院
範禹岐　吉林華橋外国語学院
劉星佐　吉林華橋外国語学院
劉天航　吉林華橋外国語学院
楊　哲　吉林華橋外国語学院
陳暁傑　吉林華橋外国語学院
郁文全　吉林華橋外国語学院
袁　満　吉林華橋外国語学院
王一汀　吉林華橋外国語学院
范金淼　中南林業科技大学
王　暢　中南林業科技大学
何秀慧　江蘇理工学院
翁恵娟　江蘇理工学院
陳　穎　中南財経政法大学
林宣佑　中南財経政法大学
孫文麒　中南財経政法大学
王　鈺　中南財経政法大学
唐　然　中南財経政法大学
余　莞　中南財経政法大学
朱迪妮　復旦大学
李奕珂　四川大学錦城学院
潘　静　集美大学
李佳瑩　西安理工大学
王敏瑋　外交学院
連　通　玉林師範学院
張篠顔　上海外国語大学
王洪苗　河北工業大学
鄭家彤　河北工業大学
潘天璐　杭州師範大学
王羽晴　中山大学
楊潔容　成都東軟学院
胡煥礫　合肥学院
呉文文　合肥学院
倪悦韜　上海建橋学院
方　彬　上海建橋学院
任　静　蘭州理工大学
馮夢熒　浙江外国語学院

第13回
中国人の日本語作文コンクール受賞者一覧

最優秀賞・日本大使賞
宋　妍　河北工業大学

一等賞
邱　吉　浙江工商大学
張君恵　中南財経政法大学
王　麗　青島大学
黄鏡清　上海理工大学
林雪婷　東北大学秦皇島分校

二等賞
王曽芝　青島大学
劉偉婷　南京農業大学
孫夢瑩　青島農業大学
汝嘉納　同済大学
王静昀　中国人民大学
余催山　国際関係学院
李思萌　天津科技大学
李師漢　大連東軟信息学院
劉淑媛　武昌理工学院
賀文慧　武昌理工学院
杜玟君　ハルビン工業大学
王智群　江西財経大学
趙景帥　青島職業技術学院
欧嘉文　華僑大学
陳　艶　上海交通大学

三等賞
呂暁晨　青島大学
陳　群　中南財経政法大学
陳月園　杭州師範大学
王婧瀅　清華大学
劉思曼　長春師範大学
葉奕恵　恵州学院
陳妍宇　電子科技大学
傅麗霞　華僑大学
李夢倩　浙江農林大学
李婉逸　中南財経政法大学
陳馨雷　中南財経政法大学
宗振宇　青島農業大学
高　潤　西南民族大学
鄭秋燕　菏澤学院
郭　禕　河北大学
史藝濤　上海市晋元高級中学
孫婧一　東華大学
王澤一　寧波外国語学校
蔡方方　許昌学院
劉海鵬　許昌学院
楊　悦　大連海事大学
楊晴茹　山東財経大学
顧　徐　上海海洋大学
劉　通　上海杉達学院
玉　海　中南民族大学
胡茂森　湖南大学
蘇暁倫　広東外語外貿大学
梅瑞荷　信陽師範学院
馬瀅哲　嘉興学院
張天航　武漢理工大学
劉小芹　東華大学
葉忠慧　広東海洋大学
王偉秋　天津工業大学
胡芷媛　大連東軟信息学院
郭　鵬　西南交通大学
周　湾　東華理工大学
呉夢露　江西農業大学南昌商学院
張少東　海南師範大学
成悦平　中国人民大学
徐雨婷　同済大学
史　蕊　淮陰師範学院
姚文姫　東莞理工学院
陸　湘　華僑大学
劉雅婷　天津科技大学
鍾一棚　大連大学
潘君艶　寧波工程学院
王　炎　大連工業大学
牟雨晗　浙江農林大学
張　婧　吉林華橋外国語学院
鄭　凱　青島農業大学
姚子茜　華東政法大学
丁昊天　中国海洋大学
張　典　大連外国語大学
陳　研　常州大学
張宇航　山西大学
張家福　運城学院
竇金頴　楽山師範学院
呉　凡　南京信息工程大学
馬　瑞　山西大学
劉　琴　安徽大学

佳作賞
林雨桐　広東外語外貿大学
馮彩勤　安徽大学
呉雲観　浙江理工大学
郝皓宇　チベット民族大学
周盛寧　嘉興学院応用技術学院
殷子旭　天津外国語大学
姚　瑶　中南民族大学
呉桂花　貴州大学
邱怡婷　塩城工学院
成暁倩　塩城工学院
徐子芹　四川外国語大学成都学院
周　怡　淮陰師範学院
朱夢雅　淮陰師範学院
郭燦裕　広東機電職業技術学校
郭夢林　常州大学
趙淑婷　嘉興学院
張革春　江西財経大学
陳麗菁　東華理工大学長江学院
袁　丹　西華師範大学
薛亜男　青島職業技術学院
陳佳敏　青島職業技術学院
趙妮雪　青島大学
洪斌鋭　恵州学院
白鳳玲　湖北民族学院
殷若宜　集美大学
鞠文婷　大連外国語大学ソフトウェア学院
李素娜　東莞理工学院
姚　悦　大慶師範学院
劉麗雲　湖南大学
呉仕姫　湖南大学
呂　程　湖南大学
葛宇翔　安徽外国語学院
任禹龍　海南師範大学
黄鎮清　海南師範大学
趙玉瑩　渤海大学
王敏敏　渤海大学
脱康寧　華僑大学
呉宏茵　華僑大学
周　琳　瀋陽工業大学
袁青青　浙江大学寧波理工学院
游介邦　大連外国語大学
趙君儒　大連外国語大学
蔚　盼　西北大学
孫錦茜　揚州大学
王楚萱　揚州大学
張佳寧　揚州大学
李　琳　江西農業大学南昌商学院
黄　琪　江西農業大学南昌商学院
謝璟玥　黄岡師範学院
王大為　北京第二外国語学院
太敬媛　北京第二外国語学院
鄭　静　武漢工程大学
朱徳泉　安陽師範学院

余夢娜　安陽師範学院
周駱駱　南京大学金陵学院
趙珊珊　電子科技大学
李　平　東華理工大学
曽明玉　東華理工大学
李　婷　東華理工大学
付巧芸　東華理工大学
張麗虹　広東技術師範学院
桂媛媛　北京科技大学
朱潔銀　浙江財経大学東方学院
張嘉慧　吉林大学珠海学院
汪紅霞　浙江万里学院
孔夢婕　浙江万里学院
馬　李　浙江万里学院
王瑾瓏　浙江万里学院
陳鯨娜　暨南大学
李嘉棋　広東外語芸術職業学院
任盛雨　天津商務職業学院
鄭　茜　楽山師範学院
徐明慧　遼寧大学
龍佳琪　西南交通大学
楊春麗　西南交通大学
靳　琳　西南交通大学
軒轅雲暁　山東青年政治学院
侯炳彰　ハルビン工業大学
龍学佳　南京郵電大学
洪熙恵　煙台大学
鄒澐釗　吉林財経大学
張殷瑜　中国海洋大学
侯羽庭　中国海洋大学
劉　畑　中国海洋大学
王暁暁　山東大学威海分校翻訳学院
史小玉　長安大学
張童堯　大連東軟情報学院
曽鈺萍　大連東軟情報学院
何　陽　大連東軟信息学院
温麗穎　大連東軟情報学院
譚　森　重慶三峡学院
李麗芳　長春工業大学
李寒寒　長春工業大学
王淑婷　青島理工大学
梁一爽　天津工業大学
馬沢遠　天津工業大学
王　雨　東北大学秦皇島分校
馮如雪　許昌学院
宮　倩　華東師範大学
ガットブジャ　青海民族大学
徐彤彤　通化師範学院
周丹羚　福建師範大学
丁沁文　福建師範大学
涂智強　江西外語外貿職業学院
張志豪　江西外語外貿職業学院
郝亜蕾　泰山学院
田　雪　泰山学院
彭慧霞　泰山学院
張夏青　泰山学院
鐘葉娟　広東海洋大学
陳聖傑　大連海洋大学
潘　瑞　大連海洋大学
劉　娟　大連海洋大学
茹　壮　大連海洋大学
潘慧寧　大連海洋大学
陸　婷　大連海洋大学
王　朋　山西大学
韋倩雯　山西大学
楊　綺　山西大学
呉氷潔　東華大学
沈千匯　東華大学
李享珍　東華大学
劉淑蕓　東華大学
楊　珊　南京理工大学
丁剣鋒　南京工業大学
盧珊珊　南京工業大学
梁亞曼　魯東大学
左玉潔　魯東大学
範丹鈺　浙江師範大学
彭　楨　浙江師範大学
呉非凡　浙江師範大学
張羽冉　華東政法大学
趙嘉華　華東政法大学
高敏訥　華東政法大学
朱　瑛　華東政法大学
呉致芹　青島農業大学
徐一琳　青島農業大学
魏　婕　青島農業大学
梁慧梅　嶺南師範学院
盧冬梅　嶺南師範学院
許穎晴　嶺南師範学院
陳景蓉　済南大学
葉　歓　武漢理工大学
張鉦浩　武漢理工大学
趙　晗　武漢理工大学
陳加興　武漢理工大学
郭天翼　吉林華橋外国語学院
章夢婷　吉林華橋外国語学院
陳　彤　吉林華橋外国語学院
殷雨晨　吉林華橋外国語学院
汪笑笑　嘉興学院南湖学院
沈雯婷　嘉興学院南湖学院
劉　錦　中南財経政法大学
唐　然　中南財経政法大学
王　鈺　中南財経政法大学
丁　楠　大連理工大学城市学院
賈会君　大連理工大学城市学院
李芸璇　大連理工大学城市学院
張津津　大連理工大学城市学院
単金萍　浙江農林大学
陸怡雯　浙江農林大学
劉　婕　合肥学院
胡煥碟　合肥学院
王芸儒　大連工業大学
宋婷玉　大連工業大学
李　越　大連工業大学
孫雯雯　東北財経大学
許　暢　東北財経大学
張　妍　太原理工大学
賀　珍　寧波工程学院
銭　蜜　寧波工程学院
金美好　寧波工程学院
李　婷　寧波工程学院
王玲平　湖州師範学院
陳予捷　湖州師範学院
鐘　琳　湖州師範学院
袁暁露　湖州師範学院
汪頌今　湖州師範学院
藺　黎　成都東軟学院
厳　浩　成都東軟学院
張書徳　大連大学
朱守静　大連大学
胡　芸　武漢大学
杜軼楠　武漢大学
呉欣君　上海理工大学
陶志璐　遼寧師範大学
孫　穎　遼寧師範大学
張　錦　遼寧師範大学大学院
王卓琳　遼寧師範大学大学院
尤子瑞　西安電子科技大学
李書輝　南京農業大学
羅雯雪　雲南民族大学
童　莎　西安財経学院
楊子璇　南京師範大学
劉明達　南京師範大学
彭淼琳　南京師範大学
李春輝　遼寧対外経貿学院
程蕾彧　西安外国語大学
劉雲嘉　黒龍江外国語学院
唐銀梅　江蘇大学
于佳雯　江蘇大学
仇昊寧　南京工業職業技術学院
唐　瀾　菏澤学院
徐　傑　菏澤学院
劉樹慧　菏澤学院
金娜延　大連民族大学
任　静　蘭州理工大学
蒋　瑩　天津科技大学
張　睿　天津科技大学
董魏丹　天津科技大学
黄靖智　天津科技大学

第12回
中国人の日本語作文コンクール受賞者一覧

最優秀賞・日本大使賞

白　宇　蘭州理工大学

一等賞

郭可純　中国人民大学
張　凡　合肥優享学外語培訓学校
張君恵　中南財経政法大学
張彩玲　南京農業大学
金昭延　中国人民大学

二等賞

羅雯雪　雲南民族大学
肖思岑　湖南文理学院
王君琴　長安大学
王晨陽　国際関係学院
靳雨桐　中国人民大学
舒　篠　黒龍江外国語学院
王亜瓊　中南財経政法大学
朱翊慇　東莞理工学院
葉書辰　北京科技大学
張春岩　青島職業技術学院
徐　娜　恵州学院
張文輝　大連外国語大学
劉　安　山東政法学院
曽　珍　大連大学
王亜楠　山西大学

三等賞

肖年健　大連外国語大学
喬志遠　国際関係学院
謝　林　東華大学
余鴻燕　同済大学
郭　帥　青島農業大学
蒋易珈　南京農業大学
馬茜瀅　北京科技大学
梅錦秀　長江大学
林　璐　大連外国語大学
郭瀟穎　同済大学
洪　貞　上海理工大学
顧　誠　南京師範大学
李　聡　浙江農林大学
佟　徳　青海民族大学
李　倩　菏澤学院
劉嘉慧　江西農業大学南昌商学院
張靖婕　外交学院
高璟秀　合肥学院
陳倩瑶　吉林華橋外国語学院
王　婷　常州大学
王　弘　楽山師範学院
仲思嵐　揚州大学
劉権彬　東莞理工学院
郭建斌　運城学院
闞洪蘭　煙台大学
蔡偉麗　浙江農林大学
陳　怡　浙江農林大学
李慧玲　東北大学秦皇島分校
羅亜妮　南京理工大学
李琳玲　嘉興学院
李　達　大連外国語大学
劉小芹　東華大学
甘睿霖　揚州大学
周彤彦　南京郵電大学
李　氷　瀋陽師範大学
彭　俊　遼寧師範大学海華学院
陳　麗　天津科技大学
羅夢晨　南京師範大学
劉雨佳　瀋陽工業大学
許楚翹　常州大学
廖珊珊　東華理工大学
譚　翔　青島職業技術学院
李家輝　広東省外国語芸術職業学院
王沁怡　四川外国語大学
曹伊狄　遼寧対外経貿学院
李偉浜　南京工業大学
楊茹願　西安財経学院
朱杭珈　嘉興学院
陳子航　東華理工大学
戴俊男　東華大学
呉佩遙　同済大学
時　瑶　遼寧大学外国語学院
董鳳懿　大連工業大学
黄潔貞　五邑大学
施静雅　大連東軟情報学院
馮倩倩　安陽師範学院
付子梅　山東科技大学
鄭玉蓮　武漢理工大学
施金暁　寧波工程学院
丁　明　長春理工大学

佳作賞

周俊峰　江漢大学
張林璇　蘇州大学
楊晏睿　蘇州大学文正学院
祁麗敏　対外経済貿易大学
殷　静　重慶三峡学院
劉先会　天津財経大学
李睿禕　山東農業大学
黄国媛　曲阜師範大学
王建華　吉林建築大学城建学院
楊夢倩　華東理工大学
何思韻　広東外語外貿大学
黄　晨　南京大学金陵学院
陳静姝　長春理工大学
呂　月　淮陰師範学院
史　蕊　淮陰師範学院
張　悦　淮陰師範学院
陳紕晶　北京郵電大学
黄少連　広東省技術師範学院
丁　一　渤海大学
王一平　重慶師範大学
陳蓓蓓　貴州大学
柏在傑　貴州大学
樊偉璇　貴州大学
袁静文　華僑大学
李方方　華僑大学
袁冬梅　華僑大学
蔡舒怡　華僑大学
金慧貞　華僑大学
李翔宇　華僑大学
任昀娟　青島大学
趙　芮　青島大学
王光紅　青島大学
丁夢雪　青島大学
李　明　青島大学
常暁怡　青島大学
閆　陽　青島大学
陳暁雲　華南理工大学
霍雨佳　海南師範大学
劉　璺　海南師範大学
楼金璐　四川外国語大学
王暁琳　吉林財経大学
方穎穎　泰山学院
熊萍萍　井岡山大学
高何鎧　浙江万里学院
宋躍林　嘉興学院平湖校区
謝子傑　嘉興学院平湖校区
張　彤　西南交通大学
鐘　璨　電子科技大学
王喩霞　煙台大学
蔡苗苗　東華理工大学
曽明玉　東華理工大学
張　琪　楽山師範学院
王　潔　楽山師範学院
蔡　楽　渭南師範学院
李天琪　西南民族大学
呉夏萍　吉林大学

潘衛峰　浙江万里学院
陳鋭煒　江西財経大学
劉英迪　江西財経大学
呉明賓　江西財経大学
曾冉芸　上海交通大学
徐　冲　大慶師範学院
李佳鈺　東北師範大学
斉夢一　北方工業大学
鄭燕燕　浙江師範大学
戴可晨　浙江師範大学
唐亜潔　吉林華橋外国語学院
湯承晨　吉林華橋外国語学院
于　蕾　菏澤学院
王沢洋　東北大学
周艶芳　集美大学
林麗磊　集美大学
甘　瑶　新疆師範大学
葉　璇　南京理工大学
張玉蓮　西南民族大学
徐明慧　遼寧大学
張媛媛　嘉興学院
劉　玉　西北大学
陳思伊　福州大学至誠学院
趙戈頴　中国海洋大学
李祖明　中国海洋大学
王沢源　山西大学
曹　帆　山西大学
陳　周　山西大学
鐘宇丹　広東外語外貿大学
陳嘉慧　広東外語外貿大学
王　蕙　北京科技大学
卜明梁　大連外国語大学
董博文　大連外国語大学
高　明　大連外国語大学
金　菲　大連外国語大学
藍　玉　大連外国語大学
李佳沢　大連外国語大学
劉　迪　大連外国語大学
馬　駿　大連外国語大学
馬　蓉　大連外国語大学
王海晴　大連外国語大学
鄭皓予　大連外国語大学
樊翠翠　山東師範大学
盧静陽　山東師範大学
王暁暁　山東大学(威海)翻訳学院
王小芳　山東大学(威海)翻訳学院
厳晨義　嘉興学院
于華銀　遼寧軽工職業学院
黄媛熙　新疆師範大学
顔夢達　上海師範大学
王若雯　広東省外国語芸術職業学院
徐楽瑤　長春外国語学校
王　瑞　西安交通大学
唐　鈺　西安交通大学
張永芳　山東理工大学

徐　文　山東理工大学
霍暁丹　黒龍江外国語学院
張　淼　黒龍江外国語学院
于曉佳　黒龍江外国語学院
龐　迪　黒龍江外国語学院
李文静　黒龍江外国語学院
金淑敏　黒龍江外国語学院
霍暁丹　黒龍江外国語学院
劉正道　東華大学
張啓帆　東華大学
侯金妮　東華大学
高　寧　東華大学
符詩伊　東華大学
何悦寧　同済大学
陳穎潔　同済大学
于凡迪　同済大学
毛彩麗　魯東大学
張玉玉　魯東大学
解慧宇　魯東大学
李　浩　魯東大学
苟淑毅　魯東大学
陳　錚　天津外国語大学
徐嘉偉　天津外国語大学
高夢露　天津外国語大学
陳　靖　天津外国語大学
朱　珊　天津外国語大学
周姗姗　天津外国語大学
康為浩　天津商務職業学院
任盛雨　天津商務職業学院
張之凡　中南大学
凌沢玉　大連東軟情報学院
劉智洵　揚州大学
李婉媚　嶺南師範学院
朱藹欣　嶺南師範学院
呉玉儀　嶺南師範学院
田海媚　南京郵電大学
沈嘉倩　南京郵電大学
龍学佳　南京郵電大学
謝豊蔚　南京郵電大学
徐永林　南京郵電大学
劉　群　ハルビン工業大学
呉璐莹　浙江大学城市学院
李鳳婷　南京信息工程大学
韓　丹　上海師範大学天華学院
梁一爽　天津工業大学
王雨帆　天津工業大学
徐文諱　湖州師範学院
馮金娜　湖州師範学院
関金麗　湖州師範学院
王潔宇　山東科技大学
穆小娜　山東科技大学
張仁彦　山東科技大学
劉偉娟　山東科技大学
劉姝珺　四川外国語大学成都学院
趙紫涵　四川外国語大学成都学院

廖　琦　武昌理工学院
田漢博　武昌理工学院
王沙沙　武昌理工学院
李煜菲　武昌理工学院
劉思敏　武昌理工学院
裴　慶　武昌理工学院
柳宇鳴　武昌理工学院
唐一鳴　武昌理工学院
劉淑嫚　武昌理工学院
雷景堯　大連大学
路志苑　運城学院
曹海青　黄岡師範学院
謝沅蓉　北京第二外国語学院
劉　雅　北京第二外国語学院
張芸馨　東北財経大学
沈茜茜　東北財経大学
奚丹鳳　嘉興学院南湖学院
田　葉　嘉興学院南湖学院
張銀玉　山東財経大学
高　雅　安徽師範大学
王雅婧　安徽師範大学
林青霞　天津科技大学
王春蕾　天津科技大学
陳維任　天津科技大学
于汨鑫　山東大学
李海川　玉林師範学院
李虹慧　玉林師範学院
刁金星　大連民族大学
李笑林　寧波工程学院
王卓琳　大連理工大学城市学院
蔣蘊豊　大連理工大学城市学院
趙瑾軒　青島農業大学
許夢琪　青島農業大学
周克琴　中南財経政法大学
胡　健　中南財経政法大学
陳馨雷　中南財経政法大学
黄橙紫　中南財経政法大学
董知儀　武漢理工大学
魏　甜　武漢理工大学
呉夢思　武漢理工大学
李福琴　武漢理工大学
張夢婧　武漢理工大学
孟　晴　太原理工大学
方沢紅　浙江農林大学
戚夢婷　浙江農林大学
李延妮　大連工業大学
于　晨　大連工業大学
王彩雲　大連工業大学
蘇　翎　北京外国語大学
季孟嬌　青島大学
張雪倩　常州工学院
肖宛璐　瀋陽薬科大学
範松梅　瀋陽工業大学

第11回
中国人の日本語作文コンクール受賞者一覧

最優秀賞・日本大使賞

張晨雨　山東政法学院

一等賞

雷雲恵　東北大学秦皇島分校
莫泊因　華南理工大学
張戈裕　嶺南師範学院
翁暁暁　江西農業大学南昌商学院
陳静瑞　常州大学

二等賞

陳星竹　西安交通大学
孟　瑶　山東大学（威海）翻訳学院
王　林　武漢理工大学
羅暁蘭　国際関係学院
任　静　山西大学
王　弘　楽山師範学院
于　潔　揚州大学
郭可純　中国人民大学
劉世欣　南京理工大学
霍曉丹　黒竜江外国語学院
馮楚婷　広東外語外貿大学
周佳鳳　江西科技師範大学
王昱博　遼寧大学
許芸瀟　同済大学
鄒潔儀　吉林華橋外国語学院

三等賞

王羽迪　天津科技大学
張　敏　青島農業大学
趙盼盼　山東財経大学
金慧晶　北方工業大学
劉世奇　重慶大学
李思琦　山東大学（威海）翻訳学院
蒋雲芸　山東科技大学
蘇芸鳴　広東海洋大学
朱磊磊　鄭州大学
譚文英　南京農業大学
楊　力　瀋陽薬科大学
万瑪才旦　青海民族大学
宋文妍　四川外国語大学
梁　露　運城学院
張哲琛　東華大学
穀　柳　合肥学院
曹亜曼　南京師範大学
陳　婷　長春工業大学
祁儀娜　上海海事大学
夏葉城　遼寧対外経貿学院
張雅晴　ハルビン工業大学
閔子潔　北京師範大学
文家豪　雲南民族大学
牛雅格　長安大学
謝東鳳　中南民族大学
万　健　西南民族大学
陳蓓蓓　貴州大学
周　標　海南師範大学
田天縁　天津工業大学
白　露　長春理工大学
陳嘉敏　東莞理工学院
江　琼　江西財経大学
譚雯婧　広東海洋大学
陳維益　東北財経大学
王瀟瀟　南京大学金陵学院
李　珍　吉林大学
顧宇豪　浙江大学城市学院
王詣斐　西北大学
王超文　北京郵電大学
蔡　超　韶関学院
孫秀琳　煙台大学
李如意　外交学院
蒙秋霞　西南科技大学
牛宝倫　嘉興学院
範紫瑞　北京科技大学
畢　奇　太原理工大学
劉秋艶　大連外国語大学
楊慧穎　南京師範大学

佳作賞

李夢婷　天津財経大学
馮馨儀　天津財経大学
楊　珩　天津財経大学
馬雲芳　天津外国語大学
宋啓超　吉林大学
王曉依　浙江大学城市学院
曹　丹　青島大学
丁夢雪　青島大学
郝　敏　青島大学
楊　建　青島大学
葉雨菲　青島大学
成　愷　西南交通大学
兪　叶　西南交通大学
王　暢　西南交通大学
但俊健　西南交通大学
劉曉慶　西南交通大学
聶　琪　山東科技大学
張雪寒　吉林大学珠海学院
方　嘯　嘉興学院
陳子軒　嘉興学院
霍思静　嘉興学院
朱杭珈　嘉興学院
戴蓓蓓　嘉興学院
李　静　貴州大学
範　露　貴州大学
成　艶　貴州大学
趙慧敏　淮陰師範学院
付　雪　淮陰師範学院
劉樊艶　淮陰師範学院
陳　聡　淮陰師範学院
呉芸飛　淮陰師範学院
顧夢霞　淮陰師範学院
牛　雪　淮陰師範学院
李　艶　湘潭大学
夏英天　遼寧師範大学海華学院
白　洋　華僑大学
袁静文　華僑大学
曽宇宸　華僑大学
鄭貴嬰　華僑大学
徐鳳女　華僑大学
蔡舒怡　華僑大学
袁晨晨　浙江万里学院
唐佳麗　浙江万里学院
趙　琳　浙江万里学院
朱暁麗　浙江万里学院
王斐丹　浙江万里学院
胡佳峰　浙江万里学院
胡佳峰　浙江万里学院
宣方園　浙江万里学院
林嫺慧　浙江万里学院
趙浩辰　長春理工大学
余梓瑄　南京信息工程大学
劉　璐　南京信息工程大学

姜景美	東北師範大学
郭　城	大連外国語大学
何璐璇	人連外国語大学
隋和慧	大連外国語大学
賴麗傑	大連外国語大学
馮佳誉	大連外国語大学
李欣陽	大連外国語大学
李佳沢	大連外国語大学
李嘉欣	大連外国語大学
艾雪驕	大連外国語大学
呂紋語	大連外国語大学
蘇靖雯	大連外国語大学
呉昱含	大連外国語大学
張曦冉	大連外国語大学
張暁晴	大連外国語大学
高　原	大連外国語大学
姚佳文	大連外国語大学
于　淼	大連外国語大学
陳　暢	大連外国語大学
韓　慧	大連外国語大学
蘇日那	大連外国語大学
蘇星煌	大連外国語大学
羅晶月	大連外国語大学
叶桑妍	大連外国語大学
張楽楽	大連外国語大学
張　瑜	東華大学
郎　鈅	東華大学
姚儷瑾	東華大学
蘇日那	大連外国語大学
蘇星煌	大連外国語大学
羅晶月	大連外国語大学
叶桑妍	大連外国語大学
張楽楽	大連外国語大学
張　瑜	東華大学
郎　鈅	東華大学
姚儷瑾	東華大学
楊嘉佳	東華大学
黎世穏	嶺南師範学院
劉煒琪	嶺南師範学院
林小愉	嶺南師範学院
朱靄欣	嶺南師範学院
金美慧	大連民族大学
李霊霊	大連民族大学
周明月	大連民族大学
劉晨科	山東交通学院
徐　力	山東交通学院
権芸芸	対外経済貿易大学
劉孟花	山西大学
張殷瑜	山西大学
李　媛	恵州学院
張艾琳	恵州学院
洪毅洋	恵州学院
張　鈺	揚州大学
唐順婷	四川理工学院
李新雪	長江大学
楊欣儀	長江大学
鄭　巧	長江大学
陳　豪	長江大学
池夢婷	長江大学
鄔甚佳	黄岡師範学院
段　瑩	北京科技大学
董揚帆	北京科技大学
馬新艶	南京師範大学
夏君妍	南京師範大学中北学院
楊馥毓	浙江農林大学東湖校区
陳　怡	浙江農林大学東湖校区
李　毅	浙江農林大学東湖校区
孔増楽	浙江農林大学東湖校区
沈夏艶	浙江農林大学東湖校区
潘　呈	浙江農林大学東湖校区
李　楽	太原理工大学
李一菲	太原理工大学
孫甜甜	大連理工大学城市学院
韓　玲	大連理工大学城市学院
胡　硯	大連理工大学城市学院
李　婷	大連理工大学城市学院
姜　楠	ハルビン工業大学
陳　倩	長沙学院
王　翎	東北財経大学
鄧　婧	海南師範大学
冷　敏	海南師範大学
檀　靖	嘉興学院南湖学院
趙　莉	湘潭大学
何　丹	大連工業大学
宋　娟	大連工業大学
靳宗爽	大慶師範学院
陳　暁	大慶師範学院
夏丹霞	武漢理工大学
馬永君	武漢理工大学
林華欽	武漢理工大学
曹婷婷	武漢理工大学
孫　葳	武漢理工大学
曹　文	大連理工大学
閻　玥	大連大学
江　楠	大連大学
郭　莉	青島農業大学
王佳怡	寧波工程学院
費詩思	寧波工程学院
陳　聡	寧波工程学院
金静静	寧波工程学院
馮茹茹	寧波工程学院
兪夏琛	寧波工程学院
張　薇	遼寧師範大学
金智欣	遼寧師範大学
黄倩倩	合肥学院
龐嘉美	北京第二外国語大学
張雅楠	北京第二外国語大学
孫　肖	北京第二外国語大学
金静和	北京第二外国語大学
甘　瑶	新疆師範大学
張佳琦	上海交通大学
張雅鑫	天津工業大学
孫　帆	中南大学
彭暁慧	湘潭大学
史苑蓉	福建師範大学
林心怡	福建師範大学
張曉芸	福建師範大学
高建宇	吉林財経大学
劉建華	東南大学
陸君妍	湖州師範学院
鄭　娜	湖州師範学院
李双彤	湖州師範学院
潘淼琴	湖州師範学院
李夢丹	中南財経政法大学南湖校区
馬　沙	中南財経政法大学南湖校区
秦小聡	中南財経政法大学南湖校区
袁暁寧	中南財経政法大学南湖校区
康恵敏	中南財経政法大学南湖校区
黄鐠宇	大連理工大学
王　進	大連理工大学
金憶蘭	浙江師範大学
王依如	浙江師範大学
鄭　卓	浙江師範大学
方　園	南京郵電大学
姚　野	長春工業大学
李　月	運城学院
徐　捷	運城学院
謝　林	運城学院
吉　甜	天津師範大学
王佳歓	常州大学
李若晨	武昌理工学院
鄭詩琪	武昌理工学院
王志芳	武昌理工学院
黄佳楽	武昌理工学院
張　婭	武昌理工学院
李宝玲	天津科技大学
黄燕婷	東莞理工学院
張玉珠	南京農業大学
陳雪蓮	山東大学

第10回
中国人の日本語作文コンクール受賞者一覧

最優秀賞・日本大使賞

姚儷瑾　東華大学

一等賞

張　玥　重慶師範大学
汪　婷　南京農業大学）
姚紫丹　嶺南師範学院外国語学院
向　穎　西安交通大学外国語学院
陳　謙　山東財経大学

二等賞

王淑園　瀋陽薬科大学
楊　彦　同済大学
姚月秋　南京信息工程大学
陳霄迪　上海外国語大学人文経済賢達学院
王雨舟　北京外国語大学
徐　曼　南通大学杏林学院
陳梅雲　浙江財経大学東方学院
黄　亜　東北大学秦皇島分校
陳林傑　浙江大学寧波理工学院
呉　迪　大連東軟情報学院
呉柳艶　山東大学威海翻訳学院
孟文森　大連大学日本言語文化学院
趙含嫣　淮陰師範学院
郭　倩　中南大学
王　弘　楽山師範学院

三等賞

徐聞鳴　同済大学
洪若檳　厦門大学嘉庚学院
姚怡然　山東財経大学
李　恵　中南財経政法大学
尤政雪　対外経済貿易大学
謝　林　運城学院
黄子倩　西南民族大学
万　運　湘潭大学
丁亭伊　厦門理工学院
梁泳恩　東莞理工学院
王秋月　河北師範大学匯華学院
孫丹平　東北師範大学
伊　丹　西安外国語大学
郝苗苗　大連大学日本言語文化学院
徐　霞　南京大学金陵学院
季杏華　揚州大学
李　楊　浙江万里学院
劉国豪　淮陰師範学院
金夢瑩　嘉興学院
鄢沐明　華僑大学
陳　韵　甘泉外国語中学
孫晟韜　東北大學軟件学院
楊　珺　北京科技大学
劉慧珍　長沙明照日本語専修学院
林　婷　五邑大学
申　皓　山東財経大学
宋　婷　長春理工大学
許　莉　安陽師範学院
余立君　江西財経大学
李　淼　大連工業大学
馮其紅　山東大学（威海）翻訳学院
陳　舸　浙江工業大学之江学院
黄倩榕　北京第二外国語大学
沈夏艶　浙江農林大学
曹金芳　東華大学
黎　蕾　吉林華橋外国語学院
任　静　山西大学
陳静逸　吉林華橋外国語学院
徐夢嬌　湖州師範学院
馮楚婷　広東外語外貿大学

佳作賞

楊米婷　天津財経大学
喬宇航　石家庄外国語学校
林景霞　浙江万里学院
王亜瓊　中南財経政法大学
浦春燕　浙江万里学院
黄斐斐　上海海洋大学
戴舒蓉　浙江万里学院
李瑶卓　運城学院
程　月　長春工業大学
来　風　運城学院
瞿春芳　長春中医薬大学
路志苑　運城学院
伍錦艶　吉首大学

楊　茜　曲阜師範大学
徐嘉熠　北京理工大学
周　熠　北京理工大学珠海学院
魯雪萍　黄岡師範学院
陳　洪　四川外国語大学成都学院
陳　穎　西南交通大学
陳　茹　中国医科大学
梁小傑　西南交通大学
陳　晨　大連大学日本言語文化学院
王思雨　長安大学
華雪峡　大連大学日本言語文化学院
袁慶新　聊城大学
勾宇威　北京師範大学
于聖聖　長春理工大学
孫麗麗　山東大学
賈海姍　大連東軟情報学院
文胎玉　湖北民族学院
李官臻　大連東軟情報学院
楊錦楓　揚州大学
賈少華　大連東軟情報学院
孫暁宇　揚州大学
馬小燕　西北大学
盂維維　淮陰師範学院
潘秋杏　惠州学院
謝夢佳　淮陰師範学院
魏麗君　惠州学院
王正妮　河南理工大学
鄭暁佳　吉林大学珠海学院
金　珠　遼寧軽工職業学院
徐逍綺　上海師範大学天華学院
唐淑雲　華僑大学
牛愛玲　山東交通学院
戴惠嬌　華僑大学
李　玲　山東交通学院
文暁萍　広東外語外貿大学
張　楠　山東交通学院
陳明霞　中南大学
呉家鑫　山東交通学院
蔡海媚　広州鉄路職業技術学院
方　荃　天津職業技術師範大学
孫小斐　山東理工大学
張丹蓉　北京第二外国語大学
孫　漪　哈爾浜理工大学栄成学院
曽　瑩　嶺南師範学院外国語学院
林　霞　青島農業大学
張暁坤　嶺南師範学院外国語学院
鄭芳潔　青島農業大学
陳玉珊　嶺南師範学院外国語学院
張静琳　長江大学
劉晧芳　青島大学
向　沁　湖南大学
崔倩芸　青島大学
張　偉　遼寧大学外国語学院
温殊慧　山西大学
陶穎南　通大学杏林学院
張蓓蓓　山西大学
姜光曦　哈爾浜工業大学
任家蓉　山西大学
王　芬　浙江工業大学之江学院
余姣姣　南京林業大学
金　鑫　浙江工業大学之江学院
李　希　南京林業大学
章佳敏　合肥学院
唐　雪　湖州師範学院
林先慧　合肥学院
李　慧　琳湖州師範学院
張雅琴　寧波工程学院
曽　光　遼寧対外経貿学院
馮茹茹　寧波工程学院
瞿　蘭　浙江師範大学
王　静　浙江農林大学
李　欣　航長春外国語学校
潘　呈　浙江農林大学
陸楊楊　上海交通大學
廖美英　集美大学
王　耀　華山東外貿技術学院
李甜甜　集美大学
黄篠芙　東北育才外国語学校
雷紅艶　湘潭大学
郭　欣　東北育才外国語学校
皮益南　湘潭大学
王茹輝　天津工業大学

第9回 中国人の日本語作文コンクール受賞者一覧

最優秀賞・日本大使賞

李　敏　国際関係学院

一等賞

李渓源　中国医科大学
趙思蒙　首都師範大学
毛暁霞　南京大学金陵学院
李佳南　華僑大学
張佳茹　西安外国語大学

二等賞

李　彤　中国医科大学
沈　泱　国立中山大学
張　偉　長春理工大学
何金雍　長春理工大学
葛憶秋　上海海洋大学
王柯佳　大連東軟信息学院
王雲花　江西財経大学
李　靈　上海師範大学天華学院
王楷林　華南理工大学
鄭曄高　仲愷農業工程学院
朱樹文　華東師範大学
斉　氷　河北工業大学
厳芸楠　浙江農林大学
熊　芳　湘潭大学
杜洋洋　大連大学日本言語文化学院

三等賞

羅玉婷　深圳大学
崔黎萍　北京外国语大学日研中心
孫愛琳　大連外国語大学
顧思骐　長春理工大学
遊文娟　中南財経政法大学
張　玥　重慶師範大学
張　眉　青島大学
林奇卿　江西農業大学南昌商学院
田　園　浙江万里学院
馬名陽　長春工業大学
尹婕然　大連東軟信息学院
王　涵　大連東軟信息学院
蒋文娟　東北大学秦皇島分校
李思銘　江西財経大学
梁　勁　五邑大学
馬　倩　淮陰師範学院
陳林杰　江大学寧波理工学院
崔舒淵　東北育才外国語学校
劉素芹　嘉応大学
邵亜男　山東交通学院
周文弢　遼寧大学遼陽校
虞希希　吉林師範大学博達学院
彭　暢　華僑大学
尹思源　華南理工大学
郭　偉　遼寧大学
魏冬梅　安陽師範学院
楊　娟　浙江農林大学
牛　玲　吉林華橋外国語学院
馬源営　北京大学
高麗陽　吉林華橋外国語学院
宋　偉　蘇州国際外語学校
劉垂瀚　広東外語外貿大学
唐　雪　湖州師範学院
呼敏娜　西安外国語大学
李媛媛　河北師範大学匯華学院
梁　婷　山西大学
呂凱健　国際関係学院
黄金玉　大連大学日本言語文化学院
黎秋芳　青島農業大学
劉　丹　大連工業大学

佳作賞

達　菲　浙江工商大学
蔡麗娟　福建師範大学
褚　蓄　長春理工大学
陳全渠　長春理工大学
朱姝璇　湘潭大学
劉穎怡　華南理工大学
付莉莉　中南財経政法大学
王明虎　青島大学
邵　文　東北育才学校
馬麗娜　浙江万里学院
趙一倩　浙江万里学院
黄立志　長春工業大学
沈　一　長春工業大学
熊　茜　大連東軟信息学院
曹　静　大連東軟信息学院
薛　婷　大連東軟信息学院
鄭莉莉　東北大学秦皇島分校
侯暁同　江西財経大学
雷敏欣　五邑大学
葉伊寧　浙江大学寧波理工学院
陳　芳　楽山師範学院
趙倩文　吉林華橋外国語学院
田　園　東師範大学
梁　瑩　山東大学
張可欣　黒竜江大学
馬　駿　華僑大学
梁建城　華南理工大学
高振家　中国医科大学
張玉珠　南京農業大学
李暁傑　遼寧大学
陳聞怡　上海海洋大学
孫君君　安陽師範学院
張　悦　連外国語大学
楊雪芬　江農林大学
周琳琳　遼寧師範大学
郭会敏　山東大学(威海)翻訳学院日本語学部
王　碩　ハルビン工業大学
曽　麗　長沙明照日本語専修学院
喬薪羽　吉林師範大学
方雨琦　合肥学院
章　芸　湘潭大学
金紅艶　遼寧対外経貿学院
包倩艶　湖州師範学院
陳　婷　湖州師範学院
郭家斉　国際関係学院
張　娟　山西大学
王菊力慧　大連大学日本言語文化学院
龍俊汝　湖南農業大学外国語学院
李婷婷　青島農業大学
李　淼　大連工業大学

第8回
中国人の日本語作文コンクール受賞者一覧

最優秀賞・日本大使賞

李欣晨　湖北大学

一等賞

俞妍驕　湖州師範学院
周夢雪　大連東軟情報学院
張鶴達　吉林華橋外国語学院
黄志翔　四川外語学院成都学院
王　威　浙江大学寧波理工学院

二等賞

銭　添　華東師範大学
張　燕　長沙明照日本語専修学院
馮金津　大連東軟情報学院
魏　娜　煙台大学外国語学院
張君君　大連大学
羅　浩　江西財経大学
葉楠梅　紹興文理学院
周小慶　華東師範大学
施娜娜　浙江農林大学
高雅婷　浙江外国語学院
韓　璐　大連工業大学
潘梅萍　江西財経大学
李雪松　上海海洋大学
李　傑　東北大学
于　添　西安交通大学

三等賞

劉　珉　華東師範大学
呉智慧　青島農業大学
李暁珍　黒竜江大学
孫明朗　長春理工大学
王傑傑　合肥学院
周　雲　上海師範大学天華学院
黄慧婷　長春工業大学
楊　香　山東交通学院
洪雅琳　西安交通大学
王洪宜　成都外国語学校
張　瀚　浙江万里学院
馬雯雯　中国海洋大学
周亜平　大連交通大学
張　蕊　吉林華橋外国語学院
王　璐　青島科技大学
鄭玉蘭　延辺大学
王晨蔚　浙江大学寧波理工学院
邱春恵　浙江万里学院
張　妍　華僑大学
楊天鷺　大連東軟情報学院
郝美満　山西大学
李書琪　大連交通大学
李艶蕊　山東大学威海分校
王翠萍　湖州師範学院
許正東　寧波工程学院
張　歓　吉林華橋外国語学院
楊彬彬　浙江大学城市学院
薛思思　山西大学
趙丹陽　中国海洋大学
楊　潔　西安交通大学
李文静　五邑大学
劉庁庁　長春工業大学
佟　佳　延辺大学
劉宏威　江西財経大学
牟　穎　大連大学
石　岩　黒竜江大学
郭思捷　浙江大学寧波理工学院
傅亜娟　湘潭大学
周亜亮　蕪湖職業技術学院
胡季静　華東師範大学

佳作賞

趙　月　首都師範大学
閻　涵　河南農業大学
楊世霞　桂林理工大学
蒋華群　井岡山大学
王暁華　山東外国語職業学院
呉望舒　北京語言大学
何楚紅　湖南農業大学東方科技学院
耿暁慧　山東省科技大学
郭映明　韶関大学
馬棟萍　聊城大学
曹　妍　北京師範大学珠海分校
張　晨　山東交通学院
范暁輝　山東工商学院
李　崢　北京外国語大学
藍祥茹　福建対外経済貿易職業技術学院
魏　衡　西安外国語大学
陳　婷　上海外国語大学賢達経済人文学院
唐　英　東北大学
逄　磊　吉林師範大学
朱　林　温州医学院
熊　芳　湘潭大学
王亜欣　湖北第二師範学院
王穏娜　南京郵電大学
梁慶雲　広州鉄路職業技術学院
孫　瑞　遼寧工業大学
柳康毅　西安交通大学城市学院
趙瀚雲　中国伝媒大学
林　玲　海南大学
李冰倩　浙江理工大学
劉夢嬌　北京科技大学
呂　揚　広州第六高等学校
郭　君　江西農業大学
黄嘉穎　華南師範大学
張麗珍　菏澤学院
胡　桑　湖南大学
呉佳琪　大連外国語学院
蘇永儀　広東培正学院
侯培渝　中山大学
陳絢妮　江西師範大学
袁麗娜　吉首大学張家界学院
劉　莎　中南大学
段小娟　湖南工業大学
許穎穎　福建師範大学
劉艶龍　国際関係学院
張曼琪　北京郵電大学
任　爽　重慶師範大学
李競一　中国人民大学
井惟麗　曲阜師範大学
張文宏　恵州学院
劉依蒙　東北育才学校
韓　娜　東北大学秦皇島分校
王　歓　東北大学秦皇島分校

第7回
中国人の日本語作文コンクール受賞者一覧

最優秀賞・日本大使賞

胡万程　国際関係学院

一等賞

顧　威　中山大学
崔黎萍　河南師範大学
曹　珍　西安外国語大学
何洋洋　蘭州理工大学
劉　念　南京郵電大学

二等賞

程　丹　福建師範大学
沈婷婷　浙江外国語学院
李　爽　長春理工大学
李桃莉　暨南大学
李　胤　上海外国語大学
李　竑　上海海洋大学
李炆軒　南京郵電大学
王　亜　中国海洋大学
徐瀾境　済南外国語学校
李　哲　西安外国語大学
陳宋婷　集美大学
楊　萍　浙江理工大学
陳怡倩　湘潭大学
趙　萌　大連大学
陳凱静　湘潭大学

三等賞

劉　偉　河南師範大学
王鍶嘉　山東大学威海分校
冉露雲　重慶師範大学
李　娜　南京郵電大学
黄斯麗　江西財経大学
章亜鳳　浙江農林大学
張雅妍　暨南大学
王　玥　北京外国語大学
趙雪妍　山東大学威海分校
李金星　北京林業大学
羅詩蕾　東北育才外国語学校
莫倩雯　北京外国語大学
趙安琪　北京科技大学
欧陽文俊　国際関係学院
孫培培　青島農業大学
郭　海　暨南大学
孫　慧　湘潭大学
張徐琦　湖州師範学院
黄瑜玲　湘潭大学
楊恒悦　上海海洋大学
王吉彤　西南交通大学
任　娜　北京郵電大学
鄒　敏　曲阜師範大学
徐芸妹　福建師範大学
全　程　南京外国語学校
鄭方鋭　長安大学
秦丹丹　吉林華橋外国語学院
張臻園　黒竜江大学
任　爽　重慶師範大学
宋　麗　黒竜江大学
宣佳春　浙江越秀外国語学院
唐　敏　南京郵電大学
李玉栄　山東工商学院
陳　開　浙江越秀外国語学院
皮錦燕　江西農業大学
呉秀蓉　湖州師範学院
殷林華　東北大学秦皇島分校
黄　婷　浙江万里学院
雷　平　吉林華橋外国語学院
李嘉豪　華僑大学

佳作賞

範夢婕　江西財経大学
馮春苗　西安外国語大学
路剣虹　東北大学秦皇島分校
関麗嫦　五邑大学
何　琼　天津工業大学
趙佳莉　浙江外国語学院
崔松林　中山大学
王　菁　太原市外国語学校
馬聞嘒　同済大学
馬暁晨　大連交通大学
蔡暁静　福建師範大学
金艶萍　吉林華橋外国語学院
付可慰　蘭州理工大学
阮浩杰　河南師範大学
黄明婧　四川外語学院成都学院
高錐穎　四川外語学院成都学院
童　何　四川外語学院成都学院
李雅彤　山東大学威海分校
聶南南　中国海洋大学
王　瀾　長春理工大学
王媛媛　長春理工大学
朴太虹　延辺大学
張[illegible]　延辺大学
呂　謙　東北師範大学人文学院
車暁暁　浙江大学城市学院
梁　穎　河北工業大学
李逸婷　上海市甘泉外国語中学
朱奕欣　上海市甘泉外国語中学
靳小其　河南科技大学
阮宗俊　常州工学院
呉灿灿　南京郵電大学
張　婷　大連大学
趙世震　大連大学
周辰溦　上海外国語学校
周　舫　湘潭大学
華　瑶　湘潭大学
霍小林　山西大学
文　羲　長沙明照日本語専修学院
王　星　杭州第二高等学校
李伊頔　武漢実験外国語学校
王　瑾　上海海洋大学
孙婧雯　浙江理工大学
童　薇　浙江理工大学
諸夢霞　湖州師範学院
林　棟　湖州師範学院
林爱萍　嘉興学院平湖校区
張媛媛　青島農業大学
顔依娜　浙江越秀外国語学院
王丹婷　浙江農林大学
陳婷婷　浙江大学寧波理工学院

第6回
中国人の日本語作文コンクール受賞者一覧

【学生の部】

最優秀賞・日本大使賞

関　欣　西安交通大学

一等賞

劉美麟　長春理工大学
陳　昭　中国伝媒大学
李欣昱　北京外国語大学
碩　騰　東北育才学校

二等賞

熊夢夢　長春理工大学
徐小玲　北京第二外国語大学大学院
鐘自鳴　重慶師範大学
華　萍　南通大学
郭　莼　北京語言大学
王帥鋒　湖州師範学院
薄文超　黒竜江大学
彭　婧　湘潭大学
盧夢霏　華東師範大学
袁倩倩　延辺大学
周　朝　広東外語外貿大学
蒋暁萌　青島農業大学
周榕榕　浙江理工大学
王　黎　天津工業大学
陳　娟　湘潭大学

三等賞

樊昕怡　南通大学
呉文静　青島農業大学
潘琳娜　湖州師範学院
楊怡璇　西安外国語大学
王海豹　無錫科技職業学院
侯　姣　西安外国語大学
陸　婷　浙江理工大学
張郁晨　済南市外国語学校　高校部
張芙村　天津工業大学
呉亜楠　北京第二外国語大学大学院
沈　燕　山東交通学院
張　聡　延辺大学
許嬌蛟　山西大学
張　進　山東大学威海分校
方　蕾　大連大学
林心泰　北京第二外国語大学大学院
鐘　婷　浙江農林大学
王瑶函　揚州大学
甘芳芳　浙江農林大学
王　媚　安徽師範大学
杜紹春　大連交通大学
金銀玉　延辺大学
周新春　湖州師範学院
趙久傑　大連外国語学院
文　義　長沙明照日本語専修学院
林萍萍　浙江万里学院
高　翔　青島農業大学
李億林　翔飛日本進学塾
馬暁晨　大連交通大学
呂星縁　大連外国語学院
任一璨　東北大学秦皇島分校

【社会人の部】

一等賞

安容実　上海大和衡器有限会社

二等賞

黄海萍　長沙明照日本語専修学院
宋春婷　浙江盛美有限会社

三等賞

胡新祥　河南省許昌学院外国語学院
蒙明超　長沙明照日本語専修学院
楊福梅　昆明バイオジェニック株式会社
洪　燕　Infosys Technologies(China)Co Ltd
唐　丹　長沙明照日本語専修学院
王冬莉　蘇州工業園区サービスアウトソーシング職業学院
桂　鈞　中化国際
唐　旭　常州職業技術学院

第5回
中国人の日本語作文コンクール受賞者一覧

【学生の部】

最優秀賞・日本大使賞

郭文娟　青島大学

一等賞

張　妍　西安外国語大学
宋春婷　浙江林学院
段容鋒　吉首大学
繆婷婷　南京師範大学

二等賞

呉嘉禾　浙江万里学院
鄧　規　長沙明照日本語専修学院
劉　圓　青島農業大学
楊潔君　西安交通大学
戴唯燁　上海外国語大学
呉　玥　洛陽外国語学院
朴占玉　延辺大学
李国玲　西安交通大学
劉婷婷　天津工業大学
武若琳　南京師範大学
衣婧文　青島農業大学

三等賞

居雲瑩　南京師範大学
姚　遠　南京師範大学
程美玲　南京師範大学
孫　穎　山東大学
呉蓓玉　嘉興学院
邵明琪　山東大学威海分校
張紅梅　河北大学
陳　彪　華東師範大学
鮑　俏　東北電力大学
曹培培　中国海洋大学
龍斌鈺　北京語言大学
和娟娟　北京林業大学
涂堯木　上海外国語大学
王篠晗　湖州師範学院
魏夕然　長春理工大学
高　潔　嘉興学院
劉思邈　西安外国語大学
李世梅　湘潭大学
李麗梅　大連大学
謝夢影　暨南大学
馮艶妮　四川外国語学院
金麗花　大連民族学院
丁　浩　済南外国語学校
張　那　山東財政学院
姜　茁　中国海洋大学
韓若氷　山東大学威海分校
陳　雨　北京市工業大学
楊燕芳　厦門理工学院
閆　冬　ハルビン理工大学
朱　妍　西安交通大学
張姝娴　中国伝媒大学
範　敏　聊城大学
沈釗立　上海師範大学天華学院
俞　婷　浙江大学寧波理工学院
胡晶坤　同済大学
温嘉盈　青島大学

【社会人の部】

一等賞

黄海萍　長沙明照日本語専修学院

二等賞

陳方正　西安NEC無線通信設備有限公司
徐程成　青島農業大学

三等賞

鄭家明　上海建江冷凍冷気工程公司
王　暉　アルバイト
翟　君　華鼎電子有限公司
張　科　常州朗鋭東洋伝動技術有限公司
単双玲　天津富士通天電子有限公司
李　明　私立華聯学院
胡旻穎　中国図書進出口上海公司

第4回
中国人の日本語作文コンクール受賞者一覧

【学生の部】

最優秀賞・日本大使賞

徐　蓓　北京大学

一等賞

楊志偉　青島農業大学
馬曉曉　湘潭大学
欧陽展鳴　広東工業大学

二等賞

張若童　集美大学
葉麗麗　華中師範大学
張　傑　山東大学威海分校
宋春婷　浙江林学院
叢　晶　北京郵電大学
袁少玲　暨南大学
賀逢申　上海師範大学
賀俊斌　西安外国語大学
呉　珺　対外経済貿易大学
周麗萍　浙江林学院

三等賞

王建升　外交学院
許　慧　上海師範大学
龔　怡　湖北民族学院
範　静　威海職業技術学院
趙　婧　西南交通大学
顧静燕　上海師範大学天華学院
牛江偉　北京郵電大学
陳露穎　西南交通大学
馬向思　河北大学
鐘　倩　西安外国語大学
王　海　華中師範大学
許海濱　武漢大学
劉学菲　蘭州理工大学
顧小逸　三江学院
黄哲慧　浙江万里学院
蘆　会　西安外国語大学
陳雯文　湖州師範学院
金　美　延辺大学
陳美英　福建師範大学
金麗花　大連民族学院

【社会人の部】

最優秀賞

張桐赫　湘潭大学外国語学院

一等賞

葛　寧　花旗数据処理（上海）有限公司大連分公司
李　榛　青島日本人学校
胡　波　無錫相川鉄龍電子有限公司

二等賞

袁　珺　国際協力機構JICA成都事務所
張　羽　北京培黎職業学院
李　明　私立華聯学院
陳嫻婷　上海郡是新塑材有限公司

三等賞

楊鄒利　主婦
肖鳳超　無職

特別賞

周西榕　定年退職

第3回
中国人の日本語作文コンクール受賞者一覧

【学生の部】

最優秀賞

陳歆馨　暨南大学

一等賞

何美娜　河北大学
徐一竹　哈尔濱理工大学
劉良策　吉林大学

二等賞

廖孟婷　集美大学
任麗潔　大連理工大学
黄　敏　北師範大学
張　旭　遼寧師範大学
金美子　西安外国語大学
頼麗苹　哈尔濱理工大学
史明洲　山東大学
姜　燕　長春大学
謝娉彦　西安外国語大学
銭　程　哈尔濱理工大学

三等賞

黄　昱　北京師範大学
張　晶　上海交通大学
呉　瑩　華東師範大学
蔡葭俍　華東師範大学
曹　英　華東師範大学
楊小萍　南開大学
于璐璐　大連一中
徐　蕾　遼寧師範大学
陸　璐　遼寧師範大学
黄　聡　大連大学
劉　暢　吉林大学
張　惠　吉林大学
鄧瑞娟　吉林大学
劉瑞利　吉林大学
劉　闖　山東大学
胡嬌龍　威海職業技術学院
石　磊　山東大学威海分校
林　杰　山東大学威海分校
叶根源　山東大学威海分校
殷曉谷　哈尔濱理工大学
劉舒景　哈尔濱理工大学
劉雪潔　河北経貿大学
尹　鈺　河北経貿大学
張文娜　河北師範大学
付婷婷　西南交通大学
張小柯　河南師範大学
張　麗　河南師範大学
文威入　洛陽外国語学院
王　琳　西安外国語大学
趙　婷　西安外国語大学
許　多　西安外国語大学
田　甜　安徽大学
朱麗亞　寧波大学
劉子奇　廈門大学
朱嘉韵　廈門大学
胡　岸　南京農業大学
張卓蓮　三江学院
代小艶　西北大学

【社会人の部】

一等賞

章羽紅　中南民族大学外国語学部

二等賞

張　浩　中船重工集団公司第七一二研究所
張　妍　東軟集団有限公司

三等賞

陳曉翔　桐郷市科学技術協会
厳立君　中国海洋大学青島学院
李　明　瀋陽出版社
陳莉莉　富士膠片（中国）投資有限公司広州分公司
朱湘英　珠海天下浙商帳篷有限公司

第2回
中国人の日本語作文コンクール受賞者一覧

最優秀賞

付暁璇　吉林大学

一等賞

陳　楠　集美大学
雷　蕾　北京師範大学
石金花　洛陽外国語学院

二等賞

陳　茜　江西財経大学
周熠琳　上海交通大学
庄　恒　山東大学威海分校
劉　麗　遼寧師範大学
王　瑩　遼寧師範大学
王荧艶　蘭州理工大学
張　嵬　瀋陽師範大学
張光新　洛陽外国語学院
王虹娜　厦門大学
許　峰　対外経済貿易大学

三等賞

曹文佳　天津外国語学院
陳　晨　河南師範大学
陳燕青　福建師範大学
成　慧　洛陽外国語学院
崔英才　延辺大学
付　瑶　遼寧師範大学
何　倩　威海職業技術学院
侯　雋　吉林大学
黄丹蓉　厦門大学
黄燕華　中国海洋大学
季　静　遼寧大学
江　艶　寧波工程学院
姜紅蕾　山東大学威海分校
金春香　延辺大学
金明淑　大連民族学院
李建川　西南交通大学
李　艶　東北師範大学
李一菡　上海交通大学
林茹敏　哈尔濱理工大学
劉忱忱　吉林大学
劉　音　電子科技大学
劉玉君　東北師範大学
龍　雋　電子科技大学
陸暁鳴　遼寧師範大学
羅雪梅　延辺大学
銭潔霞　上海交通大学
任麗潔　大連理工大学
沈娟華　首都師範大学
沈　陽　遼寧師範大学
蘇　琦　遼寧師範大学
譚仁岸　広東外語外貿大学
王　博　威海職業技術学院
王月婷　遼寧師範大学
王　超　南京航空航天大学
韋　佳　首都師範大学
肖　威　洛陽外国語学院
謝程程　西安交通大学
徐　蕾　遼寧師範大学
厳孝翠　天津外国語学院
閻暁坤　内蒙古民族大学
楊　暁　威海職業技術学院
姚　希　洛陽外国語学院
于菲菲　山東大学威海分校
于　琦　中国海洋大学
于暁艶　遼寧師範大学
張　瑾　洛陽外国語学院
張　恵　吉林大学
張　艶　哈尔濱理工大学
張　釗　洛陽外国語学院
周彩華　西安交通大学

第1回
中国人の日本語作文コンクール受賞者一覧

特賞・大森和夫賞

石金花　洛陽外国語学院

一等賞

高　静　南京大学
王　強　吉林大学
崔英才　延辺大学

二等賞

楊　琳　洛陽外国語学院
王健蕾　北京語言大学
李暁霞　哈爾濱工業大学
楽　馨　北京師範大学
徐　美　天津外国語学院
唐英林　山東大学威海校翻訳学院
梁　佳　青島大学
陶　金　遼寧師範大学
徐怡珺　上海師範大学
龍麗莉　北京日本学研究センター

三等賞

孫勝広　吉林大学
丁兆鳳　哈爾濱工業大学
李　晶　天津外国語学院
厳春英　北京師範大学
丁夏萍　上海師範大学
盛　青　上海師範大学
白重健　哈爾濱工業大学
何藹怡　人民大学
洪　穎　北京第二外国語学院
任麗潔　大連理工大学
于　亮　遼寧師範大学
汪水蓮　河南科技大学
高　峰　遼寧師範大学
李志峰　北京第二外国語学院
陳新妍　遼寧師範大学
姜舯羽　東北師範大学
孫英英　山西財経大学
夏学微　中南大学
許偉偉　外交学院
姜麗偉　中国海洋大学
呉艶娟　蘇州大学
蘇徳容　大連理工大学
孟祥秋　哈爾濱理工大学
李松雪　東北師範大学
楊松梅　清華大学
金蓮実　黒竜江東方学院
陳錦彬　福建師範大学
李燕傑　哈爾濱理工大学
潘　寧　中山大学
楊可立　華南師範大学
陳文君　寧波大学
李芬慧　大連民族学院
尹聖愛　哈爾濱工業大学
付大鵬　北京語言大学
趙玲玲　大連理工大学
李　艶　東北師範大学
魯　強　大連理工大学
蘇江麗　北京郵電大学
姚軍鋒　三江学院
宋　文　大連理工大学
張翠翠　黒竜江東方学院
崔京玉　延辺大学
裴保力　寧師範大学
鄧　莫　遼寧師範大学
田洪涛　哈爾濱理工大学
劉　琳　寧波大学
王　暉　青島大学
李　勁　大連理工大学
劉　麗　遼寧師範大学
武　艶　東北師範大学

中国人の日本語作文コンクール

メディア報道セレクト

日中両国のメディア各社などによる本コンクールへのご理解と精力的な報道に厚く御礼申し上げます。

紙面の都合上、一部ではありますが報道記事を掲載し、コンクールの歩みを振り返りたいと思います。

朝日新聞 2022年12月24日

今年で18回目を迎えた「中国人の日本語作文コンクール」（主催・日本僑報社、後援・在中国日本大使館など、メディアパートナー・朝日新聞）の表彰式がこのほど、オンライン形式で行われた。コロナ禍に負けず、ネットなどを通じて日本の友人と結びつきながら力強く夢を追う若者たちの姿が浮かび上がった。

中国人の日本語作文コンクール

2005年に始まり、中国で日本語を学ぶ若者の力試しの場として定着。今年は中国各地の205の大学、専門学校、高校などから3362点の応募があった。新型コロナの影響で表彰式は2年連続オンライン形式となり、最優秀賞、1等賞の計6人が日本語でスピーチした。詳細は日本僑報社のサイト（http://duan.jp/jp/index.htm）

コロナ禍でもつながる日中

一人一人が抱く親近感　両国を結びつける「粘り」に

李月さん

最優秀賞（日本大使賞）に選ばれた西北大学外国語学部4年の李月さん(22)は、大学のある古都・西安にも進出する日系コンビニのおにぎりを題材にした。

おにぎりの中国語訳は「飯団（ファントワン）」。アプリで交流する日本の友人、美穂さんに「何か、グループみたい」と言われて以来、コンビニでおにぎりを見るたびに、「ご飯の団体だなあ」と思うようになった。

美穂さんに教えてもらったやり方でおにぎりを作っていた時、李さんは「中日関係はまるでおにぎりのようなもので、私たちはそのおにぎりのお米の一粒であると同時に、おにぎりを握る両手だという感じがしてきました」と書いた。

そして、最近の両国関係には、互いを結びつける「粘り」が欠けていると指摘。粘りを生むのは一人一人が抱く親近感であり、「親近感につながるものを発見しようとする意識」ではないかと問いかけた。

周美彤さん

1等賞の広東理工学院日本語学部3年の周美彤さん(20)は、日本留学の夢を母に語った時、「日本に行くなら、帰ってこなくていいわよ」と言われ、ショックを受けた。しかし、オンラインでつながる日本の友人が周さんの母の手料理の写真を褒めたのをきっかけに、少しずつ母の日本嫌いは和らいでいった。

今では母も、友人が送ってくる日本の風景動画を心待ちにするほどに。日本の大学院に進み、ジャーナリストとして日本の本当の姿を伝えたいという周さんの背中を押してくれている。

日本語を学ぶきっかけとしては近年、日本の漫画やアニメを挙げる人が目立ってきたが、多様化の兆しも表れている。

厳穆雪さん

1等賞の西安交通大学日本語学部3年、厳穆雪さん(20)は日本のお笑いの大ファンだ。高校時代に動画アプリでみた「アンタッチャブル」の漫才にはまった。「字幕ではもの足らない」と独学で日本語の勉強を始め、作文では人気芸人が若手の貧しい時代に食べた「下積み飯」を自分で作った話などを書いた。

厳さんは「日本と中国は笑いのポイントが違う。日本は想像力が豊かで、現実離れしているネタが多い」と分析。将来の夢は日本留学して会計士を目指しつつ、劇場で生のお笑いを楽しむことだ。

作品は、時代や社会の変化を映し出す。

自動翻訳ソフトの弱点　補うためには知恵が必要

郭夢宇さん

張紀龍さん

いずれも1等賞の天津外国語大学日本語学部4年の郭夢宇さん(20)と、北京第二外国語学院文化・放送学部3年の張紀龍さん(21)は、中国でも急速に浸透する自動翻訳ソフトの便利さと弱点をテーマにした。日本でも中国でも、観光客用に相手の国の言葉の表示が増えたが、翻訳ソフトに頼りすぎ、おかしな表示が目立つようになっていると指摘。補うためには、人間の知恵やネットワークが必要だと訴えた。

2人は日本での実体験を持っている点も共通している。9月に京都で念願の留学生活を始めた郭さんは、「天津と比べて建物が低く、空が近い」と、古都の街並みから新鮮な感動を味わっている。将来は日本語教師になるのが夢だ。

張さんは2018年に青年交流事業で訪日した時、大阪のホテル従業員が中国語で語りかけてくれた姿が忘れられない。「一生懸命話そうとしてくれる姿に、とても親しみを感じた。日本のサービスは完璧だった」と、次の訪日のチャンスを心待ちにしている。

しかし、学生の多くは、コロナ禍で日本留学や日本旅行のチャンスを逃してきた。

繆名媛さん

梶井基次郎や太宰治など日本文学の世界に導いてくれた恩師への感謝を、豊かな日本語表現でつづった中央民族大学外国語学部4年の繆名媛さん(20)もその一人だ。

3年生の時、千葉大学への交換留学が予定されていたが、コロナ禍で中止に。「留学できない分、その時間を大事にしたい」と、進路を大学院進学に切り替え、勉強に励んだ。目標に向けて信念を貫く「魂」は、大好きな日本の漫画やアニメから学んだものだ。そのかいあって、推薦での大学院進学が決まった。日本文学を専攻して日本語教師になるという夢を、ぶれずに追っている。

（北京＝林望、顔写真はいずれも本人提供）

12日、オンラインで開かれた表彰式には入賞者や指導教官のほか、日本語を学ぶ多くの学生が参加した

朝日新聞 2021年12月24日
朝日新聞 2021年12月24日 朝刊 9ページ 東京本社

コロナに負けない 私の思い

コロナ禍は人の行き来を妨げ、両国に暮らす人の姿を見えにくくしている。今月、表彰式が開かれた第17回「中国人の日本語作文コンクール」（主催・日本僑報社、後援・在中国日本大使館など、メディアパートナー・朝日新聞）では、苦境に負けず前を向き続けた若者たちが力強い言葉で未来への思いを語った。（北京＝林望）

中国人の日本語作文コンクール

2005年に始まった。第17回の今年は中国各地から3118本の応募があり、表彰式を12月10日にオンラインで行った。新型コロナで表彰式が開けなかった前年の第16回の受賞者も参加し、最優秀賞の方瑜華さんらがスピーチした。詳細は日本僑報社のサイト（http://duan.jp/jp/）で。

ピンチをチャンスに■等身大の中国を見て

中国人の日本語作文コンクール

今年のテーマは「コロナに負けない交流術」。日中間の往来が制限されるなか、若者が工夫を重ねて交流を続ける姿が目立った。

李佳鈺さん（本人提供）

西北大学4年生の李佳鈺さん(21)は、翻訳アプリを通じて知り合った「エリカ」さんとの絆を書いた。

新型コロナで日本留学が中止になり落ち込んでいた時、李さんは奈良在住のエリカさんに「奈良公園が見たかった」と嘆いた。すると、エリカさんは「すぐに見られるよ」と、そのままスマホを手に街に出て、景色を中継しながら電車で公園に訪れ、きらきら輝く湖面の様子などを李さんに届けた。

李さんは日本語の先生から日本での楽しい体験や思い出を聞くたび、両国関係は市民一人一人の友情が支えているのだと感じる。留学が中止になり専攻を変えた同級生もいるが、李さんはまだ実際には会ったことのないエリカさんの思いやりにも背中を押され、日本文学の研究者になる夢を追っている。

張灑灑さん（本人提供）

大連外国語大学3年の張灑灑さん(20)は新型コロナが広がり始めたころに日本の友人から励ましを受け、日本にわだかまりを持つ祖父に「ニュースを見ているだけじゃその国を知るのに十分じゃないよ」と語りかけた経験を書いた。

10日、オンライン形式で開かれた日本語作文コンクールの表彰式。受賞者と指導教官らがスピーチした

欧陽慶さん（本人提供）

天津外国語大学4年の欧陽慶さん(22)も、オンラインで日本の友人との友情をつないできた経験を紹介。時間や場所にとらわれないコミュニケーションの広がりを前向きに捉え、「ピンチをチャンスに変えよう」と訴えた。

馬礼謙さん（本人提供）

西安交通大学3年の馬礼謙さん(20)は、ぬくもりを感じさせるコミュニケーション手段として絵はがきの活用を提案した。

張偉莉さん（本人提供）

一方、体験に基づく相互理解の不足への懸念を書いたのは、大連外国語大学2年の張偉莉さん(19)だ。張さんは日本のアニメファンだが、日本人に対中観を聞く世論調査の厳しい結果を見るたびに深く落ち込み、疑問を抱いてきた。

コロナ禍以前、中国からは毎年数百万の訪日客が訪れ、今も日本のサブカルチャーに触れる機会は多い。自分の周りで「日本に対する冷静な認識が増えてきた」と思う一方で、「日本では報道を参照する以外に中国のことを知る機会そのものが不足しているのではないだろうか」と感じる。日本人は等身大の中国を見ようとしているだろうか――。張さんはそんな思いから、「日本は中国に対する『理解の赤字』があるのでは」と問いかけた。

相互理解へ「会えばわかる」

潘暁琦さん（本人提供）

最優秀賞に選ばれた復旦大学4年の潘暁琦さん(22)は、大学受験が終わって余裕ができた高校3年の夏休みに、英語以外の言葉も身に付けたいと日本語を学び始めた。最初は、動画サイトなどを使った独学だった。

大学の専攻は化学だったが、「自分には向いていない」と2年で学部変更を決断。新たな進路として浮かんだのは、学べば学ぶほど好きになっていた日本語だった。

作文では、ゼミで中国製品のパッケージの日本語の誤りを調査した時の体験を書いた。5772点のお菓子や飲料などを調べ、間違いを含むものが実に約7割に達していることを確認。「日本人駐在員や観光客に悪い印象を与えかねない」とリポートに書いた。

しかし、指導教授から「受け止め方は実際に聞いてみないと分からない」と指摘され、上海在住の日本人たちへのインタビューを試みた。すると、意外にも「楽しんでいます」「中国の人がどういう間違いをしちゃうかって分かってくると面白いし、勉強になる」といった答えが返ってきた。

応じてくれた人々の「寛容な態度」も心に残ったという潘さん。オンラインのコミュニケーションが広がるなか、「会って話を聞いてみないと分からないこともある。（中略）その場の空気を共有して初めて生まれる理解がある」とつづった。

朝日新聞
DIGITAL
2022年12月7日

18年目の日本語作文コンクール　入賞者のスピーチ大会を一般公開

2022年12月7日 16時00分

2022年12月12日にオンラインで行われる「第18回中国人の日本語作文コンクール」表彰式・日本語スピーチ大会のチラシ

日本語を学ぶ中国の学生による「中国人の日本語作文コンクール」（主催・日本僑報社、後援・在中国日本大使館 など、メディアパートナー・朝日新聞）の入賞者らによる日本語スピーチ大会が12月12日、オンラインで開かれる。今年で18回目を迎えたコンクールには、中国各地から3362点の力作が集まった。コロナ禍で日本に行く夢をあきらめた若者も少なくないが、好奇心や夢を捨てず、未来を見つめる姿が印象的だ。そんな彼らの言葉や思いを多くの人に知ってもらいたいと、スピーチの様子をオンラインで公開する。

スピーチするのは最優秀賞（日本大使賞）と1等賞を受賞した6人の学生たち。最優秀賞の李月さん（西北大学）は受賞作で、大好きな「コンビニのおにぎり」を題材に、日本の友人との交流、日中関係のあり方まで思いを膨らませた。

自動翻訳ソフトの普及が進むなか、日本語を学んだ先に自分が果たすべき役割を考える学生の姿など、応募作は時代の変化も映し出している。6人を指導した教師たちも、生徒たちとのやりとりや現場の様子を紹介する。

2005年に始まったコンクールは、日本語を学ぶ中国の若者たちの力試しの場となってきた。今年は205校の大学、専門学校、高校などから応募があった。

従来、この時期に北京の日本大使館で開いてきた表彰式とスピーチ大会は、コロナ禍の影響で2年連続でオンライン開催となった。学生たちの思いやがんばりをより多くの人に知ってもらいたいとの思いから、今年は初めて一般にも公開する。

表彰式とスピーチ大会は12月12日日本時間午後3時からZoomで。視聴希望者は当日の日本時間午前10時までに①名前②勤務先・学校など③メールアドレスを明記し、メールで日本僑報社（1212@duan.jp）に申し込めばリンクが返送される。

NHK WORLD-JAPAN　语言　询问和留言

TV&Radio　电视　广播　节目　关于我们

波短情长　首页

第18届全中国日语作文大赛 最优秀奖得主李月连线采访

2022年 12月 18日

《波短情长》节目由明治大学教授加藤彻和本台播音员林音主持，将分享听友们的来信与留言。
本期节目后半部分特邀第18届全中国日语作文大赛最优秀奖得主李月进行连线采访。李月在获奖作文中记述了日本友人教她制作"饭团"的经历，以及"亲近感"之于日中交流的重要意义。她在采访中与我们分享了学习日语的契机以及参加本次作文大赛的所思所感。内容精彩，不容错过！
《波短情长》与您同在，请您支持。

NHKラジオ　2022年12月18日

■中国人の日本語作文、表彰式

第18回「中国人の日本語作文コンクール」（主催・日本僑報社、メディアパートナー・朝日新聞社）の表彰式が12日、オンラインで開かれた。最優秀賞（日本大使賞）には、コンビニのおにぎりをめぐる日本の友人との交流から、今後の日中関係に必要なものに思いをはせた西北大学の李月さん（22）の作品が選ばれた。コンクールには中国各地で日本語を学ぶ学生から3362点の応募があった。表彰式と入賞者のスピーチ大会は２年連続でオンライン開催となった。詳しくは日本僑報社のサイト（http://duan.jp/jp/index.htm）で。（北京）

朝日新聞　2022年12月13日

2023年2月15日　第2396号　国際貿易

近着の　図書紹介

■『驚きの連続だった中国滞在』（2500円＋税）
■『日中「次の50年」』（2000円＋税）

ともに段躍中編、日本僑報社発行の作文コンクール受賞作品集で、当協会が後援している。『驚き～』は第5回忘れられない中国滞在エピソード、10代から80代まで225本の応募があった。3等賞以上の43本と俳優の関口知宏さん、矢野浩二さんなどの寄稿3本を収録。最優秀賞は高校生の中ノ瀬幸さんで、上海での隔離生活について言及。柔道や二胡を通じた交流、中国での入院生活に関する作文などが収録されている。

『日中～』は第18回中国人の日本語作文コンクール、3362本の応募があり、3等賞以上の61作品を収録している。最優秀賞は西北大学の李月さん。おにぎりを作った時の体験から中日関係はおにぎりのようなもので、そのお米の一粒であると同時に握る両手だと感じたと語る。日本人に対して良い印象を持っていない祖母に日本製製品（炊飯器）を送り、日本への親近感を高めた話しなどがある。

（亜娥歩）

日本と中国　第2274号　2023年3月1日

第18回「中国人の日本語作文コンクール」2等賞・3等賞受賞者【日本語スピーチ大会】

中国の若者が友好の思いを日本語で熱弁

受賞作品集も好評発売中！

日本僑報社などが主催した第18回「中国人の日本語作文コンクール」（当協会後援）で2等賞・3等賞を受賞した12人による「日本語スピーチ大会」が2月3日、オンラインで開催された。冒頭、主催者を代表してあいさつした日本僑報社の段躍中編集長は、昨年開催された1等賞以上のスピーチ大会が好評だったことを受けて本大会が企画された経緯を話し、謝意を表した。

12人の受賞者は受賞作について日本語で堂々と語り、大連外国語大学の川内浩一先生は「深く考え、10年後に読んでも後悔しない作文になった」、天津外国語大学の菊池明日香先生は「作文のスキルは他にも活用できる」、南京郵電大学の小椋学先生は「日中友好の熱い思い感じられた」と講評した。

続いて、在中国日本国大使館の貴島善子公使が外交と国際政治について講演を行った。受賞者は「語学をいかして両国の架け橋になりたい」などと目を輝かせて感想を述べた。

◇

本コンクールの最優秀賞（日本大使賞）から3等賞までの計61本が掲載された受賞作品集『日中「次の50年」——中国の若者たちが日本語で綴った提言』（①）が、日本僑報社から刊行された。

また、第5回「忘れられない中国滞在エピソード」コンクール（日本僑報社主催、当協会後援）受賞作品集『驚きの連続だった中国滞在』（②）も刊行された。同書には特別賞を受賞した俳優の関口知宏さんと矢野浩二さんの作品も収載されている。

①日中「次の50年」 中国の若者たちが日本語で綴った提言
日本僑報社、2200円

②驚きの連続だった中国滞在 第5回「忘れられない中国滞在エピソード」受賞作品集
日本僑報社、2750円

日中親近感とおにぎりの「粘り」

「中国人の日本語作文コンクール」から

日常の意識転換で相互理解深める

日本僑報社 編集長　段躍中

日本僑報社主催の「中国人の日本語作文コンクール」は、日本と中国の文化交流と相互理解の促進をめざし、中国の学校で日本語を学ぶ中国人学生を対象として二〇〇五年にスタートし、本年で第十九回の開催となります。

本活動は在中国日本国大使館などからの支援を受け、昨年までに中国全土の四百校を超える大学や大学院、専門学校、高校などから、累計五万五千八百四十九名が応募。中国国内で規模が最も大きく、知名度の高い日本語作文コンクールへと成長を遂げています。

日本語を勉強する中国の若者たちに、学習の成果を披露する力試しの「場」を提供するだけでなく、受賞者への奨学金応募資格の授与や、若者たちを支える日本語教師への表彰など、コンクール全体を通して、中国における日本語の普及と日本文化への理解を深め、日中両国の親善友好に貢献することを目指しています。

最優秀賞の李月さん

第一回から刊行し続けてきた受賞作品集シリーズは、千人以上の中国の若者たちが翻訳を通さず直接日本語で綴ったリアルな「生の声」であり、その時々の日中関係や出来事を反映し、貴重な世論として両国の関心を集めています。

昨年はシリーズ第十八巻として『日中「次の50年」』を刊行。中国の二百五校から寄せられた三千三百六十二本の作品の中から最優秀賞（日本大使賞）に選ばれたのは、西北大学（西安市）の李月さんの「おにぎりと飯団と私たち」。

日本語学習歴三年の李さんは、日中両国の人々のお互いへの親近感をおにぎりの「粘り」に例え、おにぎりを握るように日中の友好関係を深めていきたいという思いを日本語で綴っています。

「これまでおにぎりはただ日本の食べ物の一つでしたが、日本の友人とのやりとりを通して、おにぎりに対して意識を改めました。それをきっかけに、私は中日間の親近感の素が実は日常生活の中にたくさんあることに気づきました」

「私たちがするべきことは意識転換です。相手の外観だけを見て理解したつもりになるのではなく、その細部や背景にも注目し、丁寧に観察する心構えを持つ必要があります。このような心構えがあれば、私たちは日常生活の中の極普通な物事の中にお互いの国への親近感を抱く何かを発見し、高めるきっかけを作ることができます。（略）親近感を発見する意識を持っている人々はじんわりと両国間の親近感の『粘り』になって、おいしいおにぎりあるいは飯団（中国語でおにぎり）を作り上げることができるでしょう」。

李さんは、昨年十二月十二日に開催されたオンライン表彰式で、大変流暢な日本語でスピーチしました。彼女の日中友好に貢献するアイディアと決意が、多くの方々から好評を博しました。

今年は日中平和友好条約締結四十五周年の節目の年であります。「中国人の日本語作文コンクール」は、コロナ時代における日中文化交流と相互理解の促進、ウィンウィン関係の構築に貢献することを願い、次の四十五年に向けて、今後もこの歩みをしっかりと進めてまいります。

（だん・やくちゅう）

コンクールの受賞作品を収めた『日中「次の50年」』（日本僑報社）

文化

公明新聞　2023年2月17日

日本国驻华大使馆

12-14

12月12日下午，第18届"全中国日语作文大赛"颁奖典礼暨日语演讲大会在线举行。垂大使对日语作文大赛的顺利举办表示祝贺，并为第18届日本大使奖获得者颁发了大使奖奖状。

详情请戳网页链接

8　14　82

2022年
12月14日

日本国驻华大使馆

1小时前

12月12日（周一）14点，第18届全中国日语作文大赛的颁奖仪式・日语演讲大赛将于线上举办。当天还将进行日本大使奖的颁奖。欢迎大家届时踊跃围观！

网页链接

第18回
表彰式・日本語スピーチ大会

1　4　30

2022年
12月6日

第18回「中国人の日本語作文コンクール」表彰式・日本語スピーチ大会がオンライン開催

日本僑報社と日中交流研究所が主催する第18回「中国人の日本語作文コンクール」表彰式並びに日本語スピーチ大会が12日午後、オンライン形式で開催された。中国新聞網が伝えた。

今回のコンクールには、28省・直轄市・自治区の205校（高校、専門学校、大学など）から3362作品の応募があった。表彰式には受賞者、指導教員、日本各界関係者ら約200人が出席。また、日本の垂秀夫在中国大使と協賛企業の代表者が出席し、あいさつした。垂大使はあいさつの中で、コンクールが新型コロナ感染症の影響を乗り越え順調に開催されたことに祝意を表し、受賞者及び熱心な指導を行った教員に祝意と謝意を表した。また、垂大使は18年間にわたりコンクールを開催してきた日本僑報社及び同イベントに多大な貢献を果たした関係者にも敬意と感謝を表した。垂大使は中国人大学生の日本語水準と観察能力を高く評価し、コンクールに参加した青年たちが中日友好の架け橋になることへの期待を表した。

表彰式では、垂大使から「日本大使賞」を受賞した西北大学の李月さんに賞状が授与された。李さんは「おにぎりと私たち」と題した日本語スピーチを行った。李さんは受賞作品の中で、「日常生活におけるごくありふれた物事からも、両国の親近感を高めるきっかけを見つけられるはずだ。今後の中日交流において、私たちはおにぎりを握る手のように柔らかく、友好の心を抱きつつ両国関係と向き合うべきだ。中日の親近感を見つけることに長けた人々はゆっくりと両国間の『粘り』になり、より美味しい中日間の『おにぎり』を作ることだろう」と記した。

また、1等賞を受賞した天津外国語大学の郭夢宇さん、広東理工学院の周美彤さん、北京第二外国語学院の張紀龍さん、中央民族大学の繆名媛さん、西安交通大学の厳穆雪さんも、それぞれの受賞作品と結びつけて中日の次の50年への期待について語った。（編集YF）

「人民網日本語版」2022年12月15日

2022年12月15日

2022年12月14日

第18届“全中国日语作文大赛”颁奖典礼暨日语演讲大会在线上举行

原标题：第18届“全中国日语作文大赛”颁奖典礼暨日语演讲大会在线上举行

中新网东京12月13日电 由日本侨报出版社和日中交流研究所主办的第18届“全中国日语作文大赛”颁奖典礼暨日语演讲大会12日下午在线上举行。

本届大赛收到来自28个省市自治区205所学校(大学、专科学校、高中等)共3362篇作品。日本驻华大使垂秀夫和赞助企业代表出席活动并致辞，获奖者、指导教师及日本各界人士约200人参加。主办方代表、日本侨报出版社总编辑段跃中主持了当天的活动。

垂秀夫在致辞中首先对大赛能够克服疫情影响顺利举办表示祝贺，对获奖学生及热心日语教育的教师表示祝贺和感谢。他对18年间坚持举办全中国日语作文大赛的日本侨报出版社及为该活动作出贡献的人士表示敬意和感谢。垂秀夫高度评价了中国大学生的日语水平及观察能力，并希望参赛的青年们做日中友好的桥梁。

東京新聞
2022年
12月13日

★日本語作文コンクール表彰

中国人学生の日本語作文コンクール表彰式が十二日、オンラインで開催され、入賞した学生たちがスピーチで受賞作を披露した。

中国関連の書籍を出版する日本僑報社（東京都豊島区）などが主催し、十八回目。中国各地の大学など二百五校から三千三百六十二作品が寄せられた。最優秀賞・日本大使賞の李月さん（西北大学）は日中両国の人々の親近感をおにぎりの「粘り」に例え、おにぎりを握るように友好関係を深めたいとの思いを語った。

人民中国　2023年2月号

東京

日本語で交流の思いつづる

日本僑報社・日中交流研究所が主催し、在中国日本大使館などが後援する「第18回中国人の日本語作文コンクール」の表彰式と日本語スピーチ大会が、昨年12月12日にオンラインで開催され、約200人が参加した。垂秀夫駐中国日本大使が出席し、「将来どのような立場につかれても、日中両国の間の懸け橋となっていただけるよう期待しています」と、コンクールの参加者への期待を込めたあいさつを行った。

最優秀賞の日本大使賞を受賞した李月さんは、感謝の言葉を述べるとともに受賞作を紹介。中日国交正常化50周年を迎え、「次の50年」への夢と抱負を語った。

（5）　No.923　2023. 2. 1　　日中文化交流

日本僑報社から受賞作品集

二冊刊行さる

日本僑報社（段躍中代表）主催、当協会後援による「**第5回忘れられない中国滞在エピソード**」受賞作品集（計四十三編、本体二、五〇〇円）。同コンクールは、旅行、留学、駐在など、一度でも訪中経験のある日本人を対象にしたもので、二〇一七年から続いている。特別賞は前国土交通大臣の赤羽一嘉氏、俳優で旅人の関口知宏氏、俳優の矢野浩二氏が受賞した。

日本僑報社など主催、当協会後援による「**第18回中国人の日本語作文コンクール**」受賞作品集（計六十一編、本体二千円）。同コンクールは、中国の学校で日本語を学ぶ中国人学生を対象に二〇〇五年から開催され、既に延べ五万人を超える学生が応募している。

問合せは、日本僑報社（電話〇三・五九五六・二八〇八）まで。

第18届“全中国日语作文大赛”颁奖典礼暨日语演讲大会在线上举行

中国新闻网
2022-12-13 22:29
中国新闻网官方帐号

中新网东京12月13日电 由日本侨报出版社和日中交流研究所主办的第18届“全中国日语作文大赛”颁奖典礼暨日语演讲大会12日下午在线上举行。

本届大赛收到来自28个省市自治区205所学校(大学、专科学校、高中等)共3362篇作品。日本驻华大使垂秀夫和赞助企业代表出席活动并致辞，获奖者、指导教师及日本各界人士约200人参加。主办方代表、日本侨报出版社总编辑段跃中主持了当天的活动。

垂秀夫在致辞中首先对大赛能够克服疫情影响顺利举办表示祝贺，对获奖学生及热心日语教育的教师表示祝贺和感谢。他对18年间坚持举办全中国日语作文大赛的日本侨报出版社及为该活动作出贡献的人士表示敬意和感谢。垂秀夫高度评价了中国大学生的日语水平及观察能力，并希望参赛的青年们做日中友好的桥梁。

垂秀夫为“日本大使奖”获得者、来自西北大学的学生李月颁发了奖状。李月发表了题为《“饭团”与我们》的日语演讲。李月在获奖作文中写道，相信在日常生活中极其普通的事物里，也能发现提高两国亲近感的契机。在今后的中日交流中，我们应该像捏饭团的手那样轻柔，怀着一颗友好的心来对待两国关系。“渐渐地，善于发现中日亲近感的人们也会成为两国之间的‘粘性’，也能做出更加美味的中日之间的‘饭团’。”

获得一等奖的天津外国语大学郭梦宇、广东理工学院周美彤、北京第二外国语学院张纪龙、中央民族大学缪名媛和西安交通大学严穆雪，结合获奖作文讲述了自己对中日下一个50年的期待。

株式会社PPIH执行董事兼公益财团法人安田奖学财团代表马场哲郎、东芝集团执行董事宫崎洋一、朝日新闻中国总局长林望发表致辞并对获奖者表示鼓励。

当日，主办方公布了2023年第19届“全中国日语作文大赛”的主题。(完)

本だな

中国人の日本語作文コンクール第18回受賞作品集　日中「次の50年」

日本僑報社・日中交流研究所が主催する「中国人の日本語作文コンクール」は、日本と中国の文化交流と相互理解を促進するため、中国の学校で日本語を学ぶ中国人学生を対象として、2005年にスタート。中国全土の400校以上の大学や大学院、専門学校、高校などからの応募者は累計で5万5千人を突破。中国国内でも規模が最も大きく、知名度の高い日本語作文コンクール。

同書は日中国交正常化50周年を記念して開催された第18回コンクールの最優秀賞（日本大使賞）から三等賞までの受賞作品を全文掲載。中国の若者たちが直接、日本語でつづったリアルな「生の声」は、貴重な世論として両国の関心を集めている。

発行は日本僑報社。定価は2千円（税別）。

観光経済新聞
2023年1月16日

中国网

2022年12月14日

第18回「中国人の日本語作文コンクール」表彰式・日本語スピーチ大会 オンラインで盛大に開催

日本僑報社・日中交流研究所主催、在中国日本国大使館など後援の第18回「中国人の日本語作文コンクール」の表彰式と日本語スピーチ大会が、12月12日午後オンラインにて開催され、日中両国から約200人が参加した。

主催者代表日本僑報社段躍中編集長が開会を宣言し、冒頭で挨拶の言葉と来賓紹介を行った。

垂秀夫大使

一般参加者による記念写真

垂秀夫在中国日本国特命全権大使がまず来賓挨拶を行った。垂大使は新型コロナウイルス感染症の影響を乗り越えてオンラインで表彰式が開催されたことを祝し、コンクール入賞者に祝辞の言葉を述べた。

また、コンクールに向けて学生たちを指導してきた多くの日本語教師たちの尽力への感謝の言葉を述べ、18年間、日中関係がいかなる状況でもコンクールを開催し続けてきた主催者や関係者らに、敬意と感謝の意を表した。

垂大使は李月さんの作品が最優秀賞（日本大使賞）を受賞した理由として、おにぎりの中国語訳である「飯団（fan tuan）」という言葉からお米一粒一粒の集合体であることに着眼し、おにぎりを日中関係に例えながらその「粘り」の重要性を説くといった豊かな発想力や、それらを高い水準の日本語を用いて論理的に表現したことなどを挙げた。

最後に、垂大使は入賞者をはじめとする出席者たちに、「引き続き日本語を始めとする各分野で研鑽を積み、将来どのような立場につかれても、日中両国の間の架け橋となっていただけるよう期待しています」とコメントし、コンクールの参加者たちが作文で描いた夢が一つでも多く実現することを願い、挨拶を締めくくった。

大使賞を受賞した李月さんのスピーチでは、感謝の言葉とともに自身の受賞作を紹介。中日国交正常化50周年を迎え、「次の50年」に向けてこれからの夢と抱負を語った。優秀指導教師を代表し、李月さんの指導教師である高橋智子先生が挨拶を行い、受賞作にまつわるエピソードを披露。作文指導の具体的で実践的な例を紹介した。

続いて協賛企業である株式会社PPIH執行役員・公益財団法人安田奨学財団選考委員の馬場哲郎氏が挨拶し、コロナ禍の中コンクールが無事開催されたことを祝し、PPIHのアジア展開を挙げ、国際交流に励む若者たちにエールを送った。

株式会社東芝執行役員兼中国・東アジア総代表の宮崎洋一氏は、北京で受賞者に直接会えないことを惜しみつつ、日中両国の未来のために、民間レベルの相互交流の促進が大きな役割を果たすだろうとメッセージを送った。

記念撮影の後、第二部は一等賞受賞者5名の表彰式およびスピーチで幕を開けた。

最後に、段躍中日本僑報社代表が、2023年開催の第19回「中国人の作文コンクール」のコンセプト「日中平和友好条約締結45周年を思う」を発表し、表彰式は盛況のうちに幕を閉じた。

Record China　重要ニュース　最新　カテゴリー　オリジナル記事　　レコードチャイナ 2022年12月15日

TOP ＞ 社会

「どのような立場につかれても日中の架け橋に」一第18回「中国人の日本語作文コンクール」表彰式開催

日本僑報社　2022年12月15日(木) 22時30分

第18回「中国人の日本語作文コンクール」の表彰式と日本語スピーチ大会が、12月12日午後、オンラインにて開催され、日中両国から約200人が参加した。

日本僑報社・日中交流研究所主催、在中国日本国大使館などが後援する第18回「中国人の日本語作文コンクール」の表彰式と日本語スピーチ大会が、12月12日午後、オンラインにて開催され、日中両国から約200人が参加した。

主催者代表日本僑報社段躍中編集長が開会を宣言し、冒頭で挨拶の言葉と来賓紹介を行った。

垂秀夫在中国日本国特命全権大使がまず来賓挨拶を行った。垂大使は新型コロナウイルス感染症の影響を乗り越えてオンラインで表彰式が開催されたことを祝し、コンクール入賞者に祝辞の言葉を述べた。

また、コンクールに向けて学生たちを指導してきた多くの日本語教師たちの尽力への感謝の言葉を述べ、18年間、日中関係がいかなる状況でもコンクールを開催し続けてきた主催者や関係者らに、敬意と感謝の意を表した。

在中国日本国大使館 公式微博（Weibo）アカウント　2021年11月5日

日本国驻华大使馆

30分钟前 来自 微博 weibo.com

第17届全中国日语作文大赛，复旦大学的潘晓琦获得最优秀奖（日本大使奖）。

详情链接如下

网页链接

本だな

コロナに負けない交流術　中国若者たちからの実践報告と提言　日中交流研究所所長　段躍中編

日本僑報社・日中交流研究所が主催する第17回「中国人の日本語作文コンクール」の受賞作品集。最優秀賞（日本大使賞）から三等賞までの受賞作品の全文を掲載している。

同コンクールは、日本と中国の相互理解と文化交流を促進するため、中国の学校で日本語を学ぶ中国人学生を対象として2005年にスタート。中国全土の300校以上の大学や大学院、専門学校などからの応募は累計で5万人を突破。中国内でも規模の大きい、知名度の高いコンクールだ。

中国の若者たちが日本語でつづった「生の声」から日中関係の明るい未来への展望が感じ取れることだろう。

最優秀賞作の筆者は、近年、中国製品のパッケージに日本語の誤りが多く、日本人に悪い印象を与えかねないと懸念。しかし、上海在住の日本人に会い、予想もしなかった本音を聞いた。「目の前の相手を五感すべてで感じ取り、その場の空気を共有して初めて生まれる理解がある。私はそれを求め続けたい。日中交流もずっとこうあってほしい」と思いを語る。

発行は日本僑報社。定価は2千円（税別）。

観光経済新聞　2022年2月7日

公明新聞　2022年2月18日

文化

ポストコロナの日中交流を考える

中国人の日本語作文コンクールから

日本僑報社・日中交流研究所主催の第17回「中国人の日本語作文コンクール」の最優秀賞・日本大使賞受賞作文は、復旦大学三年生の潘暁琦さんが書いた「対面でしか得られないものを求め続けたい」が選ばれた＝入賞作は『コロナに負けない交流術』（日本僑報社）のタイトルで出版＝。今回のコンクールは、中国のほぼ全土にわたる27省市自治区の大学や大学院、専門学校、高校など165校から延べ3198本もの多くの作品が寄せられた。潘暁琦さんの作文を抜粋して紹介する。

（日中交流研究所所長　段躍中）

「対面でしか得られないものを求め続けたい」

近年、中国メーカーから発売された製品のパッケージに日本語がよく使われている。日本語を使う目的や表現の誤りなどが気になり、ゼミで研究テーマにした。スーパーやコンビニで集めた商品のパッケージを調べたら、日本語が間違っているものはなんと七〇%近くあった。ネットでも、中国で見つけた変な日本語を投稿し続けている日本人がいるし、「意味不明」という困惑や嘲りの記事も相次ぐ。

それに基づき、「日本語表記に誤りが多い。日本人駐在員や観光客に悪い印象を与えかねない」とまとめて、レポートを提出した。すると、先生から「それは実際に会って聞いてみないと」との指摘を受けた。なるほどその通りだ。そこでネットでインタビューに協力いただける上海在住の日本人の方を募集し、実際に会って話を聞くことにした。

（中略）

全部で六人に話を聞くことができた。「間違った日本語で表記した中国製品を私は責めない。正しい日本語にしてほしい」と素直に打ち明けてくれた人もいれば、「日本でも昔は街中に変な英語ばっかり。これからよくなるよ」と理解を示してくれた人もいる。どれも予想すらしなかった貴重な本音だった。

アンケートの回答ではなく、会って直接話を聞いて本当によかった。そしてオンラインではなく、実際に対面することで、みなさんの温かい眼差しも心に残った。マスコミの情報やテレビの報道のように一方的にもたらされるのではなく、生身の人間ならではの気持ちや本音をぶつけ合うことができる。

会って話を聞いてみないと分からないことがある。対面でしか得られないものがある。目の前の相手を五感すべてで感じ取り、その場の空気を共有して初めて生まれる理解がある。私はそれを求め続けたい。日中交流もずっとこうあってほしい。だから、祈る。一日も早いコロナ禍の終息を。海を越えて桜の下で語り合う日が待ち遠しい。

潘 暁琦さん

段躍中編『コロナに負けない交流術』（日本僑報社　2200円）

※日本僑報社への問い合わせは☎03・5956・2808へ。

朝日新聞
DIGITAL　2021年12月23日

日中関係「コロナに負けない」　中国の若者、作文に記す日本への思い

会員記事

北京＝林望　2021年12月23日 20時07分

シェア　ツイート　ブックマーク　メール　印刷
list　0

コロナ禍は人の行き来を妨げ、異国に暮らす人の姿を見えにくくしている。今月、優秀作品の表彰式が開かれた第17回「中国人の日本語作文コンクール」（主催・日本僑報社、後援・在中国日本大使館など、メディアパートナー・朝日新聞）では、苦境に負けず前を向き続けた若者たちが力強い言葉で未来への思いを語った。

「中国人の日本語作文コンクール」表彰式（北京＝林望）

2021年12月13日

japanese.china.org.cn |13. 12. 2021

第16・17回「中国人の日本語作文コンクール」表彰式・日本語スピーチ大会オンラインで開催

タグ：作文　コンクール　日本僑報社　オンライン

一部参加者による記念写真

【日本僑報社発】日本僑報社・日中交流研究所主催の第16・17回「中国人の日本語作文コンクール」の表彰式と日本語スピーチ大会が12月10日午前、オンラインで開催された。

主催者代表である日本僑報社段躍中編集長が司会を務め、冒頭で挨拶の言葉を述べた。

垂秀夫在中国日本国特命全権大使をはじめ、協賛企業の代表、受賞者、指導教師、各界の方々ら約200人が日中両国の各地から参加した。

今回は初めてのオンライン開催ということで、Zoomの機能を活用し、大連外国語大学、中国人民大学、青島大学、大連工業大学など中国の大学が授業の一環として参加し、日本語教師と生徒が一緒に出席した。

第16・17回「中国人の日本語作文コンクール」表彰式・日本語スピーチ大会オンラインで開催

2021-12-12 22:25 CRI

一部参加者による記念写真

【日本僑報社発】日本僑報社・日中交流研究所主催の第16・17回「中国人の日本語作文コンクール」の表彰式と日本語スピーチ大会が12月10日午前、オンラインで開催された。

主催者代表である日本僑報社段躍中編集長が司会を務め、冒頭で挨拶の言葉を述べた。

垂秀夫在中国日本国特命全権大使をはじめ、協賛企業の代表、受賞者、指導教師、各界の方々ら約200人が日中両国の各地から参加した。

今回は初めてのオンライン開催ということで、Zoomの機能を活用し、大連外国語大学、中国人民大学、青島大学、大連工業大学など中国の大学が授業の一環として参加し、日本語教師と生徒が一緒に出席した。

垂大使の冒頭挨拶では、コンクール開催に祝辞を述べ、感染症を乗り越え本活動を実現させたことを高く評価するとともに、コロナ禍で往来が限られる中、中国の若い世代の多くが自分の考えを持ち、日中の交流について展望を抱き、外国語である日本語でわかりやすくまとめたことに、「大変感銘するとともにとても力強く感じた」と述べ、コンクールの受賞者・応募者に、「将来の日中関係を推進していく上での懸け橋になることを期待する」とエールを送った。

続いて、協賛各社を代表し、株式会社パン・パシフィック・インターナショナルホールディングスより取締役兼常務執行役員の森屋秀樹氏、東芝グループより執行役員宮崎洋一氏、朝日新聞社より中国総局長林望氏が、ご挨拶と受賞者への励ましの言葉を述べた。

2021年(令和3年)12月11日(土)

■中国人の日本語作文 表彰

第16、17回の「中国人の日本語作文コンクール」（主催・日本僑報社、メディアパートナー・朝日新聞社）の表彰式が10日、オンラインで開かれた。各回の最優秀賞（日本大使賞）に選ばれた大連外国語大学の万園華さんと復旦大学の潘暁琦さんらが表彰された。

表彰式は新型コロナウイルスの影響で２年ぶりに開かれ、昨年の第16回のコンクールの受賞者も合わせて表彰された。

各回の受賞作を集めた作品集は日本僑報社から発売されている。詳しくは同社のサイト（http://duan.jp/jp/）まで。

第16回日本大使賞受賞者である大連外国語大学の萬園華さん、第17回日本大使賞受賞者である復旦大学の潘暁琦さんをはじめ、10名の上位受賞者が出席し、スピーチを披露した。

また、大連外国語大学の川内浩一先生、復旦大学の艾菁先生をはじめ、優秀指導教師賞を受賞した6名の指導教師が出席し、日本語教育や作文法などについて発言した。

公益財団法人安田奨学財団選考委員の馬場哲郎氏、公益財団法人東芝国際交流財団専務理事の大森圭介氏が、ご挨拶とコメントを述べた。

最後に、在中国日本国大使館の貴島善子公使が、自身の外交官としての経験も交じえ、中国の若者たちに日中の懸け橋になるよう激励し、主催者や協賛各社、参加者らに高い評価の言葉と励ましのメッセージを送った。

来年開催される第18回「中国人の日本語作文コンクール」のテーマを発表し、表彰式・スピーチ大会は盛況のうちに幕を閉じた。

2021年12月12日

日中のポジティブな情報発信を続ける

段 躍中

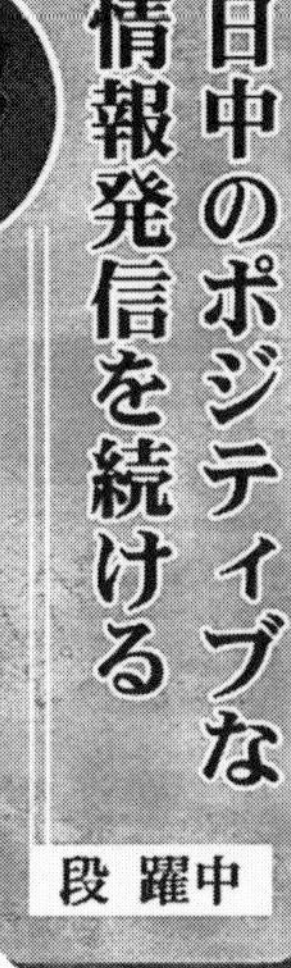

30年前の8月、初めて日本の土を踏んだ。当時33歳の私は「日本円ゼロ、日本語ゼロ、日本人脈ゼロ」であることから「3ゼロ青年」と言われた。

留学生時代の5年間は、多くの日本の皆さんに日本語を教えていただき、アルバイトも一生懸命した。博士課程在籍中の1996年に、日本のメディアにおける在日中国人のマイナスな報道が大変多いことを少しでも変えたく、同胞たちの活躍情報を発信するため、出版社「日本僑報社」を創設し、以来25年間、『在日中国人大全』など400点以上の書籍を刊行し、日中のポジティブな情報発信を続けている。

書籍出版のかたわら、中国人向けの日本語作文コンクール、日本人向けの「忘れられない中国滞在エピソード」を同時に主催している。日中友好の基礎は民間にあり、中国の日本ファン、日本の中国ファンを1人でも多く育てることができたらと考えているからだ。

中国人の日本語作文コンクールは今年で17回目、中国全土の大学や大学院、専門学校、高校など約500校から延べ約6万人の応募があり、たくさんの優れた作文が受賞した。特に最優秀賞受賞者の訪日の時、日中友好協会本部を表敬訪問させていただき、「日中友好新聞」にいつも大きく取り上げていただいたこと、この場を借りて深くお礼を申し上げたい。

「忘れられない中国滞在エピソード」は、今年で5回目。約9割の日本人が中国に対する親近感があまりない時勢に、実名で中国での感動を語ってくださる皆さんに感謝したい。特に多くの協会員が応募され、昨年は大阪と福岡在住の協会員2人が一等賞を受賞、素晴らしい作品が多くの読者から賞賛された。改めてお礼を申し上げたい。

中国に関する情報は依然マイナスなものが多く、日中友好をめざしている方、特に若い方は、もっと発信者として、SNSなどニューメディアを活用し、日中両国のポジティブな情報を積極的に発信してほしい。

そのような目標をめざして、2018年に日中ユースフォーラムを新たに創設し、日本語作文コンクールと「忘れられない中国滞在エピソード」コンクールで受賞した若者に主役になってもらい、それぞれの体験と提言を語ってもらっている。

昨年末に開催した第3回の成果として『ポストコロナ時代の若者交流』をタイトルに単行本の刊行もできた。日中両国の若者たちの知識に裏打ちされた意見は、これからの日中関係の改善と発展を促進するヒントを探り、両国に新たな活力とポジティブエネルギーを注ぎ込むものであり、若者ならではの視点による具体的かつ有意義なアイデアに満ちあふれている。日中交流正常化に向けた取り組みには、この本が参考になると信じている。

21世紀の日中交流に資することをめざして、より良い書籍、より実りあるイベント開催をこれからも頑張っていきたい。皆さん、よろしくお願い申し上げます。

（日本僑報社代表）

日中友好新聞　2021年10月15日

朝日新聞 2020年11月30日

■作文コン受賞者決まる

第16回「中国人の日本語作文コンクール」（主催・日本僑報社、メディアパートナー・朝日新聞社）の受賞者が決まり、29日、オンラインイベントでのお披露目式があった。最優秀賞（日本大使賞）は大連外国語大学の万園華（ワン・ユワンホワ）さん(19)がコロナ禍での日本の対中支援についての思いをつづった「私たちを言葉が繋（つな）ぐ」。万さんは「まさか自分が選ばれるとは」などと喜びを語った。

今年の募集テーマは「ありがとうと伝えたい―日本や世界の支援に対して」など。中国各地から計3438作品の応募があった。受賞81作品を集めた作文集「コロナと闘った中国人たち」が日本僑報社から出版される。詳しくは同社のサイト（http://duan.jp/jp/index.htm）まで。

在中国日本国大使館 公式微博（Weibo）アカウント

日本国驻华大使馆
11月5日 18:29
第16届全中国日语作文大赛，大连外国语大学的万园华获得最优秀奖（日本大使奖）。
详情链接戳这里→ 网页链接
コロナと闘った中国人たち
收藏
13
37
204

2020年11月5日

朝日新聞 DIGITAL 2020年12月1日

朝日新聞デジタル ＞ 記事

「なぜ日本語なんか学ぶの」 中国人の私、幼い日の記憶

2020年12月1日 15時00分

シェア ツイート ブックマーク メール 印刷
list 0

第16回「中国人の日本語作文コンクール」で最優秀賞を受賞した大連外国語大学の万園華さん（19）

第16回「中国人の日本語作文コンクール」（主催・日本僑報社、メディアパートナー・朝日新聞社）の受賞者が決まり、29日、オンラインイベントでのお披露目式があった。最優秀賞（日本大使賞）は大連外国語大学の万園華（ワン・ユワンホワ）さん（19）がコロナ禍での日本の対中支援についての思いをつづった「私たちを言葉が繋（つな）ぐ」。万さんは「まさか自分が選ばれるとは」と喜びを語った。

2005年から毎年開かれてきた同コンクールの今年の募集テーマは「ありがとうと伝えたい―日本や世界の支援に対して」など。中国各地から計3438作品の応募があった。

受賞81作品を集めた作文集「コロナと闘った中国人たち」が日本僑報社から出版される。詳しくは同社のサイト（ http://duan.jp/jp/index.htm ）へ。

最優秀賞に選ばれた万園華さんの「私たちを言葉が繋（つな）ぐ」

今年の春節、中国の武漢で新型肺炎が発生し、爆発的に全国へ広がった。学校が休校し、外出も制限され、普段の当たり前の生活が当たり前ではなくなった。政府や医療関係者、ボランティアは力を尽くして疫病と戦ったが、マスクなど医療用品の不足が状況をさらに悪化させた。しかし、そんな時、日本や世界は中国に助け舟を出してくれた。

多くの国から中国に援助物資が届けられるとともに、精神面の支援もあった。一番印象に残っているのは中国語の能力試験を実施している日本HSK事務局から湖北省への援助物資に書かれた「山川異域、風月同天」という言葉だ。日本語専攻の私はすぐにその言葉の意味を調べた。「日本と中国は海に隔てられ、山や川を共有していないが、夜空を見上げる時、同じ明月を楽しんでいる」という意味だと分かった。この言葉は平安時代に日本が唐王朝に贈った袈裟（けさ）に刺繍（ししゅう）されたもので、鑑真和尚はこの言葉に感動し、日本に渡る決意をしたという。だから、中日の友好交流の象徴とも言える言葉だ。日本HSK事務局はこの言葉を通じて、中国と一緒に苦難を乗り越える決意を表したのだろう。

2020年11月5日

第16届全中国日语作文大赛结果揭晓

2020年11月05日20:38 来源：人民网-国际频道

第16届全中国日语作文大赛获奖作品集《守望相助——中日携手抗击新冠疫情》封面。

人民网东京11月5日电（记者刘军国）11月5日，由日本侨报社和日中交流研究所主办的第16届全中国日语作文大赛结果揭晓。来自大连外国语大学的万园华凭借《语言将我们联系在一起》获得最优秀奖。

万园华在作文中表示，今年新冠疫情肆虐之际，日本捐赠中国物资以及上面所写着赠言给她留下了深刻的印象，并使她回想起了2008年汶川大地震时前来中国实施救援的日本救援队的情形，让她更加坚定了"一定要努力学习日语，将来成为一名出色的译员"的决心。

据了解，5篇一等奖作品分别为安徽师范大学李矜矜的《我的朋友和她父亲的遗言》、清华大学陈朝的《小区的北门》、西安电子科技大学孔梦歌的《老奶奶家门口的篮子》、东北财经大学彭多兰的《妈妈要去卢旺达》、南京师范大学刘昊的《用口罩互助》。

日テレNEWS24

2019年12月13日

中国で日本語作文コンクール　最優秀賞は…

ツイートする　シェアする

2019年12月13日 02:43

©NNN

第15回 中国人の日本語作文コンクール表彰式・スピーチ大会

中国の日本語学習者数

2015年度に初めて減少するも再び増加

100万人を超え世界最多

全文

北京の日本大使館で、１２日、中国人による日本語作文コンクールの表彰式が行われ、最優秀賞には「翻訳を通じて国際交流に役立ちたい」という目標をつづった作品が選ばれた。

ことしで１５回目となる日本語作文コンクールには、中国全土から４３００あまりの作品が寄せられた。最優秀賞に選ばれた上海の大学院生は、"翻訳家の卵として東京オリンピックで翻訳に携わるボランティアをしたい"との思いを作文にした。

最優秀賞　潘呈さん「訪日する人々に対し正確な翻訳を提供することがオリンピック精神にもかなうでしょうし、実り豊かな国際交流にも役に立ちます」

中国で日本語を学ぶ人数は、２０１５年度に初めて減少したものの、日中関係の改善などを背景に再び増加し、１００万人を超えて世界最多となっている。

日テレNEWS24　2019年12月27日

学習者は百万人超！中国の最新・日本語教育

ツイートする　シェアする

2019年12月27日 05:31

日本語を学んでいる人は、世界で約３８０万人。そのうち最多の１００万人を占める中国で、最新の取り組みを取材した。

◆日本語を学ぶ中国人は世界最多の１００万人超

今月１２日、北京の日本大使館で、ある授賞式が行われた。中国人の学生を対象とした日本語作文コンクール（応募総数４３５９本　日本僑報社主催）だ。

最優秀賞に選ばれた上海の大学院生は、“翻訳家の卵として、東京オリンピックで翻訳に携わるボランティアをしたい”との思いを作文にした。

最優秀賞・潘呈さん「訪日する人々に対し、正確な翻訳を提供することが、オリンピック精神にもかなうでしょうし、実り豊かな国際交流にも役立ちます」

こうした日本語を学ぶ中国人は、日中関係の悪化を背景に２０１５年度、初めて減少したが、昨年度の調査で再び増加。１００万人を超え、世界最多となっている。

日本僑報社・段躍中さん「ひとつの大きな流れは、日中関係が良くなっていること。特に指導部（政治）の交流が頻繁になり、国民の交流も頻繁になって、若者たちが日本語を学ぶ意欲も高まっていると思います」

2019年12月13日

把“宠物”扔进垃圾箱？日语作文大赛最优秀奖以“误译”为题获好评

2019年12月13日13:18 来源：人民网-日本频道

第15届全中国日语作文大赛颁奖典礼在北京举行。（摄影 陈建军）

人民网北京12月13日电（记者 陈建军）众所周知，日本的垃圾分类细致严苛。中国游客去日本旅游之前大多是要费一番功夫研究下如何分类丢垃圾，以免在外露怯。但当你举着空空的饮料瓶找到安置在日本景点的垃圾箱时，看到垃圾箱上赫然写着“宠物·瓶子”这几个中文字会作何感想，难道在日本可以随意将“宠物”扔进垃圾箱？这是中国大学生潘呈赴日旅游时的真实经历。而垃圾箱上的“宠物·瓶子”其实是PET bottle（塑料饮料瓶）的中文误译。除此之外，潘呈在日本街头还看到很多“闹笑话”的中文标记，他没有置之不理，而是花了很多时间去思考如何才能消除这种误译并杜绝这些误译对中国游客的误导，最后提出了通过网络提供正确翻译来解决问题的路径。之后，他将这一经历写成作文投稿给全中国日语作文大赛，还成功获得了最优秀奖——日本大使奖。

朝日新聞 2019年12月25日

隣国の五輪 願い乗せて

来年の東京五輪・パラリンピックで「かなえたい夢」は？ 15回目の「中国人の日本語作文コンクール」は、そんな問いかけに中国の若者たちが答えた。12日の表彰式で、それぞれの思いを聞いた。（北京＝高田正幸）

中国人の日本語作文コンクール

溝乗り越え 祖父と観戦約束

青島農業大の趙文会さん(22)は「東京五輪を一緒に見る」という祖父との約束を作文にした。

趙文会さん

日中戦争で家族を亡くした祖父は、趙さんが大学で日本語を学び始めると電話に出てくれなくなった。「認めて欲しい」との思いから、趙さんは自宅に帰った時に日本の花見の様子を映したテレビ番組を祖父と見た。「きれいだな」と祖父は笑顔で応じた。卒業旅行で一緒に東京五輪を観戦に行くことを提案してくれるようになった。

その後、祖父にがんが見つかった。それでも「一緒に日本に行く」と闘病を続けている。「自分の通訳で祖父が笑って日本人と話をする姿を夢見ている」と趙さんは話す。

「パラリンピックのボランティアをしたい」と書いたのは大連外国語大の韓若氷さん(21)。

韓若氷さん

小学生の時、近所に家越しにあいさつを交わす「お兄ちゃん」がいた。「バスケットボール選手になりたい」と話していたが、足が不自由だった。

そんな時、2008年の北京パラリンピックで障害者スポーツの存在を知った。「お兄ちゃんのような人を助けたい」と考えたのがボランティアを目指すきっかけだ。東京大会は日本語能力を生かす絶好の機会。「障害者と一緒に幸せになりたい」と話す。

西安電子科技大の龔海媛さん(20)は「敬語をしゃべる『ドラえもん』をつくって」と訴えた。

龔海媛さん

アニメを通じて5歳から日本語の勉強を始め、日本語能力試験で最上級の「N1」に15歳で合格。自信満々で大学に入った。だが「これからはよろしく」とあいさつすると、先生は微妙な表情に。敬語を使わなかったことが原因だと後でわかった。

「アニメで日本語を学ぶ外国人は多い。同じ悩みを抱える人は多いはず」。提案したのは五輪の「招致スペシャルアンバサダー」のドラえもんを活用するアイデア。ドラえもんのせりふを敬語にして、外国人に学んでもらう狙いだ。

日本人の中国理解 壁指摘も

一部の受賞者からは、日本人の中国イメージが実際と違うとの指摘があった。

西安翻訳学院の呉雅婷さん(21)は今年春、インターンで日本を訪問した経験が忘れられない。

呉雅婷さん

仲良くなった日本人にLINEの連絡先を聞いたところ「中国ではLINEを使うと殺されると聞いた」と心配されたのだ。中国ではネット規制でLINEやフェイスブックが使用できない。とはいえ「殺される」は誇張が過ぎる。

呉さんは「見て、触れれば、その国と国民が本当はどんな様子か知ることができるはず」と訴えた。

西北大の朱琴剣さん(20)は、日本の女性と話をした時に「中国の人は今も人民服を着ているの？」と聞かれたことがあった。「日本人の中国に対するイメージは古い」と語った。

朱琴剣さん

表彰式で記念撮影をする受賞者ら＝12日、北京、高田正幸撮影

誤訳から見えた可能性

最優秀賞 潘昱さん(26) 上海理工大大学院

来年の東京五輪・パラリンピックで、SNSを通じて街や会場で見かけた誤訳を共有したり、日本語の分からない人の質問にボランティアが応じたりするアイデアを提案した。「翻訳を通じた国際交流は五輪精神に一致する」と話す。

日本を旅行していた今年4月、東京スカイツリー近くのごみ箱に目がとまった。「ペットボトル」という表示に「寵物」という中国語訳が添えられていた。動物の「ペット」の意味だ。機械的に翻訳した誤りだと考えた。

小学生の時、アニメを見て日本に興味を持ち始めた。大学院では日本語翻訳を専攻。人工知能（AI）化が進んで「翻訳者の仕事は取って代わられる」と考えたこともある。でも、日本で目撃した誤訳から「適切な翻訳には背景にある文化への理解が必要。翻訳者の生存空間はまだまだある」と考え直すようになった。将来は、さらに次世代の翻訳家を育てる教師になりたいと思っている。

中国人の日本語作文コンクール

日中間の相互理解促進を目的に2005年に始まった。日本僑報社が主催、朝日新聞がメディアパートナー。今年は中国各地から4359本の応募があった。日本僑報社は最優秀賞から3等賞までの受賞作81本を「東京2020大会に、かなえたい私の夢！」として出版した。詳細は同社の関連サイト（http://duan.jp/jp/index.htm）で。

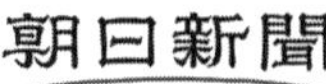
2019年12月25日

隣国の五輪、願い乗せて　中国人の日本語作文コンクール

2019年12月25日05時00分

シェア　ツイート　list　ブックマーク　0　スクラップ　メール　印刷

紙面ビューアー　面一覧

表彰式で記念撮影をする受賞者ら＝12日、北京、高田正幸撮影

来年の東京五輪・パラリンピックで「かなえたい夢」は？　15回目の「中国人の日本語作文コンクール」は、そんな問いかけに中国の若者たちが答えた。12日の表彰式で、それぞれの思いを聞いた。（北京＝高田正幸）

■溝乗り越え、祖父と観戦約束

青島農業大の趙文会さん（22）は「東京五輪を一緒に見る」という祖父との約束を作文にした。

朝日新聞 DIGITAL　2019年12月25日

「日本のおじさんはスケベ」聞いて育った私、来日したら

今村優莉　2019年12月25日 7時00分

シェア　ツイート　list　ブックマーク　38　メール　印刷

日中ユースフォーラムで体験を語る朱杭珈さん＝2019年11月16日午後2時59分、東京都豊島区、今村優莉撮影

日本と中国の民間交流はどうすれば深まるか。１５年間にわたって「中国人の日本語作文コンクール」を主催してきた日本僑報社（東京都豊島区）が１１月、両国の相互理解の促進について話し合う「日中ユースフォーラム」を開いた。過去の作文コンクールに参加した両国の若者９人が集まり、言葉を学んだきっかけや将来の夢について語った。

日本語を学ぶきっかけは、成績が足りなかったから――。「まるか」さんはそう切り出した。

まっすぐ切りそろえた黒い前髪に丸い顔。「顔が丸いアニメのちびまる子ちゃんが好き。『まるか』と呼んで下さい」と話した。

本名は朱杭珈さん（２５）。「まる子」ではなく「まるか」なのは、名前の日本語読み「こうか」にかけたものだ。

中国浙江省の自然豊かな農村の出身。貧しい家で両親は共に病を患っており、幼い頃から医者になることを夢みていた。大学入学の際、希望した学科に進むには点が足りず、日本語学科に振り分けられた。日本語の勉強を始めたのは仕方なくだった。

故郷では「日本のおじさんはスケベだらけ」「日本人は歴史を反省していない」と偏った話ばかり聞かされていた。

だが、大学で６５歳の女性の日本語教師に出会い、中国で働く日本人に中国語を教える機会にも恵まれると、偏見は興味へと変わった。可愛いお土産においしい料理。「日本はどんなところだろう。この目で見て確かめたい」と思うようになった。

2019年2月号

People's China

北京　日本の魅力、中国の若者が作文に

「第14回中国人の日本語作文コンクール」（日本僑報社、在中国日本大使館の共催）の表彰式が昨年12月12日、北京の日本大使館で行われた。今回の作文コンクールのテーマは、「中国の若者が見つけた日本の新しい魅力」「日本の『中国語の日』に私ができること」「心に残る、先生のあの言葉」の三つ。中国28の省・直轄市・自治区の大学など235校から計4288本の作文が寄せられた。最優秀賞の「日本大使賞」には1作品、1等に5作品が選ばれた。

最優秀賞に選ばれたのは、復旦大学4年生の黄安琪さんの作文「車いすで東京オリンピックへ行く！」。京都での短期交流活動に参加した時、偶然にバリアフリー施設を体験し、そこから発信される「平等」や「愛」というメッセージに感動したことを描き、車いす生活の祖母を東京オリンピックに連れて行きたいという希望をつづった。

同コンクールは、中日間の相互理解と文化交流の促進を目的に2005年にスタート。これまでに中国全土の300校を超える大学や大学院、専門学校などの延べ4万1490人から作文が寄せられた。入賞作品は本にまとめられ、日本で毎年発売されている。

朝日新聞 DIGITAL　2019年11月14日

中国で日本語学び、人生変わった　16日に東京で交流会

今村優莉　2019年11月14日 17時30分

シェア　ツイート　list　ブックマーク 1　メール　印刷

昨年行われた、第1回日中ユースフォーラムの参加者＝日本僑報社提供

日本語を学ぶ中国の若者と、中国語を学ぶ日本人学生が体験を語る「日中ユースフォーラム」が１６日、東京都 豊島区 の 西池袋 第二区民集会室で開かれる。誰でも参加、自由に発言することができる交流イベントで、主催者が参加者を募集中だ。

２回目だが、公開されるのは初めて。日中の相互理解の促進を目的として１５年間作文コンクールを開いてきた日本僑報社（同区）が主催。中国側からは過去に日本語の同コンクールに参加したことで日本の大学で学ぶ機会を得た留学生や、中国で日本の文化を伝える事業をおこした若者が来日する。

参加する一人は、日本語を学ぶことを家族に反対されていた。だが、 奨学金 を得て日本に留学し、学生生活で様々な日本人と交流を深めたことで日本への見方が変わり、やがては家族も応援。貧しい農村の出身だったが、日本語を学んだことで人生が変わったという。そんな自らの体験を話す予定だ。

日本側は、中国留学の経験がある東京大や 早稲田大 などの学生が臨むほか、朝日新聞論説委員や、中国で活動する日本語教師らがコメンテーターとして出席する。

日本僑報社編集長の段躍中さんは「日中の若者が相手国についてどのように考え、文化を吸収しているかを知る貴重な機会。関心のある方はぜひ参加して」と話す。

１６日午後２時から４時半まで。参加は無料。希望者は氏名、連絡先を明記の上、件名を「１１月１６日交流会参加申し込み」として同社宛てにメール：ｉｎｆｏ@ｄｕａｎ.ｊｐまたはファクス（０３・５９５６・２８０９）で申し込む。（今村優莉）

朝日新聞
DIGITAL
2018年12月18日

日本の良さって？中国女子に聞いた　名所や技術でなく…

2018年12月18日14時38分

表彰式で横井裕・駐中国大使（左から4番目）らと記念撮影する最優秀賞・1等賞の受賞者たち＝12日、北京の日本大使館、冨名腰隆撮影

中南財経政法大を卒業したばかりの王美娜さん（23）は、東京一人旅の最終日に財布をなくした。スーツケースや民泊 の部屋の隅々まで探したが出てこない。

出発時間が近づき焦りが募る中、民泊 部屋の大家が駅に電話をかけるなど助けてくれた。諦めかけた最後に交番を訪ねると見慣れた財布が届けられていて、大家と抱き合って喜んだ。

日本への印象が良くない周囲の人々に「日本には困った時、助けてくれる優しい人がたくさんいるよ」と言える、と作文につづった。

日中平和友好条約 を結んで40年。いまや年間約800万人の中国人が日本を訪れる時代だ。14回目となった「中国人の日本語作文コンクール」のテーマの一つは「中国の若者が見つけた日本の新しい魅力」。中国人を感動させ、日本のイメージを変えさせたものは何か。12日に北京で開かれた表彰式で、受賞者に聞い

0テレNEWS24
2018年12月13日

中国・北京の大使館で日本語作文コンクール

ツイートする　シェアする　2018年12月13日 01:51

全文

中国・北京の日本大使館で１２日、中国人を対象にした日本語作文コンクールの表彰式が行われ、バリアフリー化が進む日本社会への思いをつづった作品が最優秀賞に選ばれた。

主催した団体によると、今回の作文コンクールには、中国全土から４２００あまりの作品が寄せられたという。

最優秀賞に選ばれた上海の大学生は、作品の中で、日本のバリアフリー化が進んでいると紹介した上で、「車いす生活を送る祖母を東京オリンピックに連れて行く」との目標をつづった。

最優秀賞・黄安琪さん「日本社会の平等や愛を感じた。これからも日中友好の懸け橋として活躍できるよう頑張る」

朝日新聞 2018年12月17日

訪日で越えた 心の壁

中国人の日本語作文コンクール

日中平和友好条約を結んで40年。いまや年間約800万人の中国人が日本を訪れる時代だ。14回目となった「中国人の日本語作文コンクール」＝キー＝のテーマの一つは「中国の若者が見つけた日本の新しい魅力」。中国人を感動させ、日本のイメージを変えさせたものは何か。12日に北京で開かれた表彰式で、受賞者に聞いた。（北京＝冨名腰隆、西村大輔）

日中間の相互理解促進を目的に2005年に始まった。日本僑報社が主催し、朝日新聞がメディアパートナー。今年は中国各地の[illegible]校の大学、専門学校、高校などから4288本の応募があった。日本僑報社は最優秀賞から3等賞までの受賞作81本を「中国の若者が見つけた　日本の新しい魅力」として出版する。詳細は同社の関連サイト（http://duan.jp/jp/index.htm）で。

入賞作を読むと、多くの若者が旅行や短期留学で訪日経験があることに気づく。彼らが日本の魅力として挙げるのは、親切や気遣いなどの「心」だ。

表彰式で横井裕・駐中国大使（左から4番目）らと記念撮影する最優秀賞・1等賞の受賞者たち＝いずれも12日、北京の日本大使館、冨名腰隆撮影

民泊・地下鉄・食堂…優しさにふれた

中南財経政法大を卒業したばかりの王美娜さん(23)は、東京一人旅の最終日に財布をなくした。スーツケースや民泊の部屋の隅々まで探したが出てこない。出発時間が近づき焦りが募る中、民泊部屋の大家が警察に電話をかけるなど助けてくれた。諦めかけた最後に交番を訪ねると見慣れた財布が届けられていて、大家と抱き合って喜んだ。日本への印象が良くない周囲の人々に「日本には困った時、助けてくれる優しい人がたくさんいるよ」と言える、と作文につづった。

王美娜さん

「中国人と日本人の心の壁を壊したい」と目標を書いたのは江蘇師範大3年の周夢琪さん(23)。きっかけは、高校の卒業旅行で日本へ行ったことだ。地下鉄を乗り間違え、隣に座っていた中年男性に助けを求めると、男性は額に汗をにじませながら片言の英語で説明してくれた。様々な場面で優しさに触れ、日本語を専攻しようと決めた。

浙江万里学院の陳昕羽さん(21)は、短期留学で通い詰めた東京の食堂について書いた。夫婦で営む店の「家庭の味」はもちろん、帰り際の「夜道に気をつけてね」「傘を忘れないでね」という何げない一言が忘れられないと話す。「初めての海外で不安ばかりだった私にとって、どれだけありがたかったか。日本人の印象が一変した」

陳昕羽さん

ロリータ服 スタンプ カルチャーにハマった 神社 猫の駅長

日本のカルチャーに魅せられた学生も多い。

広東外語外貿大南国商学院4年の呉曼霞さん(22)は、昨年夏に和歌山電鉄の「猫の駅長」を訪ねた体験を書いた。日本へ行って猫に会いたいと言ったら同級生に笑われたが、まるで本当の駅長のように猫を大事にする姿がいかにも日本らしいと感じた。「人間と動物の距離が近い。これは中国にはないこと」

呉曼霞さん

神社文化をきっかけに日本に関心を持った呉さんは、京都の八坂神社なども訪れ、絵画のように美しい景色だと思った。

「スタンプ文化」にはまったのは中国人民大4年の路雨倩さん(22)。駅や観光地などにある記念スタンプに興味を持ち、集め歩いた経験を書いた。スタンプには探す過程におもしろさがあるという。別府でスタンプマニアの日本人の若者と知り合い、旅の道連れとなった経験も。「手帳に残った色あせたスタンプは、写真よりも鮮明に自分の人生の足跡を記録してくれる」

吉林外国語大を経て9月に日本に留学した雷妍さん(20)は、高校時代にロリータファッションに目覚めた。個性を存分に演出できるのが魅力という。中国の街を歩くのは勇気が要る。知らない人に「日本鬼子（日本人への蔑称）が着ている服だろ」と言われたことも。日本では人目を気にせずロリータファッションを楽しみたい」と書いた。一方で、「いずれは中国の伝統的な漢服も日本に紹介し、中国の文化をもっと知ってもらえたら」とも。

最優秀賞 黄安琪さん(21)

バリアフリーに感銘「祖母を東京五輪に」

復旦大で日本文学を学ぶ黄安琪さん(21)の祖母は若いころ、小学校の体育教師だった。2008年の北京五輪を心待ちにしていたが、その年交通事故で右足を粉砕骨折し、車いす生活になってしまう。公共交通機関の利用にも苦労する祖母は、五輪を見に行くことがかなわなかった。

10年後、大学の交流プログラムで訪れた京都で黄さんは驚いた。車いすでバスに乗る客のために、時間が遅れてもスロープを準備する運転手。文句も言わず座席を畳んでスペースを作る乗客。日本のバリアフリー化に感銘を受け、東京五輪に祖母を連れて行きたいと感じた体験を作文にした。

浙江省杭州市の出身。日本と関わりの深い魯迅の小説を中学1年で読み、日本文学や作家に興味を持つようになった。お気に入りは川端康成の「古都」。「京都の名所や年中行事が鮮やかに描かれ、日本の伝統や芸術の美しさが込められている」と話す。

来年9月から大学院に進み、国際コミュニケーションやメディアについて学ぶ。英国留学も決まった。「将来は国際社会に貢献できる人間になりたい。日中の架け橋にもなれるよう、もっと頑張りたい」

2019年1月1日　日　中　文　化　交　流

日本語作文コンクール表彰式 北京の日本大使館で開催さる

日本僑報社・日中交流研究所（段躍中代表）が主催する第14回「中国人の日本語作文コンクール」（当協会後援）の表彰式と日本語スピーチ大会が、昨年12月12日、在中国日本国大使館で開催された。横井裕駐中国大使をはじめ、上位入賞者と指導教師ら関係者約160名が出席した。最優秀賞から3等賞までの計81作品は、『第14回中国人の日本語作文コンクール受賞作品集』（本体2，000円、日本僑報社刊）に収録されている。

同コンクールは、2005年に始まり、これまで中国の300を超える大学や大学院、専門学校などから、のべ4万1490本の応募があった。

お問い合せは、日本僑報社（電話03・5956・2808）まで。

 毎日新聞 

2018年10月7日

世界の見方

日中交流 草の根から

段躍中（だんやくちゅう） 日本僑報社代表

　日中平和友好条約締結40周年を記念して、中国に滞在した経験のある日本人を対象にした第1回「忘れられない中国滞在エピソード」（作文・写真）を募集したところ、多くの応募をいただいた。昨年は中国に留学した経験のある日本人を対象に作文を募集、書籍化し、日中双方のメディアから注目された。2年間の作文審査を経て、中国での貴重な経験は、特に日本における日中交流の促進に生かすことができるのではないかと考えている。

　中国から来日して27年になった。20年前、初の書籍「在日中国人大全」を出した時、日本に長期滞在する中国人は20万人余りだった。現在では日本国籍取得者を含めて約100万人に上るとされる。彼らに積極的に声をかけ、言葉の学習や料理のレシピ、生活の知恵などさまざまな情報を交換するのは有意義だろう。

　中国滞在、留学経験者は、その語学力と知識を生かし、急増している訪日中国人とも交流してほしい。初めて日本を訪ね、困っているお隣の国の観光客を助けてほしい。それがフェース・トゥー・フェースの真の交流につながり、中国人客は「爆買い」以外にも日本文化への理解を深めることができるはずだ。

　中国人の日本語学習をサポートしつつ「相互学習」してほしい。弊社が主催する「中国人の日本語作文コンクール」は2005年以来14回も続けてこられた。応募者数は4万人を超えている。中国で日本語を学ぶ学生と、日本で中国語を学ぶ学生は草の根交流の良きパートナーになれる。

　11年前から東京・西池袋公園で開いている日中交流サロン「日曜中国語コーナー」にも気軽に参加してほしい。開催は550回以上になり、すでに10カ国以上から約2万人が参加している。日本にいても「日中市民交流」は深められる。平和友好条約40周年を機に身近な所から交流を始めてはいかがだろうか。（寄稿）

日中平和友好条約

　日中間の平和友好関係の強化、発展を目的にした5条からなる条約で、いわゆる反覇権条項の第2条で、日中両国がアジア・太平洋地域や他のいかなる地域でも覇権を求めないこと、また覇権を確立しようとするいかなる国、集団の試みにも反対することをうたっている。

　1978年8月12日に締結され、中国の最高実力者だった鄧小平氏が批准書交換のために来日して10月23日に発効した。

朝日新聞
2018年
3月4日

地球24時

■日中の大学生ら交流

日本と中国の大学生らが3日、東京都内で開かれた日中教育文化交流シンポジウムで両国の魅力について語り合った。日中共同の世論調査で、相手に「良くない印象」を持つ人は日本人の約9割、中国人の7割近く。互いを行き来した経験がある若者たちが、将来の日中関係に果たす自分たちの役割などを討論した。

昨年の「中国人の日本語作文コンクール」（主催・日本僑報社、メディアパートナー・朝日新聞社）で最優秀賞を得た河北工業大の宋妍さん(22)は「信号機の押しボタン」に感心した。日本の街のどこにでもあり、東京五輪を控えて外国人にも使いやすいよう工夫が進んでおり、生活する人のことを考えて工夫を惜しまない日本らしさの象徴だと感じたという。

中華圏の娯楽文化を紹介する活動をしている鈴木由希さん(28)は「今、中国のバラエティー番組が面白い。おちゃらけのレベルも高い」。政治状況から、レギュラーの出演者が突然編集で消えたこともあったといい、「そんなところから、政治を考えるきっかけにもなる」と話した。

溝残る日中 私がつなぐ

中国の魅力って何だろう――。日本を訪れる中国人は増える一方なのに、中国に行く日本人は増えない。今年で13回目を迎えた「中国人の日本語作文コンクール」の課題の一つは「日本人に伝えたい新しい中国の魅力」だった。受賞した学生たちの思いを聞いた。（北京＝古谷浩一、延与光貞）

中国人の日本語作文コン

「マナー悪い」変化へ努力

「中国の新しい魅力は絶えず発展していく農村」

青島大学4年の王曾芝さん(22)は、曾祖父が暮らす農村を久しぶりに訪れたときの経験を作文に書いた。大きなイチジクの農園ができたことで、貧しかった村が豊かに変わっていたことに驚いたからだ。

「以前の日本は中国が発展できないと思っていたのではないか。でも、中国は発展できることを証明した」という王さんは「日本人に中国の発展ぶりを見て欲しい」と話す。

上海理工大学3年の黄鏡清さん(21)は、日本人の友人から中国人のマナーの悪さを指摘され、「誇りが傷ついた」ことを書いた。

これをきっかけに、「この国をきれいで清潔な国にする」と心に決め、環境問題のNPO活動に参加。中国でも環境保護を大事に考える価値観が広がっていることを知ったという。

黄さんは「今、私たちは努力しているし、変わりつつある。知って欲しいのはその事実です」と力強く語った。

踊り・漫才・漢方…魅力伝えたい

発展ぶりではなく、伝統文化をあげる学生も少なくなかった。

東北大学秦皇島分校3年の林嘗婷さん(21)は課題を前に「新しい中国を伝えたい」と思ったが、頭に浮かんだ中国の大都市の光景は、どれも先進国にもあるようなものばかりだった。

日本人に「魅力」と言えるほどのものは何だろうか。結局、自らの故郷である広東省で、小さいころから慣れ親しんだ伝統的な踊り「英歌舞」を紹介した。

「この踊りは困難を克服する勇気を与えてくれると祖母に教わった。昔もそうだし、今もそう」

中国の漫才に当たる「相声」のことを書いたのは江西財経大学4年の王智群さん(22)。「歴史の古いものだけど、内容は時代に合わせて変化しているから」。将来は通訳になって、日本の人に「相声」で笑ってもらいたいという。

広西チワン族自治区出身の郎春吉さん(24)が訴えたのは、新たなソフトパワーとしての漢方医薬。漢方医の祖父が足をけがしたおばあさんを助けたときのことを書いた。

「今は中国でも西洋医学が中心になっているが、漢方医学を新たな魅力としてアピールしたいと思った」と郎さん。すでに浙江工商大学を卒業し、9月から日本の関西大学に留学し、大学院で日中の文化交渉について学んでいるという。

魅力的だと自慢したい場所は古里が多いようだ。

中国人民大学4年の王静昀さん(22)は、出身地である福建省アモイの海産市場のことを思い入れたっぷりに書いた。王さんは言う。

「みんな国際化がいいと言うけれど、民族的なものこそ魅力がある。日本に行く中国人も同じ。好きなのは日本独特の文化なんです」

表彰式で、横井裕・駐中国大使（左から7人目）らと記念撮影する最優秀賞と1等賞のみなさん＝12日、北京の日本大使館、延与光貞撮影

中国人の日本語作文コンクール

日中間の相互理解促進を目的に2005年に始まった。日本僑報社が主催し、朝日新聞がメディアパートナー。日中国交正常化45周年と重なった13回目の今年は、中国各地の189校から4031本の応募があった。日本僑報社の段躍中代表は「日本語を学んだ中国人の若者は日本にとっても財産だ。彼らが考える新たな中国の魅力を多くの日本人に知ってもらいたい」と願う。同社は最優秀賞から3等賞までの受賞作計81本を作文集「日本人に伝えたい　中国の新しい魅力」として出版。詳細は同社サイト(http://duan.jp/jp/index.htm)で。

震災復興 願い歌った
最優秀賞の宋妍さん(22)

2011年に東日本大震災が起きた時は中学3年生だった。河北工業大学に入って先生に見せてもらった復興支援ソングのビデオを見て心を動かされた。多くの外国人が被災者を支えようとしている。でも、中国人は登場しなかった。

「日本語を学ぶ学生として中国の声も伝えたい」

友人や周囲の人を誘い、ビデオ制作に取り組んだ話を作文に書いた。

桜の花を折り紙で作り、それを手に歌った。「中国人が折ることで、中国の好意が伝わると思った」からだ。学食の調理員からロシアに留学中の同級生まで55人が登場する。日本語を知らない人には自ら教えた。

河北省の出身。「名探偵コナン」などのアニメに親しんだこともあり、大学で日本語を専攻した。「同じ漢字を使うから、楽に学べる」と考えたが、「実際は読み方が全く違う。ひらがなやカタカナに苦労した」と笑って振り返る。

戦争の記憶もあり、中国では「日本語を学んでいる」と言うと嫌な顔をされたりもするが、気にしない。「やさしさと思いやりのある国。日中友好のために学びたい」。将来の夢は外交官。来年から北京大学の大学院で日本語を磨く。

最優秀賞を受賞し、表彰式でスピーチする宋妍さん＝12日、北京の日本大使館、延与光貞撮影

朝日新聞
2017年 12月14日

東京新聞　2017年4月6日

ミラー

日中友好に役立ちたい

大学院生　白(はく)　宇(う)　23
（中国・南京市）

今年で十二回目となる「中国人の日本語作文コンクール」で最優秀賞をもらった。副賞として二月上旬に一週間、日本を訪問した。三回目の日本。自分の足で東京を歩き、自分の肌で日本を感じた。

過去の訪日では、おいしい食べ物、有名な観光地、アニメやドラマに登場するものだけに目が行った。だが、今回得たものは全然違った。「また日本へ行きたい」。この気持ちこそ、今回の訪日で得た最も尊いものだと感じる。

滞在中に、多くの政治家、大学教授、協力団体の皆さまと直接交流する機会を得た。私の日本語学習や進路についてどなたも親切に助言をくださった。ホームステイもさせていただいた。教科書でよく見る納豆はやはり苦手だった。私も張り切って中国料理を作ったが、塩を入れ過ぎてしまった。それでもご家族は笑顔で食べてくださった。短い間だったが本当の家族のような感じがした。

将来、私は中日友好の役に立ちたい。今の私にはお金も地位もないが、両国の明るい未来のためなら頑張れる。自分が日本で感じたものを中国の友達、先生、家族に伝えたい。そして、これから知り合う日本人にも中国、中国人の良さをもっと伝えていきたいと思っている。広い中国には日本語学習者をはじめ、日本に興味を持つ若者がたくさんいる。彼らにもぜひ自分の心で日本と触れ合ってもらいたいと思う。

私の旅はまだまだ続いていく。あの一週間は夢ではなく、皆さんの温かさが私の中にちゃんと残っている。今でもやりとりしているメールで、私はある約束をした。「必ずまた会いに行きます」と。

NHK NEWS WEB　2017年12月12日

LIVE　日本海側中心に荒れた天気

日本語作文 最優秀の中国大学生 “「花は咲く」広めたい”

12月12日 21時25分

シェアする ？  

日本語を学ぶ中国の大学生の作文コンクールで入賞した作品をスピーチの形で披露する催しが北京で行われ、最優秀賞の学生は、東日本大震災の復興支援ソング「花は咲く」の歌を中国で広めたいなどと日本語への思いを語りました。

日本経済新聞　2016. 12. 26

春秋

流行語にもなった「爆買い」。一時の勢いは衰えたともいわれるが、その隆盛を同じ国の若者はどう感じているのだろう。中国で日本語を学ぶ学生たちの作文集「訪日中国人、『爆買い』以外にできること」が出版されたので読んでみた。彼らの日本旅行記が印象深い。

▼演歌好きの学生は初の訪問地に大阪を選ぶ。「浪花恋しぐれ」の舞台、法善寺横丁を見るためだ。店の人や客たちと大阪弁で盛り上がる。歌詞に登場する落語家について解説を受ける。帰国後、店での時間を思い出し感慨深い気持ちになった。「爆買いだけしかしないなら、忘れがたい思い出を作ることは難しい」と記す。

▼別の学生は長野県の農村に足を運ぶ。無農薬の野菜作りに驚き、ブドウやリンゴのみずみずしさに「中国のものと全く違う」と思う。環境汚染に悩む母国と、公害問題の解決に努力した日本。国内にいると急速な発展にうぬぼれがちだ。「同胞たちよ、観光地や買い物以外に、本当の日本を体験しよう」と呼びかけている。

▼「爆買い」が注目される裏に、マナーの悪さにまゆをひそめるニュアンスを読み取る学生もいる。前向きな好奇心、感受性、潔癖感が行間からあふれ、何ともまぶしい。年末年始、日本を離れ海外で過ごす人の出国ラッシュがもうすぐ始まる。日本の若者も異国の素顔を知り、母国を見つめ直す経験を積んでほしいと願う。

東京新聞
2017年
9月21日

■18■ 本屋がアジアをつなぐ
石橋 毅史

アニメ、漫画に熱い思い

アジアをはじめ海外の客を集めている書店の筆頭といえば、アニメ、漫画の大型専門店だ。八月後半のアニメイト池袋本店（東京）は、学生の夏休み期間ということもあってか、いつのぞいても大盛況、かつ国際色豊かであった。

香港から来た二十三歳の男性二人連れは、とくに「機動戦士ガンダム」の大ファンだと話した。「香港にも支店はあるけど、日本のアニメイトに来てみたかった。明日は箱根の温泉へ行きます」

中国・上海出身で、現在は日本に留学中という女性は「月に二、三回くらい来ます。今日は上海から来る友達と待ち合わせています」。

手には缶バッジなどアニメのキャラクターグッズが。店の前の公園がファンのグッズ交換の場として知られていて、それも目的なのだという。「日本人と交換することが多いけど、他の国の人とやりとりすることもあります」。日によっては百人を優に超える集まりとなることもあり、インターネットでは〝野生アニメイト〟などと呼ばれる。アニメファンの間で発生した現象にまで店名を使われてしまうほど存在が浸透しているということだろう。

大勢の漫画、アニメファンが出入りし、待ち合わせ場所にもなっているアニメイト＝筆者撮影

アジア各国からの来店客向けサービスについてアニメイトに訊くと、「中国語圏で普及するキャッシュカード『銀聯カード』が利用可能」「英語および中国語を話せるスタッフの常駐」を挙げたが、外国人をターゲットにした品ぞろえ、催事などは、とりたてて行っていないという。日本人客と同様にもてなすところが、むしろ海外の人々を引きつけるのかもしれない。

『「御宅」と呼ばれても』（日本僑報社）という本がある。日本語を学ぶ中国人学生を対象とした作文コンクールの優秀作をまとめたものだ。一九九〇年代に生まれた〝90後〟世代による「ACG」（日本のアニメ、コミック、ゲームを総称した中国語圏の言葉）への熱い思いが綴られている。

彼らは、友情、平和の尊さ、人や社会との向き合い方について、自ら答えを探すことを教えてくれたのがACGだ、と語る。ある作文では「中国のアニメは先生、日本のアニメは身近な先輩」、別の作文では、漫画の主人公は「心の中の親友」。漫画、アニメの海外展開というと有力な輸出産業といった大きな観点で語られがちだが、それを海の向こうで受けとめているのは、切実な悩みや希望を抱えた一人ひとりの若者である。

漫画市場も紙の単行本や雑誌の売り上げは下落し、近年は電子書籍へ急速にシフトしつつある。だが、アニメイトの店内を歩く人たちは皆、生き生きとしていた。二人連れやグループは満面の笑みで語り合い、ひとりで来ている人は、商品の一つひとつを真剣な表情で見つめていた。本屋の現場は、数字に表れないものを映しだす。

（いしばし・たけふみ＝出版ジャーナリスト）

＊第1、第3木曜掲載。

朝日新聞

2017年 3月27日

特派員メモ ◆東京

白さんの思いを胸に

第12回「中国人の日本語作文コンクール」で最優秀賞に選ばれた南京大学大学院の白宇さん(22)が先月、日本にやってきた。昼食をとりながら本音を聞く機会があった。

白さんは日本好きだったわけではない。ふるさと安徽省の農村は保守的で、日本によい印象はなく育った。ところが大学では希望していない日本語学科に配属された。

思いを変えたのは、2人の日本人教師。熱心な指導に心を打たれた。勉強に没頭し、日本の魅力を知った。春節には日本人を連れて里帰りし、村人と交流した。日本人を受け入れてみると、村の雰囲気も変わった。白さんの受賞をみな喜んでいるという。

語学にとどまらず、訪日の「爆買い」や漫画、文学をきっかけに、日本を体感したいと思う中国人は多い。それぞれの経験を通した日本観が若者を中心に広まっている。

白さんは「日本人に中国の魅力を伝えていきたい」と言う。日本を知る中国人だけでなく、中国を知る日本人も増えれば、お互いをより冷静に見られるはずだ。私はもうすぐ北京へ赴任する。相互理解に、微力ながらも貢献したいと思う。

（福田直之）

朝日新聞 2016年12月14日

「爆買い」超える交流を

中国で日本語学ぶ若者に聞く

今年で12回目を迎えた「中国人の日本語作文コンクール」のテーマの一つは「訪日中国人、『爆買い』以外にできること」。急激に増える中国人観光客とその豪快な買い物ぶりを印象づけた「爆買い」だが、中国の若者はどのように受け止めているのだろうか。12日に北京で開かれた同コンクールの表彰式で、中国で日本語を学ぶ受賞者たちの率直な思いを聞いた。

デジタル版に受賞作文

中国人の日本語作文コンクール

日中間の相互理解促進を目的に2005年に始まった。日本僑報社が主催し、朝日新聞がメディアパートナー。12回目の今年は過去最多となる5190本の応募があった。今年のテーマは中国人訪日観光客による「爆買い」や「日本語教師の教え」など。日本僑報社の段躍中・編集長は「応募数も質も年々上がっている。日本語ができる人材は日中両国の宝物。これからも応援していきたい」と話す。同社は最優秀賞から3等賞までの受賞作計81本を作文集「訪日中国人『爆買い』以外にできること」として出版。詳細は同社サイト(http://duan.jp/jp/index.htm)で。

横井裕・中国大使(中央)から表彰を受けた最優秀賞と1等賞の受賞者たち=12日、北京の日本大使館、延与光貞撮影

「日本の製品良くて安い」

「もし私が日本に行くなら、100%間違いなく、爆買いするな。1回じゃ持って帰れないくらい」

山東政法学院の[illegible]さん(21)は、爆買いについて聞くと笑顔で言った。「日本製品の質は良くて安いから。それに、多くの中国人が自分の目で日本を見て感じることはいいことだと思う」

今年、日本を訪れた中国人は9月時点で500万人以上。年内には過去最多の700万人に迫る勢いだ。

中国人民大の[illegible]さん(20)は「私自身は爆買いに興味はないけど、その気持ちは分かる。質と価格、あとはブームってことじゃないかな」と話した。

「高い購買力中国の誇り」

「爆買い」にはマナーの悪さという意味合いが込められることもあるが、「中国の若者のマナーは大きく改善されている。一部の変な行為は年配者のものでは」と湖北省にある中南財経政法大の大学院出身の[illegible]さん(26)。

多くの学生はむしろ、爆買いの行為が示す中国人の購買力の高まりを誇りに感じているようだ。

旅行好きで、安徽省の外国語翻訳学校に通う[illegible]さん(27)は、「中国人がみんなお金持ちになったと思って、日本人は複雑な感情なのかもしれない。でも、同じ商品が中国では2倍とかの値段。日本でできるだけ多く買いたいという思いは分かるでしょ」。

一方で、ギクシャクした日中関係が続くなか、中国で日本語を学ぶことへの微妙な感情も浮かぶ。

南京の大学に通う女性(21)は「ネット上に爆買いは売国奴だと書かれているのを見て、そうだなと思った。民族感情があるから。日本旅行は『敵に塩を送る』ことになるのではないかな、と」。日中戦争を知る祖母からは日本語を学ぶことに反対されたという。

ただ「爆買い」は最近、沈静化してきているとされる。学生たちも、訪日経験者たちの関心は別のものに移ってきているようだ。

「次回の訪日伝統に興味」

中南財経政法大の大学院出身の[illegible]さん(23)は今年1月の日本旅行の際、友人らから魔法瓶3本や化粧品などを買ってくるように頼まれた。自分の服やお菓子も買った。

でも、近く行く予定の2度目の訪日で興味があるのは「日本のふろしきや着物」。中国で伝統服は普段に町中を歩く服ではないのに、京都で着物を着た人を見て新鮮に感じた。「おすしを食べるのも楽しみ」と日本語で語った。

「爆買いだけでは物足りない」というのは、中国人民大の郭可純さん(21)。今年2月まで約半年間、神戸に短期留学していた。両親が遊びに来たときは、もっと多くの日本を紹介したいと思った。

「日本人が中国人に対して爆買いのイメージしか持たないとしたら、悲しい。中国もお客さんへのおもてなしは負けない。礼儀正しくないところもあるかもしれないけど、中国人の親切さも知ってほしい」

(北京=古谷浩一、延与光貞)

大好きな日本語で日中つなぐ職が夢

最優秀賞の白宇さん(22)

最優秀賞(日本大使賞)を受賞した蘭州理工大学の白宇さん(22)は中国内陸部・安徽省の農村出身。実家も農家だ。保守的な土地柄で、日本へのイメージは良くないという。

尖閣諸島をめぐって日中関係が悪化した2012年の9月に入学。会計などを勉強したかったが、希望していなかった日本語学科を学校にあてがわれた。「専門を変えることだけを考えていた」と白さん。最初は将来を悲観して泣いた。

作文では、そんな白さんが授業で出会った「[illegible]先生」に支えられ、4年間勉強を続けるうちに日本語が大好きになったことをつづっている。

今秋、南京大学の大学院に進学し、日本語を学ぶ。教師や外交官、通訳など日本と中国をつなぐ仕事に就くのが夢だ。12日の表彰式では、「機会があれば、留学して日本を肌で感じたい」と話した。

昨年7月に訪日した際には、家族や友人らへのプレゼントの「爆買い」を楽しんだ。「買い物を通して日本や日本人の良さを知るきっかけになる。次は日本人に中国の良さを知ってもらいたい」

訪日中国人「爆買い」以外にできること

東京新聞 2016年2月28日

「予想していた通り みな親切」

中国人の日本語作文コンクール 最優秀の張さんが訪日

日本語作文コンクールで最優秀賞に選ばれた張晨雨さん＝都内で

十一回目となる「中国人の日本語作文コンクール」で最優秀賞（日本大使賞）に選ばれた山東政法学院四年生の張晨雨さん（二二）が二月下旬に、副賞として日本を訪れた。日本語を学んで三年となる張さんは、日本を実際に見るのは初めて。「予想していた通り、町がきれいで、みな親切。来年ぜひ日本に留学したい」と語った。

このコンクールは、中国で日本語を学び、留学経験のない学生を対象としており、日本僑報社、日中交流研究所（東京都豊島区、段躍中所長）が主催している。

今年は過去最高の四千七百四十九の応募があり、張さんの『好きやねん、大阪』が最優秀賞に選ばれた。今回の入賞作は「なんでそうなるの？」という作品集として発刊された。

国際交流基金によれば、中国では、大学などの教育機関で約百五万人が日本語を学んでいる。日本語教師も約一万七千人（うち日本人約二千四百人）になっている。外国語では英語の人気が高いが、アニメ人気の影響で日本語の学習を希望する学生も多い。

張さんの作品は、中国では北京と上海の人が、「こっちが上」と自慢し合うが、東京と大阪でも同じようなことがあると書き出し、大阪弁のイントネーションや大阪の笑いなどに焦点を当てた。視点のユニークさが評価された。大阪には叔母が住んでおり、親近感があったという。

張さんは二十一日から二十八日まで訪日し、国会を訪れたり、中国の若者事情などについて講演した。

「子どものころから日本のアニメに興味があった」という張さんは、「日本の社会を学びたい。将来はファッションの仕事に就きたい」と語った。（五味洋治）

朝日新聞 2015年12月18日

歴史対立 葛藤を言葉に

中国人の日本語作文コンクール

約100万人が学んでいるとされる中国の日本語教育の現場。複雑さを増す日中関係のなか、学生たちと日本語教師は、どんな思いでいるのだろうか。今年で第11回を迎えた「中国人の日本語作文コンクール」のテーマの一つは「私の先生はすごい」だった。受賞者と指導教官に話を聞いた。

家族の日本観 変えた先生

嶺南師範学院3年 張戈裕さん(21)

張戈裕さん

「私の先生はすごい。彼一人の力で私の家の歴史を変えたのだ。日本を憎む歴史を」

広東省にある嶺南師範学院3年生の張戈裕さん(21)は、1等賞をとった作文でそう書いた。

受験で志望学部に受からず、仕方なく入った日本語学科。曽祖父を日中戦争で亡くした家庭では、「日本を好きだ」ということは、「道徳」や「家訓」に反することだったという。

その張さんが「戦争があったからすべての日本人が悪いという思考回路がおかしい」と思うようになったのは日本語教師の「矢野先生」と出会ってからだった。

「矢野先生」は日本批判を言われても何も言わず、黙々と日本について教えてくれる人だった。その熱心な指導について話を聞いた両親の態度も微妙に変わった。依然として日本をよく言うことはないが、周囲の人に「娘の専攻は英語」と偽っていた母親は「うちの娘は日本語を勉強しています」とはっきりと言うようになった。

張さんは今、「将来は日本語教師になりたい」と思っているという。

多くの学生が、こうした中国で日本語を学ぶことの気持ちの葛藤を作文に盛り込んだ。日中関係の悪化の影響も受け、日系企業への就職は以前より難しくなっている。日本語学科を第1志望とする学生も減ってきているとも言われる。

常州大学の謝静晗さん(21)は「周囲の友だちは日本を理解している方だからいいけど、年齢の高い親戚たちの日本のイメージは昔のままみたい」と話した。

一方、華南理工大学の日本語教師、金華さん(44)は「日本語がうまくなるには、日本人の考え方を理解することが必要だ」と訴える。学生たちにとって、日本人教師は目の前にいる日本人の考え方のお手本。その印象は日本に対する印象自体も変えるというのだ。

「一日中、学生と過ごす教師も」

笈川幸司さん(45)

中国300校で日本語教育

教え子が次々とスピーチ大会で入賞し、「カリスマ日本語教師」と呼ばれる笈川幸司さん(45)に聞いた。

私はこれまで中国の300の学校の日本語教育の場を回ってきた。感じるのは、中国にいる日本人の日本語教師は、ただ教えるだけでなく、朝から晩まで学生と一緒に過ごすことが多いということ。

地方の多くの大学には、日本人留学生もいない。学生にとっては、先生イコール日本だ。日本人の先生がいなければ日本が分からないといった環境で、日本語を教えている。

歴史問題などで日中関係が緊張すれば、大変な立場に立たされるということもある。多くの教師が地道に仕事をしているが、その苦労は大きい。

教師ら「反日」ほぐす努力

最優秀賞を受賞した山東政法学院の張晨雨さん(20)の作文を指導した藤田炎二教師(57)は元新聞記者。昨年9月から同学院で日本語教師をしている。

ネットで作文コンクールの応募を知り、学生たちに呼びかけたが、クラス16人のうち応募は2人だけだった。日本語の能力はあるのになぜ書かないのか。

「学生たちは反日運動が激しかったときに日本語学科に入った世代。心の中に引っかかりが残っていても不思議ではない」という。「来年はいったい何人が応募してくれるか。これが私の（日本語教師としての）通信簿だ」と話した。

1等賞の受賞作を指導した常州大学の古田島和美教師(59)は学生に対して、「指導ではなく、対話をした」と語る。「どうしたら学生の思いが正確に伝わる作文になるのか、自分も学ばせてもらった」

一方、授業で政治に触れることはタブーだという。ある教師は「大学側から政治と言葉を学ぶことは分けて欲しいと言われている」と話した。（北京＝古谷浩一、倉重奈苗）

表彰式後、記念撮影する受賞者ら。前列左から4人目が最優秀賞の張晨雨さん＝12日、北京の日本大使館、倉重奈苗撮影

中国人の日本語作文コンクール

応募は計4749本 11回で過去最多

2005年、相互理解促進を目的に始まったコンクールで日本僑報社が主催、朝日新聞がメディアパートナー。今年は過去最多の4749本の応募があった。

最優秀賞(日本大使賞)に選ばれたのは、大阪で働く叔母とのやりとりを書いた山東政法学院の張晨雨さんの『好きやねん、大阪』。12日に開かれた表彰式で、「将来は日本でファッションに関する仕事に就きたい」。

日本僑報社編集長の段躍中さんは「中国の若者の作品を多くの日本人に読んでもらいたい」。受賞作を集めた作文集『なんでそうなるの？中国の若者は日本のココが理解できない』が出版されている。詳細は、同社のサイト（http://duan.jp/jp/index.htm）。

ひと

中国人の日本語作文コンクールで最優秀賞

姚（ヤオ） 儷瑾（リーチン）さん(20)

上海で生まれ育ち、地元の東華大学日本語学科に合格して祝福されたのは、2012年の春。その秋に日本政府が尖閣諸島を国有化し、中国で反日デモの嵐が吹き荒れたさなかに入学した。

「日本語の専攻を親に反対された級友もいる。でも、中国の若者には、日本のアニメやコミック、ゲームやアイドルが大好きな『オタク』もたくさんいる」

昨年の第10回中国人の日本語作文コンクール（日本僑報社主催、朝日新聞社協賛）は過去最多の4千を超す応募があった。今週、副賞で日本を初めて訪れている。

「日本はきれいで、やさしい」

14歳の時、アニメ「機動戦士ガンダムSEED」と出会う。「日本のアニメは社会問題を反映したものが多く、深い。ガンダムは戦場のリアルな描写が命の尊さを伝えていた。世界情勢を身近に意識するようになった」という。

アニメに絡めて日中関係についての書いた受賞作では「殺されたから殺して、殺したから殺されて、それで本当に最後は平和になるのか」というアニメで知った言葉から書き出した。日中関係をチョコに例える。「ミルクの甘い思い出もビターの苦い思い出もある」。時にはけんかをしながらも理解を深めていく、恋人のような関係になってほしい。

記者志望。「私の言葉で、お互いの良さを伝えたい」からだ。

文・抜尻信義　写真・西田裕樹

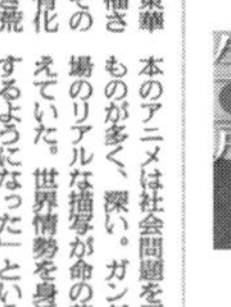

2015年2月3日

2014年12月18日

対立超える魅力 言葉に

10回目の「中国人の日本語作文コンクール」応募最多

中国で日本語を勉強する若者たちは今、何を思っているのだろうか——。両国関係の悪化にもかかわらず、「中国人の日本語作文コンクール」＝キーワード＝（日本僑報社主催、朝日新聞社など協賛）は今年で10回目を迎え、その応募数は過去最多に上った。受賞者の学生たちの率直な思いを聞いた。

日本語力 アイドルのおかげ

最優秀賞 大学3年・姚儷瑾さん(20)

姚儷瑾さん

木寺昌人大使（右から3人目）から表彰された最優秀賞・日本大使賞の姚儷瑾さん（左から3人目）と一等賞の入賞者＝12日、北京の日本大使館、林望撮影

最優秀賞・日本大使賞を受賞した姚儷瑾さん(20)は上海にある東華大学の3年生。日本語を勉強し始めたのは大学に入ってからだが、「小さいころから日本のアニメやドラマが好きで、自然に日本語を使っていた」という。

受賞作も、そうした日本のアニメへの思いを両国関係の現状に重ねて書いた。

今、夢中になっているのは人気アイドルグループ「嵐」で、「日本語能力が上がったのは嵐のおかげ」。それだけに副賞で来年、日本に行けるのがうれしい。「わくわく。渋谷とか秋葉原で、日本のファッションを見たいなあ」

小遣いで買ったマンガ 宝物

大学3年・陳謙さん(22)

陳謙さん

アニメなどの「サブカル」をきっかけに、日本に関心を持ち始めた学生が目立つ。

山東財経大学3年の陳謙さん(22)は幼い頃、勉強の邪魔になるからと「クレヨンしんちゃん」を取り上げた母親が、自分に隠れて読みふけっていた経験を書いた。小遣いをためて買う日本の漫画は、宝物のようだったという。

大学で第1志望の専攻が定員オーバーでやむなく進んだ日本語学科だったが、「（日本語を敬遠する人が増えている）今こそチャンス。学べば学ぶほど、日本のことも知りたくなる」。

感情の悪化で つらい思いも

しかし、歴史問題などをめぐり、双方の国民感情は厳しい。日本語を勉強していることで、つらい思いをすることもあるようだ。

重慶師範大学4年の張玥さん(21)は、友人と一緒にテレビを見ていた時、「日本っていいな」と口にした途端、言い合いになった。日本を批判する友人に張さんが「私の知っている日本人はみないい人よ。一面だけ見るべきじゃない」と反論すると、「国の裏切り者」と言われた。

「私だって祖国を愛している。でも、信じるのは、自分で感じたことや見たこと。私の体験を通して、（日本嫌いの人たちの）考えを変えることができたら」と話した。

中国で日本語を学ぶ学生は100万人に上るとされる。日中関係の悪化は、就職などに直結した問題だ。

「政治は政治、自分は自分です」

西安交通大学4年の向頴さん(22)の夢は日本語教師になって、宮沢賢治の作品を中国の子どもたちに伝えていくことだ。「彼の文章は純粋。子どものような心が感じられる」。政治や経済に偏りがちな日本のイメージを、豊かにする力になりたいと意気込む。

南京農業大学の汪婷さん(21)は、故郷の江蘇省に多数進出している日本企業で通訳として働きたいと思っている。

「話すのは難しいです。日本人はみんな敬語を話すじゃないですか。日系企業で働くなら、今の私の敬語じゃダメ」。念願の日本留学を果たすため、奨学金プログラムにもチャレンジするつもりだ。

（北京＝古谷浩一、林望）

キーワード　中国人の日本語作文コンクール

中国で大規模な反日デモが起きた2005年、相互理解の促進を目的に「日中友好への提言」をテーマに始まったコンクール。毎年1回開かれ、今年の第10回のテーマは「ACG（アニメ・コミック・ゲーム）と私」と「公共マナーと中国人」の二つ。応募数は過去最多の4133編に上り、12日に北京の日本大使館で表彰式があった。主催の日本僑報社は、受賞作計61本を作文集「『御宅（オタク）』と呼ばれても」として出版。詳細は、同社のサイト（http://duan.jp/jp/index.htm）まで。

日本文化が好き 伝えられた

主催の段躍中さん

コンクールの主催者である日本僑報社編集長の段躍中さん(56)は、日中関係の悪化に関係なく、「中国の若者たちが日本のアニメやドラマといった文化をいかに好きか」ということが、今回のコンクールで如実に表れたと見ている。

段さんは中国湖南省出身。中国青年報の記者を経て、1991年に来日。新潟大学大学院の博士課程を修了後、96年に日本僑報社を設立し、日中の架け橋として、両国関係に関する多数の書籍を出版してきた。

コンクールを主催したのも、「日中の相互理解を進めたい」との思いからだ。両国関係はこの10年間、絶え間なく問題が生じた。日本語を学ぶ学生たちは批判を受けることもあったというが、それでも、「彼らは日本語学習を通じ、日本人や日本文化への理解を深め、そのすばらしさに感動している」という。

段さんは「作文を通じて、そんな中国の学生たちの『生の声』を伝えることができ、うれしく思っている」と話した。

THE YOMIURI SHIMBUN
讀賣新聞 2014年9月22日

受験、恋…関心は同じ

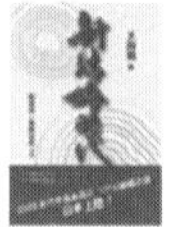

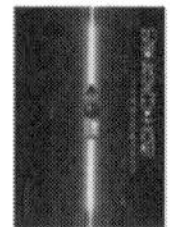

I love JPN

日本僑報社編集長

段躍中さん 56

DUAN Yuezhong

「中国の若者の間での日本のサブカルチャーの影響力を思い知りました」。中国で日本語を学んでいる学生が対象の日本語作文コンクールを主催しているが、10回目の今年、テーマの一つを「ACG（アニメ・コミック・ゲーム）と私」にしたら、過去最多の4133人の応募者のうち約８割が、それを選んだからだ。

中国の全国紙「中国青年報」記者を経て、1991年８月に来日し、日本生活は23年になる。95年に新潟大学大学院に入学し、中国人の日本留学についての研究に取り組んだ。96年に「日本僑報社」を設立、まず月刊誌刊行を始めた。「日中の相互理解のために役立つ良書を出版したい」との思いから、中国のベストセラーの邦訳などを出している。

2006年には、大学受験生たちを描いた中国のベストセラー小説『何たって高三！　僕らの中国受験戦争』の邦訳を出版。昨年９月には、不倫や老いらくの恋などの人間模様を描いた現代小説『新結婚時代』の邦訳書を出した。「中国社会は大きく変化を遂げており、日本人と中国人の関心事が重なるケースが多くなってきています」

中国人の日本語作文集や中国小説の邦訳本を書棚から取り出す段躍中さん（東京都内の日本僑報社で）

中国人の作文コンクールの作品集も毎年出版しており、第９回のタイトルは『中国人の心を動かした「日本力」』だった。一方、日本の書籍の版権を取り次ぎ、中国で出版する仲立ちもつとめている。その成果の一つとして、日本の与野党政治家の思いをまとめて02年に出た『私が総理になったなら　若き日本のリーダーたち』が、04年に中国で翻訳・出版された。「今後も『日本力』を中国に伝える仕事をしていきたい」と力を込める。

讀賣新聞　2014年 4月4日

論点

小さな市民交流 重ねて

日中関係改善への一歩

段　躍中（だん　やくちゅう）氏
「中国青年報」記者を経て1991年来日。新潟大院博士課程修了。96年に日本で出版社「日本僑報社」設立、編集長。55歳。

領土や歴史認識に関する主張が対立する日中関係の改善は、残念ながら、当面は望めない。そんな中で、市民の立場からも、少しでも関係が良い方へ向かうよう、自ら考えて行動すべきではないだろうか。

私も微力ながら相互理解に役立てばと、6年前から東京・西池袋公園で「漢語角」という中国語の交流会を行ったり、中国で日本語を勉強している学生が対象の日本語作文コンクールを主催したりしている。コンクールは今年で10回目を迎え、毎年約3000もの作品が寄せられる。応募数は、日中関係が悪化した2012年以降も減っていない。日本語の水準は様々だが、「中国のごく普通の若者が一生懸命日本語で書いたもの」という点で共通しており、非常に大きな意味を持つと思う。

彼らの多くは日本のアニメやドラマなどのサブカルチャーから日本に興味をもったようで、今年は作文コンクールのテーマの一つを「ACG（アニメ・コミック・ゲーム）と私」としたほどだ。日本語を学ぶには至らないが、そうしたものが大好きな中国人は多い。日本の企業が作った電化製品や自動車などを高く評価し、好んで購入する人たちも常に存在する。つまり、中国には相当数の「日本ファン」がいるのだ。

そこで、日本国民にお願いしたいのが、「日本ファン」のサポートだ。

例えば、最近は日本各地で中国人旅行者と遭遇する機会が多くなっていると思う。買い物のためだけに来日したという印象を持たれるかもしれないが、彼らにとって日本への旅費は決して安くなく、「日本を楽しもう」という思いは、欧米からの旅行者より強いかもしれない。サポートとは、中国人旅行者が困っているのを見かけた時、ほんの少しでも手を差しのべてもらえないかということだ。道に迷っているなら交番を教えるだけでもいい。店舗内なら、店員を呼んで来るだけで構わない。小さな親切は良い思い出として残り、帰国後に周囲に語られ、さらにその周囲にも広がる。

一つの〝小さな国際交流〟で影響を与えられる人数は少なくても、その機会が多ければ多いほど、影響される人数も増えていく。

ほかにも、市民にできる行動はある。

先日、昨年の日本語作文コンクールの受賞作をまとめた書籍「中国人の心を動かした『日本力』」に関する読売新聞の記事を読んだ女性から、3冊注文が入った。後日頂戴したはがきには、1冊は自分用、1冊は日本人の友人、もう1冊は中国から来た友人にプレゼントしたと書いてあった。私は感激するとともに、草の根交流を推進する者として、非常に刺激を受けた。

今はフェイスブックやツイッターなどもある。街で見知らぬ中国人に声をかけることができなくても、こうしたツールを活用して一般市民が両国の「良い部分」を伝え、広められる。それを読んだ中国人から、拙い日本語で書かれたメッセージを日本人が受け取る日が来れば、日中関係が改善に向かう、小さいが確実な一歩となるだろう。

2014年7月31日

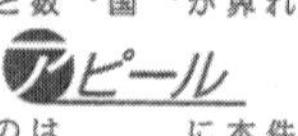

日中友好支える日本語教師の努力

日本僑報社編集長
段躍中 56
（東京都豊島区）

国際交流基金の日本語教育に関する調査によれば、2012年度に世界で約400万人の人々が日本語を勉強しており、うち約104万人が中国の学習者だったという。

驚いたのは、ここ数年、日中関係はどん底とも言われる冷え込みの中にあるにもかかわらず、学習者数が2009年度より20万人以上も増加しており、日本語教育機関の数も同年度比で5・4%増の1800施設だったことである。

私は毎年、「中国人の日本語作文コンクール」を主催しているが、10回目を迎えた今年、応募総数は過去最多の4133件に上った。中国での日本語学習熱は、両国関係にあまり左右されないとは感じていたが、これらの数字を目にして、それが確信に変わると同時に、感動すら覚えた。

ただ、中国の日本語学習者や日本語教師を取り巻く状況はかなり厳しいと、容易に想像できる。事実、コンクールの応募作にも、日本語を学ぶことを家族や友人に反対された経験をつづったものが数多くあった。

しかし、彼らのほとんどは外野の圧力に屈することなく日本語学習を続け、日本や日本人への理解を深め、日本語だけでなく日本のことも好きになっている。つまり、中国には日本語学習を通じて日本に好印象を抱く可能性のある人が、100万人以上もいるわけだ。

私は彼らの存在こそ、今後の日中関係において非常に重要だと考えている。現在のように両国トップが対話できない状況下で、国と国とをつなぐのは市民同士の交流以外にないと思うからだ。

日本語学習者という"日中市民交流大使"の育成には、日本語教師、とりわけ日本の本当の姿を正確に伝えられる日本人教師の皆さんの力添えが必要である。コンクールには、そのような高い志をもつ日本語教師をたたえる賞を設けることにした。賞が少しでも彼らの励みになればと心から願っている。

生の声
中国人の心を動かした「日本力」

2014年（平成26年）1月27日

生の声
中国人の心を動かした「日本力」

風

古谷 浩一
北京から

悪化する日中関係　それでも日本語を学ぶ若者

言うまでもなく、日中関係はとても悪い。こんなとき、中国で日本語を学ぶ若者たちはいったい何を感じているのだろうか、と思った。

「本当にいいのか。日本語なんて勉強しても将来性はないだろう」。日本僑報社が主催する「中国人の日本語作文コンクール」で1等賞をとった李佳南さん(21)は、受賞作文のなかで、父親にそう言われた経験を書いていた。それでも彼女は、福建省にある華僑大学日本語学科に入学した。「（両国民が）互いに尊敬し、助け合える日が来るだろう」と信じているという。

李さんに会ってみたいと思い、電話をした。「えっ」と驚いた様子の李さんだったが、すぐに承知してくれた。日本人と話す機会はほとんどないそうで、「私にとってもチャレンジです」という。

江西省の玉山県にある李さんの実家を訪ねた。省都の南昌から鈍行列車でゴトゴトと約4時間。郊外に山と農地が広がる地方の小さな街だ。

小ぎれいなアパートの部屋で、白と黒の縞のワンピースを着た李さんは、ちょっと緊張した表情で話してくれた。日本語学科に入ったのは、語学への関心からで、日本語にこだわったわけではなかったこと。両親は就職に有利な経済関係の学科を勧めたけど、合格点に達しなかったこと。

――今の中国で、日本語を学ぶって、どんな気持ち？

「別に……。でも2年生のときは最悪。勉強しても意味がないと思った」

李さんが言ったのは、一昨年の尖閣国有化の際の反日デモのことだ。「（日本語学科の）みんなは、ああ、この専門は良くないんだな、選択ミスだなって感じた」

――安倍首相の靖国参拝については？

「本当につらい。どうしてこうなっちゃうんだろう。経済や文化の面で関係を発展させるのは悪いことなのかな？　私たちは私たちで勉強するしかないけど」

父親は出稼ぎに出ており、不在だった。近くの山で農業を営む祖父の遼木さん(82)を李さんと一緒に訪ねた。日中戦争の時、この辺りにも日本の軍隊が来て、食べ物などを奪っていった。殺された人もいたという。ちょっと迷ったが、聞いてみた。

――孫が日本語を学ぶのは嫌ですか。

「そんなことはないよ」。遼木さんは笑顔でそう言った。でも、それ以上は何を聞いても、あまり話してくれない。李さんは、私に申し訳なさそうな顔をした。

中国では今、約100万人が日本語を学んでいる。有名な日本語教師、笈川幸司氏によると、こうした学生たちにとって、31日からの春節（旧正月）は、親族のなかで居心地の悪いものになりそうだという。日中の交流がしぼめば、就職先もぐっと減る。

中国と言えば、きつい表情をした報道官が日本を厳しく批判する場面が頭に浮かぶかもしれない。日本人が中国政府の対応に怒りを感じることがあるのはよく分かる。

だけど、中国にも、私たちと同様、こんな状況は嫌だと思う人がいることも知って欲しい。対立を深める二つの政府の関係だけが、日中関係のすべてであってはならない。

取材を終え、駅に向かうタクシーのなかで、李さんに将来の希望を尋ねた。返ってきた答えは「日本に留学できれば、一番いい」。垂れた前髪の奥で、その目はずっと前を見つめていた。　（中国総局長）

朝日新聞
2013年（平成25年）
12月7日

私の視点

日本僑報社編集長
段 躍中（だん やくちゅう）

日中友好　冷めぬ中国の日本語学習熱

国交正常化後で最悪と言われる日中関係だが、中国の若者の日本への興味と関心まで冷え込んでいるわけではない。中国で日本語を学習している留学未経験の学生を対象にした「中国人の日本語作文コンクール」で、今年は応募数の減少が懸念されたが、最終的には2938本が寄せられ、例年と変わらない盛況だった。「日本語学習熱」は冷めてはいない。

コンクールは私が代表を務め、日中関係の書籍を出版している日本僑報社と日中交流研究所が2005年から開催してきた。これまでに中国の200を超える大学から、2万本もの作文が集まった。

9回目の今年はテーマを「感動」にした。両国関係が試練に見舞われても、「感動」が両国民の心をつなぐきっかけになると考えたからだ。日中関係が悪化すれば、中国国内で日本語を学習すること自体、「難しい立場」に立つことになる。それでも、彼らは日常生活の中で、自分や家族が日本人と触れ合い、感動した体験を思い思いに描いていた。

いにしえの優雅さを短い言葉の中で語る和歌の世界や、出会って1週間しかたたない中国人に「国が原因で中国人を拒否するのは理不尽」と〝おもてなし〟の精神で誕生日を祝ってくれる研修仲間、旅行で訪れた日本で迷子になり、道を尋ねると、目的地まで連れて行ってくれた夫婦……。

そこには政治的な対立を乗り越え、積極的に交流を続け、友好を育もうとする、ごく普通の日中の市民が登場する。もちろん、文化や習慣の違いは大きい。「相互理解」と言っても、実生活で簡単に実現するものでもない。そこを認識した上で、その差を縮めていこうという強い意思、お互いを尊重し合うという前提に立てば、感動も共有できる。そういった体験が真摯につづられていた。

コンクールの入選作は、中国在住の学習者とは思えないほど日本語のレベルが高いものが多い。「入選作品集」は、中国では日本語学習教材にも利用されている。

日本人の審査員からは「日中関係の改善に、真剣に取り組もうとする両国の若者に感動した」「中国での日本人への評価が高いことに驚いた」などの声も上がった。

日本で日中友好活動に携わる立場から見ても、こうした若者は、両国の将来に頼もしい存在になるように思える。そんな彼らを、みなさんにも応援していただければありがたい。多くの人に、彼らの「生の声」とも言える入選作品集を、ぜひ手にとって読んでいただきたい。中国人の心を動かした「日本」は、きっとみなさんの心も感動させるはずだ。

2013年（平成25年）3月26日（火曜日）　東京新聞
中日新聞東京本社

日本語を学ぶ中国人学生

沖縄県・尖閣諸島を日本政府が国有化して半年が過ぎたが、島をめぐる日本と中国の対立は一向に改善されない。日本に関心を持ち、日本語を学んでいる中国の学生たちは就職や日本留学が難しくなり、将来への不安を抱いている。

五味 洋治

対立憂う 懸け橋の卵たち

二〇〇九年の調査によると、中国の日本語学習者数は約八十三万人。独学者を含めるとさらに増える。世界でも韓国（九十六万人）に次いで学習者が多い。国際交流基金などが行う日本語能力試験は中国全土で約十一万人が受験している。

同じ漢字文化圏だけに、短期間で中・上級段階に達する人が多い。最近、中国の外相に就任した王毅氏も、若いころ日本語を専門に学んだ。

日本語を学ぶ中国人は、日中両国の間をつないでくれる大切な人材だが、いま困難な状況に陥っている。

日本僑報社（東京・池袋）などが毎年主催する日本語作文コンクールで優秀な成績を収めた大学生たちが、安倍晋三首相への手紙という形で、自分たちの様子を日本語で同社に送ってきた。原文のままを引用してみる。

湖北大外国語学院の李欣晨さん（二二）は「進学と就職の問題について、さんざん迷っています」。日中関係悪化の影響で就職先が減り、日本への留学も家族や友人の強い反対に遭っているためだ。

メイドインジャパンと中国人の生活
甦る日本！今こそ示す日本の底力
中国人がいつも大声で喋るのはなんでなのか？
生の声

李さんは、今年一月、作文コンクール最優秀賞の副賞で日本を訪問した。「過激な行動でお互いに傷つけているのが何の意味もないことを、しみじみ感じました。日本への先入観を取り除くために、微力ながら、自分なりの力を尽くしたいです」

外交官志望者が学ぶ国際関係学院（北京）四年生胡万程さん（二二）は、「外交の基本原則は自国の国益を守ること。しかし、自国の国益だけを追って、双方の国益を損なう結果になっていまいか。即刻解決が困難な問題は、双方、暫時、静観するという方法はとれないか」と提案した。

同じ国際関係学院四年生欧陽文俊さん（二三）は昨年五月、中国大学生訪日団の一員として日本を訪問し、大学生と将来の夢を話し合った。

「日本への留学を準備しています。自分の目で見た日本、体験した日本を丸ごとに友達や家族に教えたい。より多くの日本人と友達になりたいと思っているからです。中日関係を改善するには安倍首相が一番有力ではないでしょうか。中日両国が各レベルでちゃんと話しあえる未来に導いてほしい」と要望した。

尖閣諸島については公船を使って実力行使してくる中国側に問題がある。しかし中国にも、対立に戸惑い、和らげたいと思っている人たちが少なからずいる。手紙は今月、安倍首相に郵送された。ぜひ読んでほしい。（編集委員）

2013年 12月5日

MAINICHI 毎日新聞

発言

草の根発信で日中をつなごう

段躍中 日本僑報社編集長

中国在住の日本語学習者を対象とした日本語作文コンクールを主催して9年になる。

毎回、中国全土で日本語を勉強する留学未経験者たちから約3000もの力作が集まるが、昨年来の両国関係の悪化による影響で応募が減るのではないかと心配していた。

だが、蓋を開けると例年と変わらぬ数の作品が寄せられ、胸をなでおろした。同時に長年、日中の草の根交流活動に従事している立場として、この状況でも日本語を熱心に勉強している中国人学生が数多くいるとわかり、うれしい気持ちにもなった。

今年のテーマは「中国人の心を動かした『日本力』」とした。それは、国と国との関係がどれほど冷え込もうとも「感動」は両国民の心をつないでくれると考えたからだ。応募作には作者自身や、家族、友人が体感した日本文化や触れ合った日本人から受けた感動的なエピソードが若者らしいみずみずしい文章で描かれており、彼らを感動させた「日本力」は審査員を務めた日本人にさえ日本の素晴らしさを再認識させた。

それら「日本力」は世界的に有名な日本のアニメなどのサブカルチャーと同様、全世界に訴えかけられるソフトパワーだ。このパワーこそ日中関係改善の切り札になり得る。

コンクールの応募者たちは、時に周りから日本語を学ぶことを批判されながらも勉強にいそしんでいるばかりでなく日本人や日本文化への理解も深め、その素晴らしさに感動し、作文という形で発信してくれた。彼らは今後も日本の良さに触れ、それを何らかの形で発信してくれるはずだ。世界中に数多く存在する「日本ファン」たちもフェイスブックやツイッターなどを使い、優れた「日本力」について発信し続けている。

日中という「引っ越しできない隣人同士」が〝ウィンウィン〟の関係を築くためには、お互いが尊重し合い、気持ちを通わせながら関係を築くことが必要ではないかと思う。その実現には、両国の政治家やメディアの努力ももちろん重要だが、一般市民の努力も必要だ。だからこそ日本の人々にも、先に述べたような新メディアを活用して自ら中国に対してアピールする「発信者」になってもらいたいと思うのだ。

「謙虚さ」は日本人が持つ素晴らしい特徴ではあるが、この場面では不要だ。「中国語や英語ができないから……」としり込みする人もいるかもしれないが、世界には日本の良き理解者でもある日本語学習者や「日本ファン」が大勢いる。あなたがインターネットを通して日本語で発信した言葉がそれらの人を介して中国をはじめとする全世界に広めてもらえる可能性が十分にある。

1991年に来日した筆者は東京を拠点に、出版活動や中国人を対象とした日本語作文コンクール、日本人及び在日中国人向けの「星期日漢語角」（日曜中国語コーナー）などの活動を行っているが、皆さんに「日中関係改善のための発信者の会」の設立を呼びかけたい。一人でも多くの「日本人発信者」が登場し、両国関係の改善に一役買ってくれることを願っている。

だん・やくちゅう　元中国青年報記者。編著書「中国人がいつも大声で喋るのはなんでなのか？」

朝日新聞 2013年 3月15日

ぴーぷる

■戦争の意味を問い直す

「第8回中国人の日本語作文コンクール」（朝日新聞社など協賛）で湖北大学外国語学院日本語学科4年の李欣晨さん(22)が最優秀賞（日本大使賞）に輝いた。

4回書き直した受賞作は「幸せな現在」。祖父の「今の生活を大切にすべきだ」という言葉と戦争体験から過去の戦争の意味を問い直し、「犠牲者が望んだのは、悪いレッテルを貼り合うことではないはずだ」と結ぶ。

大学には日本を嫌う学生もいる。「日本について知らない人たちです。日本も同じかもしれない。お互いが理解し合えば変わる」。いつか日本語教師として、懸け橋になりたい。

作品集「中国人がいつも大声で喋るのはなんでなのか？」は主催の日本僑報社から出ている。（岡田玄）

デ デジタル版に受賞作全文

東京新聞 2013年 1月26日

「思った以上に清潔」

日本語作文コン最優秀　李さんが都内観光

「中国人の日本語作文コンクール」で最優秀賞（日本大使賞）に輝いた李欣晨さん（二二）が、副賞で日本に招かれた。二十五日に都内を観光し「思った以上に清潔です」と印象を話した。コンクールは日本僑報社・日中交流研究所（豊島区、段躍中所長）を中心に毎年開かれている。

李さんは、中国南部の貴州省出身。幼い頃は「中国で放送されている反日ドラマの影響で日本への印象は良くなかった」という。しかし、日本のアニメに興味を持ち、湖北大学外国語学院で日本語を専攻した。

日本を訪問した李さん＝千代田区で

受賞作品「幸せな現在」は、朝鮮戦争（一九五〇～五三年）に参戦し、砲弾の破片によるけがが残る祖父の追憶から始まる。戦場で苦労を重ねた祖父は「今の生活を大切にすべきだ」といつも口にし、平和の大切さを説いた。李さんは、作文で「日中間にもかつて戦争があった。そのせいか、両国民は先入観をもってお互いに悪いレッテルを張り合っている」と、過去の影に引きずられるのはやめようと呼びかけた。

来年は中国で大学院に進む。本当は日本に留学したかったが、領土をめぐる緊張のため、両親が日本行きに反対したためだ。帰国したら自分の目で見た日本の印象を話して、両親を説得するつもりだ。（五味洋治）

讀賣新聞　2013年（平成25年）2月24日日曜日

中国人がいつも大声で喋るのはなんでなのか？　段躍中編　日本僑報社　2000円

評・須藤　靖（宇宙物理学者　東京大教授）

相互理解に様々な視点

それぞれ、そうだよネ。そんな声の合唱が聞こえてくるような秀逸かつ直球のタイトル。この宇宙がダークエネルギーに支配されているのはなぜか、大阪人にパキューンと撃つマネをすると必ず胸を押さえて倒れてくれるのはなぜか、などと同レベルの深く根源的な問いかけだ。

チマチマした印税稼ぎのために軽薄な説を押し付ける似非社会学者による使い捨て新書の類いか？という疑念も湧きそうだ（残念ながら現代社会にその手の書籍が蔓延しているのも事実）。しかし本書はそれらとは一線を画す、日本語を学ぶ中国人学生を対象とした「第8回中国人の日本語作文コンクール受賞作品集」なのだ。

大声で主張するのは自信と誠実さを示す美徳だと評価され学校教育で繰り返し奨励されているという意外な事実。発音が複雑な中国語は大声で明瞭に喋ることは不可欠。はたまた、通信事情が悪い中国では大声で喋らないと電話が通じない、という珍説も飛び出す。公共の場所において大声で喋るのは、他人を思いやらない無神経さの表れ。日本人が抱きがちなそんな悪印象が、視点をずらすだけでずいぶん変化する。

大皿に盛られた料理を大勢で囲み、にぎやかに喋りながら楽しむ食事。知り合いを見つけるや、はるか遠くからでも大声で会話を始める農村部の人々の結びつき。想像してみると確かにうらやましい文化ではないか。いかにも文集という素朴な雰囲気の装丁の中、日中両国を愛する中国人学生61名が、文化の違いと相互理解・歩み寄りについて、様々な視点から真摯に、かつ生の声で語りかけてくれるのが心地良い。

酔っぱらった時の声がうるさいと、家内にいつも大声で叱責される私。しかし故郷の高知県での酒席は到底太刀打ちできない喧しさ。でも単なる聞き役に回る私ですら飛び交う大声は不快どころか楽しさの象徴だ。高知県人は深いところで一衣帯水の中国と文化を共有しているらしい。中国移住を真剣に検討すべきだろうか。

◇だん・やくちゅう＝1958年、中国・湖南省生まれ。91年に来日し、新潟大大学院修了。日本僑報社編集長。

「大声で喋る」中国人と「沈黙のなか」で生きる日本人が理解し合う知恵を

佐高信の政経外科

Sataka Makoto

連載 683

Layout Kazuhiro Tada

日中交流研究所所長の段躍中が編んだ『中国人がいつも大声で喋るのはなんでなのか?』(日本僑報社)という「中国人の日本語作文コンクール受賞作品集」がある。「中国若者たちの生の声」を集めたもので、第八回のコンクールの作品集だ。日本への留学経験のない中国人の学生を対象に募集された。

テーマもユニークだが、中にいろいろな声が出てくる。

大連交通大学の李書琪は、パリのノートルダム寺院には、漢字で「静かに」と注意の紙が貼ってある、と書き始める。

山東大学威海分校の李艶蕊の説明が説得力があるが、彼女の実家を含め、中国では十三億の人口のうち、九億ほどが農民であり、彼らは畑や市場で、たとえば、

「君のトウモロコシは良いね」

「そんなことないよ、天候がよくないから」

といった遣り取りを大声でする。中国人は賑やかさこそがいいことだと思っているからでもある。

李は「最近は農村から都市に移り住む人が多くなったが、彼らは大声の習慣も持ってきた」と指摘する。

長春工業大学の黄慧婷は、中国人の彼と日本人の彼女が恋人になったけれども、うまくいかなくなった時のことを書く。

「もう我慢できない。あなたと一緒にいるのは恥ずかしいのよ。いつも大声で喋るなんて、信じられない」

怒りを爆発させた彼女に、彼は一瞬黙り、にっこりと笑って言った。

「皆にはっきりと僕の気持ちを伝えるためだよ。もちろん、君にもそうだよ」

日中友好の象徴パンダの「鈍感力」が両国に必要だ

こうした違いを踏まえて、浙江大学寧波理工学院の王威は「十四億人あまりの二つの国で、たった一%の政治家や経済評論家だけが新聞やテレビにいつも出て、お互いの国の話をするのはおかしくないだろうか。国の中では、政治家や経済学者より働いている一般民衆の方がずっと多い。一つの国の本当の姿は、その国の民衆を見なければならない。利益より、文化の共感と人間の温情を強調し、他国の道徳観に対しては、責めるというより理解するという姿勢こそ両国のマスコミが持つべき態度ではないか」と提言する。

華東師範大学の銭添の「パンダを見てみよう!」も傾聴に価する。

日本と中国の間の暗い過去を乗り越え、偏狭なナショナリズムから脱して、恒久的な平和を築くためにはパンダが教えてくれる「鈍感力」が必要だというのである。

「パンダは物事に対して決して鈍いわけではなく、ただ余裕を持って過ごしているだけだ。いちいち大騒ぎするのではなく、寛容な態度で物事に接することこそ、両国国民の親近感を高めるのに最も欠かせないものなのではないか」

これを読むと、日中友好のシンボルのパンダが、また違って見えてくるだろう。

女優の檀れいは、あるテレビ番組で「海外で心惹かれる国」を問われて、「昔の中国」と答えたらしい。「昔の中国」は、現在とは逆に、「沈黙」が問題だった。

ドレイ根性を排した魯迅がこう嘆いたようにである。

「私は衰亡する民族の黙して声なき理由を知った。ああ、沈黙! 沈黙のなかで爆発しなければ、沈黙のなかで滅びるだけだ」

いまは、日本が「沈黙のなかで滅び」ようとしている。いずれにせよ、何で日本語なんか学ぶのかという白い眼の中で、それを学んだ若者たちの作文は貴重である。

朝日新聞 2012年12月24日

坂尻 信義

北京から

日本語を学ぶ 若者の草の根交流が氷を砕く

この冬2度目となる雪化粧が北京にほどこされた14日、中国各地で日本語を学ぶ学生が日本大使公邸と棟続きのホールに集まった。「中国人の日本語作文コンクール」の表彰式に出席するためだ。

日中関係の書籍を出版する日本僑報社（東京・池袋）の主催で、今年で8回目。同社編集長の段躍中さん(54)は1991年、日本に留学した妻を追って、共産主義青年団の機関紙・中国青年報を辞めて来日した。アルバイトのない日は巣鴨の4畳半アパートと豊島区立図書館を往復する生活で、50音から日本語を学んだ。B5サイズ18㌻のタブロイド判情報誌から始め、これまでに出版した書籍は約240冊にのぼる。

今年のコンクールには、中国の大学、専門学校、高校、中学の計157校から2648編が寄せられた。応募資格は「日本留学の経験がない学生」。優秀賞数編の中から日本大使が選ぶ最優秀賞の受賞者には、副賞として1週間の日本行きが贈られる。

会場で、昨年の最優秀賞を受けた胡万程さん(21)が、かいがいしく準備を手伝っていた。北京の国際関係学院4年。東日本大震災後、インターネットの掲示板に「ざまみろ」と書き込んだ高校時代の同級生との対立と和解を描いた作文「王君の『頑張れ日本』」で受賞し、今年2月に日本を初めて訪れた。

日本に行ったら「すべてを見たい」と昨年の表彰式で話した胡さんは、卒業後の日本留学を目指している。

今年の最優秀賞に選ばれたのは、中国内陸部にある湖北大外国語学院日本語学科4年の李欣晨さん(21)。受賞作「幸せな現在」は、祖父の戦争体験を踏まえ、日中両国の人々が「過去の影」に縛られてはいけないと書いた。

やはり日本への留学志望の李さんは、国有企業に勤める父親から、最近の日中関係の悪化を受けて難色を示されていた。でも、今回の受賞で「私が自分の目で見た日本が『想像した通りに人々が優しく、景色がきれいだったら、留学を支持する』と父親は言ってくれました」と、うれしそうだった。「やさしい響きが好き」という日本語の教師になることが、将来の夢だ。

今年あった、もうひとつの「日本語・提言コンテスト」の表彰式も、印象深かった。1等賞に選ばれた河南省の安陽師範学院3年、韓福艶さん(22)は「苦しい選択 日本語科」と題し、中国の農村部でこそ日中交流が必要と訴えた。子供のころ、テレビで見る戦争映画の日本兵は、鬼のような人物ばかりだった。

日本のアニメに魅せられて日本語を専攻したという韓さんは「私の選択が間違っていなかったことを両親に証明したい」と語った。

こちらの表彰式は、満州事変の発端となった柳条湖事件から81年の9月18日だった。中国では「国恥の日」と呼ばれるこの日、日本政府による尖閣諸島国有化に反発したデモが中国国内約100都市で燃え上がっていた最中で、会場探しに苦労したという。

こうした草の根交流が、運営資金の工面に苦しみながら、細々と続けられている。

大使不在の公邸の日本庭園は、雪のあとに降った雨が凍りつき、先週の雪でまた白く染まった。6年前、当時の安倍晋三首相が日中関係を修復するため決断した訪中が、中国で「破氷の訪問」と呼ばれていたことを、ふと思い出した。

（中国総局長）

2006年12月24日

書評委員 お薦め「今年の3点」

朝日新聞

© 朝日新聞社 2006年

朝日新聞東京本社

高原 明生

①「反日」以前 中国対日工作者たちの回想（水谷尚子著、文藝春秋・1300円）

②中国残留日本人「棄民」の経過と、帰国後の苦難（大久保真紀著、高文研・2520円）

③偏見を取り除きたい 第二回中国人の日本語作文コンクール受賞作品集（段躍中編、日本僑報社・1890円）

①は戦中戦後に捕虜の教育や邦人送還などに従事した対日工作者たちとの貴重な面談記録。日本と日本人に深い理解と愛情を有した彼らに、日本人も強い敬愛の念を抱いたことが戦後の日中友好運動の牽引力だったと説く。日中関係の基本に光を当てる労作だ。

旧満州には150万人以上の日本人がいた。その中で中国に残留せざるをえなかった婦人や孤児は塗炭の苦しみを味わった。②は、長年の取材をもとに、その困難が帰国後も続くことを伝える。この人たちをこれ以上まだ苦しめるのか、日本社会の本質が問われる。

偏見の無い、心が通い合う社会を、そして世界をつくりたい。③は中国人学生による日本語作文コンクールの入賞作品集。これを読むと、日中間の「壁」に戸惑いつつ、理想を追う青年たちの明るく素直な思いが心にしみる。若者は、いや人は皆、どこでも同じだ。

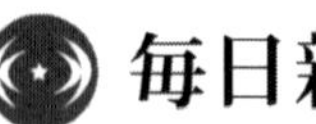

毎日新聞

2006年8月25日

日中作文コンクールを主催する在日中国人

段躍中（だん やくちゅう）さん

本音を伝え合い 理解を深める努力を

「両国民の相互理解を深めようと奔走する民間の努力が台なしになった。15日の参拝は、傷つけられた中国人の心の傷口をさらに広げただけ」

小泉純一郎首相の靖国神社参拝を巡って揺れ続ける日中関係を憂う。

靖国参拝が続いたこの5年、双方の民衆に不信感が広がるのを感じた。「在日中国人ができることは何か」と考え、昨年1月、日中交流研究所を設立。中国人の日本語作文と日本人の中国語作文コンクールを始めた。

――多くの人は相手の国について報道などの限られた情報しか知らない。民衆が相手の言葉で自分の気持ちを伝えていく。これこそ民間の友好を培う力になる」と説く。今年、中国人1616人が応募した。日本人側は現在募集中だ。将来は「両国の受賞者でフォーラムを開き、顔を合わせて語り合う場を作りたい」。

中国有力紙「中国青年報」の記者だったが、妻の留学に伴い、91年に来日した。目に映ったのは在日中国人の活躍ぶりがほとんど紹介されていない実態だった。自ら在日中国人の活動を記録し始め、96年から活動情報誌「日本僑報」を発行、出版も始めた。5年前からは日本語と中国語の対訳で書かれた新スタイルの書籍も出版。出版数は140冊に上り、ホームページへのアクセスは1日3000件を超す。

「日中関係が冷え込むこんな時こそ、民間の間に交流チャンネルを張り巡らせていかなければ。これは在日中国人の責務だ」。そう自らに課す。

――文と写真・鈴木玲子

中国湖南省出身。「現代中国人の日本留学」など著書多数。48歳。中国語作文の募集要項は、http://duan.jp/jc.htm。日中交流研究所は03・5956・2808。

朝日新聞

2006年5月30日

中国語作文コンクールを開いた日中交流研究所長

ひと

段躍中（ドゥワン ユエ ジョン）さん(48)

日本人が対象の中国語作文コンクールは珍しい。奔走したのは、日中の相互理解を深めることが、在日中国人の責務と決意したからだ。

「犯罪や反日デモの報道だけで、暗いイメージが祖国に定着するのは耐え難い」

243人が応募、優秀作36点に和訳を付け、「我們永遠是朋友」(私たちは永遠の友人)と題し出版した。中国の新聞社などに100冊を送った。

「日本語が読めない中国人にも、中国が好きな日本人の心情が伝わる意義は大きい」

きっかけは、中国人学生向けの日本語作文コンクールの表彰式に、04年に招かれたことだ。大森和夫・国際交流研究所長が私財を投じ、12年間続けてきた。中国人の日本語能力の向上と、対日理解の進展ぶりに感激した。

大森氏が事業の継続に限界を感じ断念したため、引き継ぐ一方、日本人も中国語で発信すれば「国民同士の本音の交流が広がる」と思い、日中交流研究所を設立した。

妻の日本留学を機に、中国青年報社を退職し、91年に北京から来日。在日中国人の活動を紹介する情報誌「日本僑報」を創刊、130冊の本を出版してきた。メールマガジンの読者は約1万人。

だが、不信感は日中双方の一部に根強い。自身のブログが批判されることもあり、運営費の工面にも四苦八苦だ。

来年は国交回復35周年。「受賞者同士が語る場を作り、顔も見える交流にしたい」

文・写真　伊藤　政彦

編者略歴

段 躍中（だん やくちゅう）

日本僑報社代表、日中交流研究所所長。

中国湖南省生まれ。有力紙「中国青年報」記者・編集者などを経て、1991年に来日。2000年新潟大学大学院で博士号を取得。

1996年日本僑報社を創立。以来、書籍出版をはじめ、日中交流に尽力している。

2005年1月、日中交流研究所を発足、中国人の日本語作文コンクールと日本人の中国語作文コンクール（現「忘れられない中国滞在エピソード」）とを同時主催。

2007年8月に「星期日漢語角」、2008年に出版翻訳のプロを養成する「日中翻訳学院」、2018年に「日中ユースフォーラム」を創設。

2009年日本外務大臣表彰受賞。

武蔵大学「2020年度学生が選ぶベストティーチャー賞」受賞。

現在北京大学客員研究員、湖南大学客員教授、立教大学特任研究員、武蔵大学非常勤講師、日本経済大学特任教授、湖南省国際友好交流特別代表（湖南省人民政府より）、群馬県日中友好協会顧問、中国新聞社世界華文伝媒研究センター「特聘専家（特別招聘専門家）」、埼玉県日中友好協会特別顧問などを兼任。

著書に『現代中国人の日本留学』『日本の中国語メディア研究』など多数。

詳細：http://my.duan.jp/

第19回中国人の日本語作文コンクール受賞作品集

囲碁の知恵を日中交流に生かそう

中国の若者たちが日本語で描いた未来ビジョン

2023年12月12日　初版第1刷発行

編　者　段 躍中（だん やくちゅう）

発行者　段 景子

発行所　株式会社日本僑報社

〒171-0021 東京都豊島区西池袋3-17-15

TEL03-5956-2808　FAX03-5956-2809

info@duan.jp

http://jp.duan.jp

e-shop「Duan books」

https://duanbooks.myshopify.com/

ISBN 978-4-86185-341-8　C0036

日本僑報社好評既刊書籍

続々増刷!!

翻訳のプロを目指す全ての人におすすめ！
日中翻訳学院の授業内容を凝縮した
「日中中日翻訳必携」シリーズ好評発売中！

日中中日翻訳必携 基礎編

翻訳の達人が軽妙に明かすノウハウ　武吉次朗 著

著者の四十年にわたる通訳・翻訳歴と講座主宰及び大学での教授の経験をまとめた労作。
古川裕（中国語教育学会会長・大阪大学教授）推薦！

四六判177頁 並製　定価1800円＋税
2007年刊　ISBN 978-4-86185-055-4

日中中日翻訳必携 実戦編

よりよい訳文のテクニック

武吉次朗 著

好評の日中翻訳学院「武吉塾」の授業内容が一冊に！
実戦的な翻訳のエッセンスを課題と訳例・講評で学ぶ。

四六判177頁 並製　定価1800円＋税
2007年刊　ISBN 978-4-86185-160-5

日中中日翻訳必携 実戦編Ⅱ

脱・翻訳調を目指す訳文のコツ　武吉次朗 著

脱・翻訳調を目指す訳文のコツ、ワンランク上の訳文に仕上げるコツを全36回の課題と訳例・講評で学ぶ。

四六判192頁 並製　定価1800円＋税
2016年刊　ISBN 978-4-86185-211-4

日中中日翻訳必携 実戦編Ⅲ

美しい中国語の手紙の書き方・訳し方　千葉明 著

武吉次朗先生推薦！ 中国語手紙の構造を分析して日本人向けに再構成し、テーマ別に役に立つフレーズを厳選。元在ロサンゼルス総領事・元日中翻訳学院講師の著者が詳細に解説。

A5判202頁 並製　定価1900円＋税
2017年刊　ISBN 978-4-86185-249-7

日中中日翻訳必携 実戦編Ⅳ

こなれた訳文に仕上げるコツ　武吉次朗 編著

「解説編」「例文編」「体験談」の各項目に分かれて、編著者の豊かな知識と経験に裏打ちされた講評に加え、図書翻訳者としてデビューした受講者たちが自ら率直な感想を伝える。

四六判176頁 並製　定価1800円＋税
2018年刊　ISBN 978-4-86185-259-6

日中中日翻訳必携 実戦編Ⅴ

直訳型、意訳型、自然言語型の極意

高橋弥守彦 段景子 編著

中文和訳「高橋塾」の授業内容を一冊に濃縮！言語学の専門家が研究した理論と実践経験に基づく中文和訳に特化した三種の訳し方が身につく。

四六判200頁 並製　定価2000円＋税
2023年刊　ISBN 978-4-86185-315-9

同じ漢字で意味が違う
日本語と中国語の落し穴
用例で身につく「日中同字異義語100」

久佐賀義光 著
王達 中国語監修

絶対に間違えてはいけない単語から話のネタまで、"同字異義語"を楽しく解説した人気コラムが書籍化！中国語学習者だけでなく一般の方にも。漢字への理解が深まり話題も豊富に。

四六判252頁 並製　定価1900円＋税
2015年刊　ISBN 978-4-86185-177-3

根強い人気を誇るロングセラーの最新版、ついに登場！

病院で困らないための日中英対訳
医学実用辞典

Amazon ベストセラー **第1位**
〈医学辞事典・白書〉(2016/4/1)

松本洋子 編著

推薦
岡山大学名誉教授 高知女子大学元学長 **青山英康**医学博士
高知県立大学学長 国際看護師協会元会長 **南裕子**先生

海外留学・出張時に安心、医療従事者必携！指さし会話集&医学用語辞典。全て日本語・英語・中国語（ピンインつき）対応。

A5判312頁 並製　定価2500円＋税
2014年刊　ISBN 978-4-86185-153-7